Volker Steenblock

Praktische Philosophie/Ethik

Münsteraner Einführungen

– Münsteraner Philosophische Arbeitsbücher –

Band 2

LIT

Volker Steenblock

Praktische Philosophie/Ethik
Ein Studienbuch

Dritte, überarbeitete Auflage

LIT

Bibliografische Information der Deutschen Nationalbibliothek
Die Deutsche Nationalbibliothek verzeichnet diese Publikation in der Deutschen Nationalbibliografie; detaillierte bibliografische Daten sind im Internet über http://dnb.d-nb.de abrufbar.

3., überarbeitete Auflage 2007

ISBN 978-3-8258-5305-1

© LIT VERLAG Dr. W. Hopf Berlin 2007
Ziegelstr. 30
D-10117 Berlin

Auslieferung:
LIT Verlag Fresnostr. 2, D-48159 Münster
Tel. +49 (0) 2 51/620 32 - 22, Fax +49 (0) 2 51/922 60 99, e-Mail: lit@lit-verlag.de

Inhalt

Vorwort 7

**I. Volker Steenblock: Historisch-systematische Einführung
in einen Diskurs „Praktische Philosophie/Ethik"** 11

II. Klassische Texte zur Ethik – Ein Reader 51
   1. Sokrates und Platon 51
   2. Aristoteles 61
   3. Diogenes von Sinope 70
   4. Augustin/Thomas von Aquin 73
   5. Immanuel Kant 76
   6. Georg Wilhelm Friedrich Hegel 86
   7. Arthur Schopenhauer 96
   8. Friedrich Nietzsche 103
   9. Wilhelm Dilthey 112
  10. Max Weber 115

III. Aktuelle Diskussionen 119
  11. Volker Steenblock: Wo Wissen ist, muss *Bildung* werden.
      Von der Teilbarkeit und Unteilbarkeit des Λόγος in eine theoretische
      und eine praktische Vernunft 119
  12. Klaus Steigleder: Ein Vorschlag, moralische Normen
      zu begründen – Die Konzeption von Alan Gewirth 131
  13. Marcus Willaschek: Zu einer kontextualistischen Konzeption
      der Rechtfertigung moralischer Urteile 146
  14. Ekkehard Martens: Im Schnittpunkt von Moderne, Prämoderne
      und Postmoderne – Zur Komplexität ethischer Debatten
      im Felde angewandter Philosophie 149
  15. Kurt Bayertz: Zur Selbstaufklärung der angewandten Ethik 153
  16. Dieter Birnbacher: Ökologische Ethik 172
  17. Carmen Kaminsky: Was ist Medienethik? 181
  18. Christa Runtenberg: Angewandte Ethik in Bildungsprozessen
      über die ethischen Probleme der Genethik 186
  19. Johannes Rohbeck: Ein Blick auf Technik und Kultur
      in praktischer Hinsicht 192

Vorwort

Der vorliegende Band erweitert die Reihe der „Münsteraner Philosophischen Arbeitsbücher" im LIT-Verlag, die mit einer allgemeinen Einführung in die Philosophiedidaktik begonnen wurde,[1] um ein Studienbuch zu einem der wohl gegenwärtig meistdiskutierten Felder der Philosophie, nochmals in verbesserter und erweiterter Auflage.

Entstanden als „Reader" für die Studienkurse zur Lehrerqualifikation für das Fach „Praktische Philosophie" (Sek. I) in Nordrhein-Westfalen, bietet das vorliegende Buch insgesamt 19 Studieneinheiten zu „klassischen" wie aktuellen Philosophinnen und Philosophen an. Sie sind gedacht als Textgrundlage und Diskussionseinführung für das Selbststudium, für Kurse an Schulen und Volkshochschulen und für Universitätsseminare.

Aufgrund seiner doppelten Konzeption sowohl zur Einführung in die Ethik für Nichtphilosophen wie zum Aufbau eines Verständnishorizontes für zukünftig Lehrende kann der Band an der Universität je nach Veranstaltungskonzeption sowohl für Einführungsseminare des *Bachelorstudiums* wie für fachdidaktische Seminare im *Master of Education-Studienabschnitt* als Studienbuch genutzt werden.

Das Studienbuch gliedert sich zu den von ihm verfolgten didaktischen Zwecken insgesamt in drei Abschnitte:

Der *erste Abschnitt* möchte einen knappen historisch-systematischen Überblick zur Diskussionslage im Felde der Praktischen Philosophie/Ethik geben. Er verweist dabei auch auf einige Autoren und Texte, die sich über die folgende Auswahl hinaus heranziehen lassen, ist also nicht im Verhältnis 1:1 der Textauswahl zuzuordnen.

Der *zweite Abschnitt* präsentiert „klassische" Texte, das heißt: in vielen Bildungszusammenhängen bewährte, einer philosophischen Allgemeinbildung zuzuordnende Textauszüge besonders wichtiger Autoren der Theoriegeschichte von zugleich bis heute reichender Relevanz und Bedeutung.

Der *dritte Abschnitt* geht auf aktuelle Diskussionen ein. Die diesen Studieneinheiten zur gegenwärtigen Ethikdebatte zugrunde liegenden Texte entstammen verschiedenen Kontexten und sind darum durchaus heterogen. Doch gibt es im Hinblick auf die Absichten des Studienbuches in diesem dritten Abschnitt auch wichtige Gemeinsamkeiten:

---

[1] V. Steenblock, *Philosophische Bildung. Einführung in die Philosophiedidaktik und Handbuch: Praktische Philosophie.* Münsteraner Philosophische Arbeitsbücher Bd. 1, Münster (LIT) 2000, 3. Aufl. 2007. Der dritte vorliegende Band der Münsteraner Philosophischen Arbeitsbücher beschäftigt sich mit der thematischen Konzeption und Praxis von Bildungsprozessen: *Philosophiekurse*, Münster (LIT) 2004.

Erstens sind die Autoren der wiedergegebenen Beiträge an den didaktischen Prozessen beteiligt, in denen die Philosophie und in Sonderheit die Praktische Philosophie sich gegenwärtig an den verschiedensten Bildungsorten mit öffentlichen und aktuellen Problem- und Diskussionszusammenhängen stärker denn je vermitteln muss und vermittelt: Als Wissenschaftliche Begleiter des Faches „Praktische Philosophie" (*Birnbacher* und *Martens*), als profilierte Vertreter ebenso der Fachdebatte wie der Philosophiedidaktik (*Rohbeck* und *Runtenberg*), als im Rahmen der Studienkurse „Praktische Philosophie" engagierte oder anderweitig Forschende und Lehrende (*Bayertz, Kaminsky, Steigleder, Willaschek*).

Zweitens möchte dieser Abschnitt einen exemplarischen Blick auf gerade derzeit relevante neuere Entwicklungen ermöglichen. Hierzu sei folgendes bemerkt: Die im zweiten Abschnitt des Bandes aus zweieinhalbtausend Jahren versammelten Texte spannen, insgesamt betrachtet, zweifellos einen großen Bogen. Dieser reicht von der Gestalt des *Sokrates*, den sein Schüler *Platon* uns als moralische Instanz in der altgriechischen Gesellschaft vorstellt, über die unterschiedlichen Sichtweisen des menschlichen Lebens und Handelns in der europäischen Tradition bis eben zur heutigen Situation, in eine Zeit, in der es nicht mehr nur um die Selbst- bzw. Lebensdeutung und Handlungsorientierung des Menschen geht, sondern offenbar schon bald um seine „anthropotechnische" Gestaltung. So, wie generell in der Geschichte die ethische Reflexion auf die Herausforderungen der jeweiligen Zeitumstände reagiert, bedeutet gerade die gegenwärtige Problemlage eine Umbruchssituation, wie es vielleicht noch keine gegeben hat. Neben so wichtigen Themen wie der Frage nach der Rolle der Medien in der „Informations"- und „Wissensgesellschaft" und dem Hinweis auf die ökologischen Rahmenbedingungen und Grenzen der Industriegesellschaft stellen vor allem auch die neuen Möglichkeiten der Gentechnik Fragen von nie gekannter Tragweite. Zugleich freilich sind die Diskussionsbedingungen grundsätzlicher Reflexionen zur Ethik ihrerseits in unserer heterogenen Gegenwart hochkomplex und schwierig. Solche Fragen sind von und mit Experten zu diskutieren – wie etwa den in diesem Band vertretenen, oder von Kommissionen bis hin zu einem „nationalen Ethikrat" – sie sind aber nicht an Experten zu delegieren. Wir alle müssen, jede(r) einzelne, uns zu ethischen bzw. moralischen Fragen verhalten, uns über Traditionen, Fragestellungen und Antwortversuche ins Bild setzen.

Eine demokratische Gesellschaft braucht hierzu gerade auch die Philosophie. Sie klärt die Begriffe, fragt auf Konsequenzen hin nach und bezieht die Probleme der Gegenwart auf die in der Tradition erarbeiteten Gehalte unserer moralischen und weltanschaulichen Überzeugungen wie unserer Vernunftkultur. Philosophie bedeutet, sich argumentativ, mit Gründen (λόγον διδόναι, lógon didónai[2]) einzuschalten in die Urteilsbildung über diese wichtigen Fragen und die Ergebnisse dieser eigenen Vergewisserung auch in öffentlicher Meinungsbildung und demokratischer Kontrolle zur Geltung zu bringen.

---

[2] Vgl. etwa Laches 187 d.

Für eine solche nötige Orientierung an den Bildungsorten werden im Folgenden Materialien angeboten. Jede der Studieneinheiten gliedert sich in drei Zugriffe: in eine Einführung zu Autor und Textauszug, in Literaturangaben und in die Textwiedergabe. Der Aufbau ist damit immer gleich übersichtlich:

Autor

Knappe bio-bibliographische Darstellung des Autors, Hinführung, Begründung der Auswahl und Kontexterläuterung zum Textauszug; die Philosophen-Karikaturen nach wahrscheinlichen oder naheliegenden Vorlagen stammen von Otto Wiezorek (Münster).

Literaturangaben: Neuere relevante Monographien und Aufsätze zu den Autoren der „klassischen" Texte sowie Titel, die sich direkt auf den Textauszug beziehen.

Texte: Relevante und anerkannte Passagen zum Selbst-, Kurs- bzw. Seminarstudium sowie als Diskussionsgrundlage in Auszügen; neue und aktuelle Beiträge.

Die Arbeit mit Textausschnitten ist zur Gewinnung eines Überblickes und hermeneutischen Horizontes ein bewährtes und geeignetes Mittel. Für die Lehrerausbildung wie für die je eigene Orientierung ergänzt sie die unumgängliche Lektüre der philosophischen Werke insgesamt und führt zugleich zu dieser Lektüre hin.

Ich danke wiederum Herrn Dr. Rainer für sein Interesse und Engagement sowie allen Autoren sehr herzlich für die Abdruckgenehmigungen und damit für die Möglichkeit, einige exemplarische Aspekte der *Praktischen Philosophie* gerade gegenwärtig naheliegenden und nötigen Bildungsprozessen zur Verfügung zu stellen. Ein grundlegendes und immer wichtigeres Anliegen „praktischer" Philosophie muss eben, wie ich in meinem eigenen Beitrag (S. 119-130) näher zu begründen versucht habe, vor allem auch dies sein: dass wir in einer Zeit, in der an der Spitze der wissenschaftlich-technisch und ökonomisch hervorgerufenen Möglichkeiten mittlerweile die gentechnische Formung des Menschen selbst diskutiert wird, mehr denn je vor der Aufgabe stehen, zu den selbstverantwortlichen *Subjekten* unserer Bildung zu werden.

Bochum, im Dezember 2006

Volker Steenblock

I. Volker Steenblock: Historisch-systematische Einführung in einen Diskurs: Praktische Philosophie/Ethik

> **Überblick**
> 1. Was ist „Praktische Philosophie"?
> 2. Moralbegründung und Lebenskunst: Positionen der Antike
> 3. Diesseitigkeit und Jenseitigkeit der Lebensorientierung im Mittelalter
> 4. Neuzeit und Aufklärung
> 5. Das „Sollen" und seine Kritik: *Kant* und *Hegel*
> 6. Herausforderungen der Moral in der Moderne
>   (*Schopenhauer, Nietzsche, Dilthey* und *Max Weber*)
> 7. Pragmatische Vernunft: Der Utilitarismus
> 8. Die große Zeit der Begründungsethiken (*Apel* und *Habermas*)
> 9. Moral als „Preis der Moderne": Zum Aufstieg der „Ökologischen Ethik"
>   und der „angewandten" oder „Bereichs"-Ethiken
> 10. Gut leben – Die Wiederkehr einer Philosophie der Lebenskunst
> 11. Ein didaktisches Resümee: Wie praktisch ist die Praktische Philosophie?

„Der echte Ring/ Vermutlich ging verloren. Den Verlust / Zu bergen, zu ersetzen, ließ der Vater
    Die drei für einen machen [...] / Und also, fuhr der Richter fort, wenn ihr
    Nicht meinen Rat, statt meines Spruches, / wollt: Geht nur! – Mein Rat ist aber der: ihr nehmt
    Die Sache völlig wie sie liegt. Hat von / Euch jeder seinen Ring von seinem Vater
    So glaube jeder sicher seinen Ring / Den echten. – Möglich; dass der Vater nun
    Die Tyrannei des einen Rings nicht länger / In seinem Hause dulden wollen! [...]
    Es eifre jeder seiner unbestochnen / Von Vorurteilen freien Liebe nach!
    Es strebe von euch jeder um die Wette, / Die Kraft des Steins in seinem Ring´ an Tag
    Zu legen! komme dieser Kraft mit Sanftmut, / Mit herzlicher Verträglichkeit, mit Wohltun,
    Mit innigster Ergebenheit in Gott / Zu Hilf´! Und wenn sich dann der Steine Kräfte
    Bei euern Kindes-Kindeskindern äußern: / So lad ich über tausend tausend Jahre
    Sie wiederum vor diesen Stuhl. Da wird / Ein weiserer Mann auf diesem Stuhle sitzen
                              Als ich und sprechen".[1]

1. Was ist „Praktische Philosophie"?

Antworten zu finden auf die Frage, wie wir leben und handeln sollen, ist Gegenstand und Aufgabe der *Praktischen Philosophie*. Der Oberbegriff „Praktische Philosophie" umfasst vor allem die Ethik, aber auch Politische Philosophie, Sozial- und Rechtsphilosophie sowie in einem weiteren Sinne auch Geschichts- und Kulturphilosophie.

---

[1] „Nathan der Weise", 3. Aufzug, 7. Auftritt V. 2024 -2053; vgl. H. Fuhrmann, Lessings „Nathan der Weise" und das Wahrheitsproblem, in: Lessing-Yearbook 15 (1983), 63-94, 69 f.

Die Formen und Regelungen seines Zusammenlebens, zunächst entstanden vor allem in jeweiligen religiösen Kontexten, sind eine fundamentale Kulturleistung des Menschen. In traditionsgeprägten Gesellschaften bestimmen weitgehend unbefragt in Geltung stehende Normen und Institutionen das Handeln. In Umbruchszeiten aber, und wenn die Legitimität institutionalisierter Sittensysteme in Zweifel gezogen wird, entstehen die *Kant*ische Frage: „Was sollen wir tun?" und ein Bedarf nach philosophischer Reflexion über Werte und Normen in neuer Weise. Wir müssen in unserem Leben beständig Entscheidungen treffen; auch ein Unterlassen kann eine schwerwiegende Entscheidung sein. Ist es dabei in unser Belieben gestellt, wie wir handeln? Wohl kaum. Woran aber sollen wir uns orientieren? In der Ethik geht es in der Beantwortung solcher Fragen nicht um ein „Sein" und seine Erkenntnis, sondern um das *Sollen*, um menschliche Praxis und Lebensweise. Ethische Sätze beschreiben darum keine Sachverhalte, sondern sind *normativ* und *präskriptiv* (auf Werte ausgerichtet, schreiben etwas vor).

Das Entstehen der *Ethik* als eigenständiger philosophischer Aufgabe geht, wie der Ursprung vieler wissenschaftlicher Disziplinen, vor allem auf *Aristoteles* zurück, der diesen Begriff als Buchtitel („Nikomachische Ethik") verwendet. Die griechischen Wortvarianten von „éthos" haben, in etwas unterschiedlichen Schreibweisen, zwei Bedeutungen: einmal „Gewohnheit/Sitte/Brauch", zum anderen „Charakter/Tugend"; diese Doppelbedeutung prägt auch das lateinische „mos" (Pl. „mores"), von dem unsere „Moral" sich herleitet. Mit dem Terminus „Moral" bezeichnet man meist die konkret vorfindlichen Normen und Wertüberzeugungen, der Begriff „Ethik" bezieht sich dagegen häufig auf die philosophische Reflexion dieser Normen, also auf die Moral*philosophie*. Manchmal wird aber auch begrifflich der Vorschlag gemacht, eine „Ethik" des gelingenden Lebens von der auf Universalisierung ausgerichteten (vor allem *Kant*ischen) „Moral" zu unterscheiden.

Die philosophische Ethik fragt vor allem in zwei Richtungen. Erstens: wie kann ich „gut" im Sinne von „glücklich" leben? Und zweitens: wie kann ich „gut" im Sinne von: „moralisch richtig, anständig" leben und handeln?

Zum ersten Problemkomplex: Die Frage nach dem Glück ist zu verschiedenen Zeiten der Geschichte sehr unterschiedlich beantwortet worden. Auch heute unterscheiden sich die Vorstellungen der Menschen vom Glück sehr. Während die einen nach dem richtigen irdischen Weg zum Glück suchen, verweist für andere die Frage nach dem Glück auf eine über die irdische Welt hinausgehende Wirklichkeit. Gerade gegenwärtig ist eine „Philosophie der Lebenskunst" in aller Munde.

Zum zweiten Problemkomplex: Die Ethik fragt aber nicht nur nach dem guten Leben im Sinne eines lebenswerten Lebens, sondern auch im Sinne des moralisch richtigen Handelns. Warum eigentlich „anständig" (= moralisch gut) handeln? Das hat sich wohl jede(r) in einer konkreten Situation schon einmal gefragt. Denn oft scheint eine „gute" Handlung für uns nachteilig zu sein. Wollte man eine Umfrage machen, würde man vielleicht Antworten hören, man handle „gut", weil die Gesellschaft und die Tradition es einem so beibringen, weil es Gottes Gebot ist, weil man ein Gewissen hat. Was aber ist überhaupt „gut" und „moralisch richtig"? Über diese Frage nach dem „guten Handeln" philosophisch nachzudenken, ist die zweite Hauptaufgabe der Ethik.

Die weitere Darstellung, die auf diese beiden Problemfelder eingeht, ist „diskursiv" gedacht. Dies soll heißen: *Gegenüber dem Rekurs auf schlechthinnige alte oder neue Lösungen oder gar „Letztbegründungen" versucht sie, mit Blick auf verschiedene Fragen und Antwortversuche aus der philosophischen Tradition ein historisches Grundgerüst zu skizzieren, Kontexte zur Verfügung zu stellen und das Verständnis der in den Texten angebotenen Einsichten und Positionen zu befördern sowie einen eigenen Umgang mit ihnen, eigene weitere Überlegungen und eigene Kritik anzustoßen und zu unterstützen.* Obwohl dabei verständlicherweise nur eine äußerst knappe und zweifellos sehr selektive Einführung möglich ist, lässt sich die Vielfalt des von den Traditionen, Religionen, nicht zuletzt aber auch von der Philosophie entwickelten menschlichen Bemühens um Sinn- und Wertorientierung als nötiges Anliegen, aber vielleicht auch im Lichte der eingangs wiedergegebenen Parabel verstehen.

2. Moralbegründung und Lebenskunst: Positionen der Antike

Bereits die antike Philosophie bietet bis heute diskutierte und diskussionswürdige Konzepte dazu an, wie man sich im Leben orientieren kann. Die Frage nach einem *guten* – das ist hier vor allem: glücklichen und zufriedenstellenden – Leben beantworteten nach der wirkungsmächtig gewordenen Darstellung *Platons* zunächst die *Sophisten,* die „Wissenden", indem sie technische Hilfestellungen für ein politisch und wirtschaftlich erfolgreiches Leben gegen Bezahlung zu geben sich anheischig machten. Dies könne, mag man mit *Sokrates* einwerfen, wohl nicht wirklich für „gut" gelten, sonst müssten so „erfolgreiche" Gestalten wie Tyrannen oder Schürzenjäger unbestrittene Vorbilder für uns sein. Die „sophistische Aufklärung" ist aber auch sehr positiv gewürdigt worden. Unter anderen diskutiert sie bereits widersprüchliche Ansichten über das Schickliche und Unschickliche in unterschiedlichen Kulturkreisen und stößt damit in eine sehr modern anmutende Problemstellung vor.

Platon stellt sich und seinen Lehrer *Sokrates* als Anwälte einer auch ethisch zu begreifenden Wahrheitssuche (und bald auch der Wahrheit selbst) im Gegenzug gegen die Sophistik und deren verderblichen Einfluss dar. Die Gestalt des *Sokrates* weist dabei auf das Konzept des *Gewissens* eines mündigen, seine Einstellungen vernünftig-kritisch prüfenden Einzelnen vor, das Moral, Sittlichkeit und rechtes Handeln begründet. *Platon* selbst steigert die Ansprüche der Philosophie zu einem Begriff der Wahrheit als letztlich fest begründetes und wirkliches Wissen (episteme) in Abgrenzung vom bloßen Meinen (doxa). Die idealistische Metaphysik erscheint dabei als eine auch das *menschliche Verhalten orientierende* Größe. Die Quellen der Moral liegen bei *Platon* nicht, wie später bei *Kant,* in unserer Vernunftstruktur, sondern in einer ontologisch vorgegebenen Ordnung, die unsere Vernunft bestenfalls erschaut, nicht aber erschafft (darum werden im folgenden Textteil mit den beiden berühmten Gleichnissen der *Politeia* zu Platon Texte präsentiert, die auf diese vorgegebene und unwandelbare Ordnung verweisen). Das Tun des Schlechten ist geradezu eine bloße Unwissenheit bezüglich des Guten. Wer die Bedeutung der Tugend eingesehen hat, kennt deren Wesen und ist dann so von ihm erfasst, dass er entsprechend handelt. Dabei geht es um ein Wissen, das keine kategoriale Trennung kennt zwischen der letzten Seinsordnung und den praktischen Ordnungs- und Orientierungsbedürfnissen in der menschlich-geschichtlichen Welt, wie sie etwa in der modernen Unterscheidung zwischen *Sein* und *Sollen* vorgenommen wird. An der unwandelbaren Ordnung, so hat man formuliert, muss sich auch die wandelbare Sphäre des menschlichen Lebens orientieren. Nur von der „Ideenwelt" her können Individuen und Gemeinwesen sittlich orientiert werden, nur, wer als Philosoph außerhalb der menschlichen Welt die Idee des Guten erblickt habe, ist in der Lage, im Bereich der menschlichen Angelegenheiten in sittlicher Ausrichtung an einem Höchsten zu handeln. Dieser Anspruch wird besonders deutlich in *Platons* „utopischem Entwurf" einer idealen Staatsverfassung, die die Philosophen, die eben diese Voraussetzungen erfüllen, zur Leitung des Staates vorsieht.

Aristoteles korrigiert seinen Lehrer *Platon* in ähnlicher Richtung, wie in manchen anderen Fragen, auch hinsichtlich der Praktischen Philosophie. Nicht eine reine Kraft der Einsicht in die ideale Ordnung, sondern der durch Lebenserfahrung gespeiste und sozusagen empirisch gesättigte Blick auf die alltäglichen Lebensvollzüge bildet für ihn den Ausgangspunkt ethischer Reflexion. Obwohl beide Philosophen im Zugriff auf ein metaphysisch gedachtes „Wesen" der Dinge und auch in der Hochschätzung der „Theoria" übereinstimmen, der kontemplativen Schau und Erkenntnis des höchsten und göttlichen Wissens, gibt es in ihren Ansätzen signifikante Unterschiede. *Aristoteles* ist, wenn die Formulierung erlaubt ist, sozusagen „praktischer" (aber nicht, wie danach *Epikur*, primär „pragmatisch"). Er geht aus von dem uns Bekannten, von der gelebten Praxis. *Aristoteles* definiert die Moral auch nicht, wie später *Kant*, aus der Pflicht gegenüber einem universellen Gesollten und damit aus einem formalen Prinzip heraus. Die dem Menschen eigentümliche Vernunfttätigkeit (φρόνιμος, phronimos, ist „vernünftig", „besonnen") prägt sich im Rahmen der Polisordnung und ihrer Wertvorstellungen und in der öffentlichen Rede über das, was für die Gemeinschaft gerecht und angemessen ist, auch moralisch aus. Die aristotelische Tugendethik, die zwischen den Extremen die richtige „Mitte" und Proportion (nicht im Sinne eines bloßen Kompromisses oder Durchschnitts) sucht, tritt auch nicht mit den gleichen Ansprüchen auf Erkenntnissicherheit auf, wie sie die theoretische Philosophie erhebt. Sie ist gleichwohl über die alle Zeiten hinweg und erst in jüngster Zeit in der angelsächsischen Diskussion (MacIntyre, Nussbaum)[2] auf großes Interesse gestoßen. Ein wichtiges Ziel der aristotelischen Praktischen Philosophie ist die „eudaimonia" (Eudämonie, Glückseligkeit). In fast schon „erfahrungswissenschaftlicher" Weise analysiert Aristoteles in diesem Zusammenhang die „Lebensformen", in denen die Menschen leben, und ihre Vorstellungen vom höchsten Glück. Für einen philosophischen Menschen ist dabei die „Theoria" die höchste Bestimmung, in der man sich gelegentlich, in reiner Einsicht, dem Göttlichen anzunähern vermag.

Nach der klassischen Zeit eines *Sokrates, Platon* und *Aristoteles* treten Denker wie etwa *Epikur* auf, die in einer gewandelten gesellschaftlichen und politischen Situation vor allem *pragmatische Lebensregeln* zu geben suchen. Im berühmten *Menoikeus-Brief* plä-

---

[2] Vgl. Martha C. Nussbaum, Gerechtigkeit oder Das gute Leben/Gender Studies, Frankfurt/M. 1999; Alasdair MacIntyre, Der Verlust der Tugend (After Virtue), Frankfurt/M. 1995.

diert *Epikur* dabei für eine mäßige Lust, die sich von ihren Genüssen nicht abhängig macht. Einen „Epikureer" nennt man landläufig einen Menschen, der sehr zu leben und zu genießen weiß und hierin den Sinn seines Daseins sieht: so betrachtet war *Epikur* kein Epikureer. Er rät vielmehr, zu *kalkulieren*, d. h. bei allen Handlungen zwischen Lust und Unlust, auch die Folgen bedenkend, abzuwägen. Alle Philosophie ist hier im Grunde „praktische Philosophie":

„Leer ist die Rede jenes Philosophen, die nicht irgendeine Leidenschaft des Menschen heilt. Wie nämlich eine Medizin nichts nützt, die nicht die Krankheiten aus dem Körper vertreibt, so nützt auch eine Philosophie nichts, die nicht die Leidenschaften aus der Seele vertreibt".[3]

Der materialistischen Lehre des *Demokrit* folgend, lässt *Epikur* die letztlichen bloßen „Atomkompositionen" Körper und Seele nach dem Tode zu Staub zerfallen. Warum also sich Sorgen um ein jenseitiges Leben machen? Die Götter werden in die Intermundien (Zwischenwelten) und damit in ein wirkungsloses Jenseits hinweggelobt. Das Leben wird frei von Furcht. Man braucht weder vor den Göttern noch vor einem Jenseits Angst zu haben und auch nicht vor dem Tod (solange es uns gibt, so argumentiert *Epikur*, ist er nicht da, und wenn er da ist, gibt es uns nicht mehr). Auch rät *Epikur*, fast unsozial hat man das gefunden, in der verderbten Welt sich irdischen Ärger vom Hals zu halten. „Lebe im Verborgenen", lehrt er, und, sinngemäß, „Finger weg von der Politik". Die Wende ins Private wird hier ganz deutlich, wenn dieser lebenskluge Philosoph mit Freunden im „Garten" philosophiert.

Wie in den Lehren der konkurrierenden Philosophenschule der Stoiker, etwa bei *Seneca* (4 v. bis 65 n. Chr.), zielt die (meist: spät-)antike Lebenslehre auf die Beherrschung der Affekte und Leidenschaften und behauptet die Macht der Vernunft über eigene Triebe und äußere Schicksalseinflüsse mit dem Ziel „stoischer Ruhe" („Ataraxie" – Gemütsruhe, „Unberührbarkeit", Unerschütterlichkeit als Resultat geistiger Kraft). Wie immer im Einzelnen die Annahmen zur Welt differieren: Philosophie erweist sich hier vor allem als die Kunst des rechten Lebens. Wenn sich die universitäre Philosophie auch seit dem Mittelalter zu einem akademischen Diskurs von Fachleuten und Spezialisten entwickelt hat, so ist demnach nicht zu vergessen, dass die antike Philosophie wesentlich auch eine Lebensform, „eine Art zu leben" gewesen ist.[4] Nicht unähnliche Motive hatten, in kritischer bis grotesker Akzentuierung, bereits den Kynismus des *Diogenes von Sinope* (404-323 v. Chr.) gespeist.

---

[3] Epikur, Von der Überwindung der Furcht, hrsgg. von O. Gigon, Stuttgart 2. Aufl. 1968, Einl. XII. Vgl. M. Hosenfelder, Epikur, München 1991. Der als Zusatztext zu empfehlende Menoikeus-Brief wird didaktisch aufbereitet und wiedergegeben in: V. Steenblock, *Faszination Denken*. Eine Einführung in die Philosophie, München (bsv-Oldenbourg) 2000, 63 ff.
[4] Im Sinne des späten Foucault und einer „Ästhetik der Existenz" geht etwa Pierre Hadot, der auf diesen Umstand verweist, mit einer Wiederkehr des Gedankens um, „unser eigenes Ich als Kunstwerk zu gestalten". Vgl. hierzu P. Hadot: Philosophie als Lebensform. Geistige Übungen in der Antike (Exercises spirituels et philosophie antique), Berlin 1991, 170 ff., 179 ff.

3. Diesseitigkeit und Jenseitigkeit der Lebensorientierung im Mittelalter

Mit dem Ausgang der Antike gewinnt das Denken einen deutlichen, der vorangegangenen griechischen Philosophie eher fremden *religiösen* Grundton. Die allgemeine kulturelle und geistesgeschichtliche Lage hat sich grundlegend verändert. Die Menschen spüren in ganz neuer Weise die Dimension einer anderen, höheren Sinnwirklichkeit. Die Frage: *Wie kann ich ein gutes, glückseliges, lustvolles bzw. unlustfreies Leben im Diesseits führen?* wird abgelöst von der Frage: *Wie kann ich in der rechten Beziehung zu Gott und im Blick auf das Jenseits leben?*

Mit der Durchsetzung des Christentums verändern sich die Lebenswerte. Der spätantike Intellektuelle und spätere Kirchenvater *Augustinus*, ursprünglich kein Verächter der Lust und des gelehrten wie weltlichen Lebens, ist eine symptomatische Figur für diese neuen metaphysischen und religiösen Bedürfnisse. Der Christ muss hauptsächlich auf das Heil seiner Seele bedacht sein. Die Beziehung zu Gott und die in der Bibel niedergelegten ethischen Maßstäbe treten in den Mittelpunkt des Denkens (vgl. den Textauszug zu *Augustin*).

Jüdisch-christliche Moralvorstellungen entwickeln nun ihre das Abendland prägenden Traditionen;[5] es entfaltet sich die Kraft religiöser Sinnstiftung, die zur Philosophie in einem ebenso fruchtbaren wie spannenden Verhältnis steht.[6] Wie die Platonische Ideenlehre geht auch der jüdisch-christliche Theismus von einer sozusagen „außerhalb" und „über uns" liegenden überweltlichen und überzeitlichen Moralsphäre göttlicher Gebote aus, an der wir uns im Sinne eines Leitbildes ausrichten, orientieren müssen. Die Religion (im Orient der Islam) gewinnt einen bestimmenden Einfluss auf die gesamte Kultur, so auch auf den Bereich der sittlichen Lebensformen. In vielen Darstellungen in den großen Kathedralen des Abendlandes stellen die klugen und törichten Jungfrauen (Mt 25, 1-13) die in Stein gemeißelte Frage: Wie sieht es in deinem Leben mit dem Glauben aus? Bist du vorbereitet? Wirst du dereinst im Buch des Lebens stehen?

Auf diese entscheidende Frage nach dem Heil hin hat das irdische Leben sich auszurichten. Im 48. Kapitel seiner *Summa contra gentiles* (*Summe gegen die Heiden*) weist etwa ein *Thomas von Aquin* (1225-1274) darauf hin, dass die letzte Glückseligkeit für den Menschen in diesem Leben nicht zu haben ist (aber, so sucht er nachzuweisen, für den Christen in einem künftigen). Bei aller Liebe zu Aristoteles, bei dessen mittelalterlicher Rezeption er eine zentrale Rolle spielt, wirft *Thomas* dem heidnischen Philosophen in die-

---

[5] Vgl. als Zusatztext: Epochenhinführung Mittelalter, Textabdruck zu Thomas von Aquin und weitere Materialien in: *Faszination Denken*, (Anm. 3), 70 ff.
[6] Vgl. meinen Hinweis: Zwei Arten, die Menschen zu ergreifen? Religion und Philosophie in der Lebenswelt der Antike. In: Philotheos. International Journal for Philosophy and Theology 4 (2004), 202-206.

sem Zusammenhang vor, das wahre Glück nicht bestimmen zu können, und setzt dagegen als dieses wahre Glück die Perspektive des Christen, der im Jenseits Gott schauen wird.

4. Neuzeit und Aufklärung

Für eine bewusste Kulturwende vom Mittelalter fort stehen die Begriffe „Renaissance" und „Humanismus". Das Neue besteht zunächst in einer *Wiedergeburt der antiken Kultur und Philosophie*, in der wiederum das Diesseits statt des Jenseits, das Individuum statt des Kollektivs im Vordergrund steht. Dies wird etwa deutlich, wenn sich ein *Michel de Montaigne* (1533-1592), zeitweiliger Bürgermeister von Bordeaux, 1570 in den Turm seines Schlosses im Périgord zurückzieht, um dort die fast tausend Seiten *Essais* („Versuche") zu schreiben, die sich mit dem „Menschlich-Allzumenschlichen", mit Themen der Lebenskunst und mit Reflexionen von großer Lebensnähe beschäftigen.

Wie groß der Sprung von hier, vieles übergehend,[7] bis zur Aufklärungsepoche auch sein mag: Noch der Beitrag eines *Kant* zur Ethik ist aus der Dialektik von Bewahrung und Kritik der christlichen Traditionen gedeutet worden.

Im Jahre 1784 erschienen in der *Berlinischen Monatsschrift* verschiedene Antworten auf die Frage: „Was heißt aufklären?", darunter *Kants* berühmter Aufsatz, dessen Aufklärungs-Definition und -forderung lautet: „Habe Mut, dich deines *eigenen* Verstandes zu bedienen!". Was das heißt, wird exemplarisch vor allem an der Gestalt des geistreichen und glänzenden Dichters, Kritikers und Philosophen *Gotthold Ephraim Lessing* (1729-1781) deutlich. *Lessing* ist neben *Kant* einer der wichtigsten Vertreter der Aufklärung in Deutschland. In der Gestalt des weisen Juden *Nathan* hat er die aufklärerischen Ideale einer vernunftbestimmten Menschlichkeit und Toleranz und seine Ablehnung von Fanatismus und Hass für die Bühne dargestellt. In der sehr bekannt gewordenen Ringparabel aus seinem *Nathan* hat *Lessing* sich dagegen gewandt, so zu tun, „als ob die Wahrheit Münze wäre". Er wendet das Problem letzthinniger Wahrheitsansprüche (symbolisiert im Anspruch der drei Konkurrenten, jeder den „echten Ring" des Vaters zu haben) hin zu praktischer Bewährung und damit vom Streit zum Wettstreit (vgl. Zitatmotto zu dieser Einführung). Der Moraldiskurs, so macht diese viel zitierte Passage deutlich, ist jetzt unter die Denkbedingungen der Moderne getreten. Er rechnet mit einer Vielheit konfligierender Wahrheitsansprüche, noch ein *Dilthey* wird dieses Problem weiter ausführen.

Zugleich wird im Abendland auch die Religion Gegenstand der Diskussionen. 1774-1777 hatte *Lessing* sich um die Herausgabe der sogenannten „Fragmente eines Ungenannten" gekümmert. Bei diesen „Fragmenten" handelte es sich um religionskritische Schriften von *Hermann Samuel Reimarus*. Dieser evangelische Theologe, Professor für orientalische Sprachen und Philosoph (1694–1768) hatte von der Position einer deistischen Vernunftreligion aus scharfe Kritik an der Bibel geübt und die Auferstehung Jesu bestritten. *Lessing* stimmte ihnen nicht zu, wollte sie aber einer allgemeinen Diskussion zugänglich gemacht wissen. Der Hamburger Hauptpastor Johann Melchior Goeze (der dafür bis heute als der

---

[7] Vgl. meinen Überblick: *Kleine Philosophiegeschichte*, Stuttgart (Reclam) 2002.

„kleine Inquisitor von Hamburg" gilt) griff wegen der Herausgabe *Lessing* scharf an, der sich 1778 im „Anti-Goeze" verteidigte. Man muss mit *Lessing* einen Unterschied machen zwischen dem, was für einen selbst im letzten verbindlich ist und dem, was man anderen oktroyieren kann: die Einsicht in die Komplexität des Wahrheitsproblems ruft zur Toleranz auf. Man braucht sich nun in den menschlichen Verhältnissen in Vergangenheit wie Gegenwart nicht lange umzusehen, um in unreflektierten, offensiven oder fundamentalistischen Wahrheitsansprüchen oft genug eher die Regel als die Ausnahme zu erblicken. Dies macht aber *Lessings* Perspektive nicht obsolet: nach Kräften anzugehen gegen den unaufgeklärten Fanatismus, der das Denken verhetzt.

Exkurs: Welche Chancen bieten sich der sittlichen Entwicklung unter den Bedingungen konfligierender Wahrheits- und Moralperspektiven? *Lessings* Antwort weist auf eine geschichtsphilosophische Perspektive und damit auf *Kant* und *Hegel* vor. Sie ist mit Blick auf die hier thematisierte Hoffnung auf einen Bildungsprozess unserer Gattung insgesamt in ihrer moralischen Urteilskompetenz bis heute interessant und mag darum den folgenden Exkurs rechtfertigen. 1780 erschien die „Erziehung des Menschengeschlechtes", eine geschichtsphilosophische Schrift, die die Weltgeschichte als von Gott gemäß einem Erziehungsplan gelenkt vorstellt. In Deutschland sollte sich der geschichtsphilosophische Fortschrittsglaube von den eher „vorsichtigen Positionen" des Dichters *Lessing* und des Philosophen *Kant* hin zu *Hegels* Gedanken von der einem Plan folgenden und fortschreitenden Geschichte steigern. *Lessing*, eher am Anfang dieser Entwicklung, hat versucht, in Form der in 100 Paragraphen vorgetragenen Vorstellung einer göttlichen *Erziehung des Menschengeschlechtes*[8] differenzierte Denkmöglichkeiten der Geschichte zu entwickeln, die einerseits vorschnelle Wahrheitsansprüche zugunsten historisch vermittelter Vorstellungen – man denke an die „Ringparabel" – aufgeben, andererseits an der Rede von einem „erziehenden" Gott festhalten. Dieser ist nicht der der lutherischen Orthodoxie, der die Heilige Schrift bis in den letzten Buchstaben qua Inspiration gestiftet hat, auch nicht im Sinne der mit den Orthodoxen konkurrierenden „Neologie" ein um alle Widervernunft und Geheimnisse „gekürzter" Gott und schließlich gleichfalls nicht, wie man formuliert hat, ein abstraktes deistisches Denkgebilde, das sich die Verehrer der Vernunft aus der Zerstörung des Offenbarungsglaubens gerettet hatten, weil ihre fortan selbständig laufende Weltkonstruktion einen überweltlichen Erfinder brauchte. Der Gott *Lessings* wird in heutigen Interpretationen vielmehr mit seinem Erziehungsplan als ein „Denkmodell" verstanden. Für diese letzte Deutung spricht der deutlich hypothetische Charakter der „Erziehung des Menschengeschlechtes", der, wie bemerkt worden ist, (1.) schon aus der Distanzierung ableitbar ist, die daran liegt, dass *Lessing* sich zu dieser Schrift offiziell nur in ein Herausgeber-, nicht in ein Autorenverhältnis begeben wollte. *Lessing* gab der „Erziehung" ferner

---

[8] G. E. Lessing: Die Erziehung des Menschengeschlechtes und andere Schriften, Stuttgart 1977.

(2.) das in seiner Funktion vieldiskutierte, aber in jedem Fall wenig Eindeutigkeit evozierende Augustinus-Zitat: „Haec omnia inde esse in quibusdam vera, unde in quibusdam falsa sunt" („Dies alles ist deshalb/aus denselben Gründen in bestimmter Hinsicht wahr, weshalb es in bestimmter Hinsicht falsch ist") vorweg, sprach (3.) in der Vorbemerkung auch von einem „Fingerzeig", den der angebliche Verfasser dem angeblichen Herausgeber *Lessing* zukommen lässt, gebrauchte (4.) das Sinnbild eines Standpunktes auf einem „Hügel", von dem aus man die zeitgeschichtlichen Zusammenhänge etwas weiter sehen möchte, ohne damit „aus der Zeit" zu sein und fügte schließlich (5.) in den Text selbst noch Warnungen vor Zukunftsschwärmerei ein (Paragraph 90). Ob der Geschichtsprozess für *Lessing* autonome Potenzen der Menschheit entfaltet oder entscheidend an Gott zurückgebunden ist (Paragraph 4, 77), ist ebenso umstritten wie die genaue Interpretation der Spekulation über die Abfolge der drei Menschheitszeitalter: Kindheit/Altes Testament – Jugendzeit/Neues Testament – Mannesalter/Zeit des „neuen, ewigen Evangeliums", innerhalb derer jeweils ein „Stoß" Gottes wirksam wird, und die Frage, wo *Lessing* denn wohl seine eigene Lebenszeit verortet haben mag. Die Frage nach einem Fokus der Moral in Bezug auf den Einzelnen oder auf die Entwicklung eines Ganzen, auf einen Bildungsprozess unserer Gattung, bleibt seit Lessing auf der Tagesordnung; sie wird bei *Kant* und *Hegel* wieder relevant.

5. Das Sollen und seine Kritik: Kant und Hegel

Immanuel Kant (1724-1804) fragt in diesem Kontext zum ersten Mal in fundamentaler und radikaler Weise nach der „Bedingung der Möglichkeit" von Aussagen zur Beschaffenheit der Welt überhaupt, zu Gott, zu den Normen unseres Handelns. Um die Bedeutung dieses Neuansatzes zu verstehen, muss im Folgenden Kants Abschied von der Metaphysik etwas genauer erläutert werden.

Die Frage nach „der Bedingung der Möglichkeit von" begründet die „Transzendentalphilosophie". Dieser Begriff hat, angewandt auf die Philosophie *Kant*s, mit „Aussagen über die Transzendenz", d. h. über einen die Erfahrung übersteigenden Bereich, also Gott oder Übersinnliches, sowie generell mit einem Überschreiten der Grenze vom Diesseits zum Jenseits oder gar mit „transzendentaler Meditation" und anderen Obskurantismen nichts zu tun – solche Aussagen als theoretische und im modernen Sinne wissenschaftliche werden von *Kant* gerade stark eingeschränkt. Von *Kant*, der philosophiegeschichtlich als Abschluss und Vollender der Aufklärungsphilosophie eingeordnet wird, stammt die bereits zitierte, wohl berühmteste Definition von Aufklärung überhaupt; ihr dient die durchaus auf öffentliche Bildungswirksamkeit angelegte Arbeit der Vernunftkritik *Kants* auch insgesamt.⁹ Schrittweise war der Philosoph der Metaphysik und Spekulation gegenüber skeptisch geworden. Dies erwies vor allem die Schrift *Träume eines Geistersehers, erläutert durch Träume der Metaphysik* von 1766, in denen *Kant* in Sonderheit mit einem gewissen Emanuel Swedenborg (1688-1772), im Allgemeinen aber mit allem Glauben an Übersinnliches in unter diesem Aspekt noch heute lesenswerter Art ebenso radikal wie spöttisch aufräumt. Von Metaphysik und Geisterseherei in einem Atemzug reden? Ja, das kann man, sagt *Kant*:

„Allein da die Philosophie, welche wir voranschickten, eben so wohl ein Märchen war aus dem *Schlaraffenlande* der Metaphysik, so sehe ich nichts Unschickliches darin, beide in Verbindung auftreten zu lassen; und warum sollte es auch eben rühmlicher sein, sich durch das blinde Vertrauen in die Scheingründe der Vernunft, als durch unbehutsamen Glauben an betrügliche Erzählungen hintergehen zu lassen?"¹⁰

Große Bedeutung für diesen Abschied von der Metaphysik hatte der englische Philosoph *David Hume*, wie *Kant* in den – die *Kritik der reinen Vernunft* sozusagen in Kurzfassung erläuternden – *Prolegomena zu einer jeden künftigen Metaphysik, die als Wissenschaft wird auftreten können* von 1783 selbst schreibt: „Ich gestehe frei: die Erinnerung des *David Hume* war eben dasjenige, was mir vor vielen Jahren zuerst den dogmatischen Schlummer unterbrach und meinen Untersuchungen im Felde der speculativen Philosophie eine ganz andre Richtung gab".¹¹ Man hat genau dargelegt, wie diese Anstöße und Anregungen im Einzelnen gewirkt haben; entscheidend ist vor allem das Jahr 1769 gewesen („Das Jahr 69 gab mir großes Licht").¹² Neben dem Einfluss Humes ist es auch das sogenannte „Antinomienproblem" – der „Widerstreit der Vernunft mit sich selbst" in den höchsten (kosmologischen, psychologischen und theologischen) Fragen gewesen, das Kants „kritische Wende" hervorgerufen hat.

Indem *Kant* nun systematisch untersucht, was die Metaphysik noch zu leisten vermag, leitet er in der Tat jenen grundsätzlichen Standpunktwechsel ein, den er für sein Werk beansprucht: das Denken in einer Weise zu verändern, die der Ablösung des geozentrischen durch das heliozentrische Weltbild vergleichbar sein soll. Wenn an der traditionellen Metaphysik nunmehr nur noch so viel für wissenschaftlich erscheinen kann, wie als Kritik ihrer selbst auftritt, so hat dies schwerwiegende Konsequenzen auch für die Praktische Phi-

---

⁹ Wenngleich Kant sich des Begriffs „Öffentlichkeit" nicht bedient, sondern nur eingeschränkt von „Publicität" spricht, so ist die theoretische wie die praktische Vernunft nach Kant doch öffentlich verfasst. Vgl. K. Blesenkemper, „Publice age" – Studien zum Öffentlichkeitsbegriff bei Kant, Pommersfeldener Beiträge Sonderband 4, Frankfurt/M. 1987. Der Autor hebt jene Momente heraus, die auf die Diskursivität des Kantischen Werkes verweisen. Er wendet sich gegen die Unterstellung, Kants Denken sei monologisch und solipsistisch und müsse etwa in unserer Zeit von einer völlig neuen „Diskurstheorie" à la *Karl Otto Apel* überholt werden.
¹⁰ Immanuel Kant, Gesammelte Schriften („Akademie-Ausgabe"), hrsgg. von der (Königlich) Preußischen Akademie der Wissenschaften, Abt. I.: Werke, Berlin 1902 ff. (zitiert mit röm. Band- und arab. Seitenzahl): II, 356.
¹¹ A. a. O., IV, 260.
¹² Vgl. L. Kreimendahl, Kant – der Durchbruch von 1769, Köln 1992.

losophie. Die Begründung der Normen unseres Lebens und Handelns ist nicht mehr möglich von den Denkvoraussetzungen eines *Platon* und auch *Aristoteles* aus, sie ist ebensowenig mehr zu leisten im Denkrahmen der herkömmlichen christlich-abendländischen Metaphysik.

Für *Kant* ist in seiner Neubegründung der Ethik auch nicht, anders als etwa für die antike Lebenskunst oder für die englischen *Utilitaristen,* die Frage nach dem Glück die entscheidende. Ihm geht es um die Gewinnung eines besonderen *Richtmaßes* zur Bestimmung moralisch guten Handelns. Hierfür formuliert er nicht zuletzt jene wohl meistzitierte Moralformel der Geistesgeschichte, den *Kategorischen Imperativ*. Dieser lautet: „Handle nur nach derjenigen Maxime, von der du zugleich wollen kannst, dass sie ein allgemeines Gesetz werde" (vgl. hierzu im „Reader" zu Kant den Text 2). Eine solche Richtschnur moralischen Handelns ist nicht zu verstehen im Sinne jener „sittlichen Grundformel der Menschheit", nämlich eines „Was du nicht willst, dass man dir tu', das füg' auch keinem andern zu". Vielmehr setzt *Kant* sich ausdrücklich und in einer nicht zu übersehenden Weise von der *Goldenen Regel* ab, die er aber wohl nicht von ihrer stärksten Seite wahrgenommen hat.[13] Die entscheidende Wendung liegt bei ihm in der Forderung, das, was man sich für sich selbst vornimmt (die „Maxime" des eigenen Handelns) immer nur so zu fassen, dass man dessen Universalisierung verantworten kann. *Kant* ist der festen Überzeugung, dass eine solche strikte Prüfung die Vernunftstruktur in uns auf feste moralische Regeln verpflichtet. Jeder ist dabei in gleicher Weise aufgerufen, moralisch zu handeln und „hört" das Moralgesetz sozusagen in sich, mag eine noch so bestimmende Biographie oder psychische Disposition und Veranlagung ihn auch zu Taten treiben, die diesem Gesetz zuwider laufen.[14]

---

[13] Vgl. U. Hoche: „Goldene Regel II" in: Historisches Wörterbuch der Philosophie Bd. 8, Basel 1992, 457-464.

[14] Es gibt von *Kant* her keine „Entschuldigung" durch Rekurs auf soziale und andere Bedingtheiten. Der Mensch wird gleichsam „verdoppelt": er ist nicht nur das endliche Wesen, das in einer nach *Kant* kausal determinierten Erscheinungswelt lebt, sondern auch das *freier Entscheidung fähige transzendentale Subjekt*. Denn weil erst durch die Arbeitsweise unseres Verstandes die Welt mit all ihren auch den Menschen determinierenden Gesetzlichkeiten sozusagen zustande kommt, ist über den nicht solchermaßen empirischen, sondern nur dem Denken zugänglichen, „intelligiblen" eigentlichen Charakter des Vernunftwesens „Mensch" noch nichts gesagt; ihn setzt *Kant* als „frei". Die *Kritik der reinen Vernunft* hat entsprechend zumindest die Möglichkeit menschlicher Willensfreiheit erwiesen, da ja der Kausalzusammenhang nur die Erscheinungswelt beherrscht (für Kritiker entsteht damit freilich ein „Dualismus", der mit der Transzendentalphilosophie steht und fällt): „Um deswillen muss ein vernünftiges Wesen sich selbst, als Intelligenz (also nicht von Seiten seiner untern Kräfte), nicht als zu Sinnen-, sondern zur Verstandeswelt gehörig, ansehen; mithin hat es zwei Standpunkte, daraus es sich selbst betrachten, und Gesetze des Gebrauchs seiner Kräfte, folglich aller seiner Handlungen, erkennen kann, *einmal*, so fern es zur Sinneswelt gehört, unter Naturgesetzen (Heteronomie), *zweitens*, als zur intelligibelen Welt gehörig, nicht empirisch, sondern bloß in der Vernunft gegründet sein". Kant, Grundlegung zur Metaphysik der Sitten BA 108 f. Hier nach: W. Weischedel (Hrsg.), Werkausgabe in 12 Bänden, Frankfurt/M. 1968 u. ö., Bd. 8, 88.

Vergleicht man *Kants* Ethik mit der antiken, der es neben der Tugend ja vor allem auch um praktische Lebenshilfe und die philosophische Beantwortung der Frage nach dem *Glück* im menschlichen Leben ging, so wirkt seine Ablehnung dieses Gesichtspunktes zugunsten reiner Moralität durchaus recht schroff: „Gut", so macht *Kant* in der zu einer Einführung in seine Moralphilosophie auch insgesamt überaus lesenswerten Schrift „Grundlegung zur Metaphysik der Sitten" (1785) deutlich, ist nur der *moralisch gute Wille* (Text 1). Woran muss sich dieser gute Wille orientieren? Nicht an außenstehenden Instanzen. „Autonomie" heißt seit Kant vielmehr, *sich selbst* ein Gesetz zu geben. Dies bedeutet freilich alles andere als Beliebigkeit. Hieße „Autonomie" lediglich, dem eigenen Gusto folgen zu können, so beinhaltete dies nur eine neue Abhängigkeit, diesmal von den Zufälligkeiten der eigenen Natur. Wir müssen uns aber an der Pflicht dem inneren *Sittengesetz* gegenüber, das wir alle als Vernunftwesen in uns tragen, ausrichten. „Pflicht!" ruft der sonst so „trockene" *Kant* in diesem Zusammenhang mit merklicher Emphase. Der Moralphilosophie Kants wird darum manchmal ein gewisser Rigorismus vorgeworfen. Für einen solchen Rigorismus, nach *K.-O. Apel* vielleicht sogar für die Position eines mittlerweile starrsinnig gewordenen Gesinnungsethikers, scheint freilich doch ein kleiner Aufsatz zu sprechen, den *Kant* dem Problem der Lüge gewidmet hat (Text 5 zu *Kant*) und in dem er „Notlügen" selbst aus noch so ehrenwerten und dringenden menschenfreundlichen Motiven mit, wie man jedenfalls gefunden hat, reichlich schwachen Argumenten verwirft.[15]

Einen Lösungsansatz bietet in diesen Zusammenhängen vielleicht das Argument, dass bei alle Skepsis auch für *Kant* die Herbeiführung verbesserter zwischenmenschlicher Zustände wesentlich eine Sache der *Bildung* ist. *Kant* hat sich im Rahmen seiner Königsberger Lehrtätigkeit auch mit Erziehungsfragen beschäftigt; seine „Vorlesung über Pädagogik" ist hier ebenso einschlägig wie seine Geschichtsphilosophie, in deren 6. Satz Kant davon spricht, dass „aus so krummem Holze, als woraus der Mensch gemacht ist, [...] nichts ganz Gerades gezimmert werden" könne.[16] Er sieht den Menschen gleichwohl dazu aufgerufen, sich in der Gesellschaft mit seinesgleichen zu zivilisieren, um nicht bei der Skepsis, zu der viele seiner Eigenschaften, z. B. die Fähigkeit zu Täuschung und Lüge, führen müssen, stehen zu bleiben:

„Dieses würde dann eine Karikaturzeichnung unserer Gattung abgeben, die nicht nur zum *Belachen* derselben, sondern zur *Verachtung* in dem, was ihren Charakter ausmacht, und zum Geständnisse, dass diese Rasse vernünftiger Weltwesen unter den übrigen (uns unbekannten) keine ehrenwerte Stelle verdiene, berechtigte – wenn nicht gerade eben dieses verwerfende Urteil eine moralische Anlage in uns, eine angeborne Aufforderung der Vernunft verriete, auch jenem Hange entgegenzuarbeiten, mithin die Menschengattung nicht als böse, sondern als eine aus dem Bösen zum Guten in beständigem Fortschreiten unter Hindernissen emporstrebende Gattung vernünftiger We-

---

[15] Vgl. K. Hasselbeck, Über ein vermeintliches Recht aus Menschenliebe zu lügen. Eine Einführung in die Ethik Kants, in: Philosophie, Anregungen für die Unterrichtspraxis 5, 3-9. Differenzierend hierzu: G. Geismann – H. Oberer (Hrsg.), Kant und das Recht der Lüge, Würzburg 1986.
[16] Vgl. hierzu auch meine Überlegungen: „Aus so krummem Holze" – Kant und die kulturelle Bildung des Menschen. In: K. Schmidt – K. Steigleder – B. Mojsisch (Hrsg.), Die Aktualität der Philosophie Kants. Bochumer Ringvorlesung Sommersemester 2004, Amsterdam 2005, 220-247.

sen darzustellen; wobei dann ihr Wollen, im allgemeinen, gut, das Vollbringen aber dadurch erschwert ist, dass die Erreichung des Zwecks nicht von der freien Zusammenstimmung der *einzelnen*, sondern nur durch fortschreitende Organisation der Erdenbürger in und zu der Gattung als einem System, das kosmopolitisch verbunden ist, erwartet werden kann".[17]

Schwerwiegender ist ein anderer Einwand gegen *Kants* Ethik, nämlich der Verdacht, dass der *Kategorische Imperativ* eine Leerformel sei, mit der man sozusagen „alles rechtfertigen" könne. Dieser Vorwurf des „Formalismus" wird erhoben, obwohl das formale ethische Prinzip des kategorischen Imperativs durchaus inhaltliche Implikationen mit sich bringt. Kants Ethik ist keine „Ein-Satz-Ethik", sondern, wie *Otfried Höffe* herausgestellt hat,[18] eine komplexe und in mehreren Stufen mit Rechts- und Tugendlehre vermittelte Moralphilosophie.

Den Formalismus-Verdacht hat aber bereits kein geringerer als *Hegel* geäußert und dabei seine eigenen Auffassungen durchklingen lassen:

„So wesentlich es ist, die reine unbedingte Selbstbestimmung des Willens als die Wurzel der Pflicht herauszuheben, wie denn die Erkenntnis des Willens erst durch die *Kantische* Philosophie ihren festen Grund und Ausgangspunkt [...] gewonnen hat, so sehr setzt die Festhaltung des bloß moralischen Standpunkts, der nicht in den Begriff der Sittlichkeit übergeht, diesen Gewinn zu einem *leeren Formalismus* und die moralische Wissenschaft zu einer Rednerei von der *Pflicht* um der Pflicht herunter. Von diesem Standpunkt aus ist keine immanente Pflichtenlehre möglich; man kann *von außen her* wohl einen Stoff hereinnehmen und dadurch auf besondere Pflichten kommen, aber aus jener Bestimmung der Pflicht, als *dem Mangel des Widerspruchs, der formalen Übereinstimmung mit sich,* welche nichts anderes ist als die Festsetzung der *abstrakten Unbestimmtheit,* kann nicht zur Bestimmung von besonderen Pflichten übergegangen werden, noch wenn ein solcher besonderer Inhalt für das Handeln zur Betrachtung kommt, liegt ein Kriterium in jenem Prinzip, ob er eine Pflicht sei oder nicht. Im Gegenteil kann alle unrechtliche und unmoralische Handlungsweise auf diese Weise gerechtfertigt werden".[19]

Was für „gut" und „gerecht" gelten soll, darf sich nach *Hegel* nicht im bloßen „Sollen" eines ethischen Imperativs erschöpfen, bei dem man nie weiß, wie weit es dann wirklich damit kommt. Es muss vielmehr an der sittlichen Substanzialität des Weltprozesses Anteil haben (vgl. die im Reader-Teil abgedruckten Passagen aus Hegels *Rechtsphilosophie*). In der *Phänomenologie des Geistes* sagt *Hegel* an einer Stelle, die man in diesem Zusammenhang erläuternd hinzuziehen kann:

---

[17] Kant, Anthropologie in pragmatischer Hinsicht abgefasst. Werke Hrsg. Weischedel, a. a. O. Bd. 12, 689 f.
[18] O. Höffe, Kategorische Rechtsprinzipien. Ein Kontrapunkt der Moderne, Frankfurt/M. 1995, 16 ff.
[19] Rechtsphilosophie Paragr. 135. G. W. F. Hegel, Werke. Neu edierte Ausgabe, Redaktion E. Moldenhauer und K. M. Michel, Frankfurt/M. 1970 (Suhrkamp Theorie Werkausgabe) Bd. 7: Grundlinien der Philosophie des Rechts oder Naturrecht und Staatswissenschaft im Grundrisse, 252 f. (Teil auch der zu Hegel abgedruckten Textpassagen im „Reader").

„Was allgemein gültig ist, ist auch allgemein geltend; was sein *soll, ist* in der Tat auch, und was nur sein *soll*, ohne zu *sein*, hat keine Wahrheit. Hieran bleibt der Instinkt der Vernunft mit Recht seinerseits fest hängen und lässt sich nicht durch die Gedankendinge, die nur sein *sollen* und als *Sollen* Wahrheit haben sollen, ob sie schon in keiner Erfahrung angetroffen werden, – durch die Hypothesen so wenig als durch alle anderen Unsichtbarkeiten eines perennierenden Sollens irre machen; denn die Vernunft ist eben diese Gewissheit, Realität zu haben, und was nicht als ein Selbstwesen für das Bewusstsein, d. h. was nicht erscheint, ist für es gar nichts".[20]

In der philosophischen Literatur des 20. Jahrhunderts zu diesem Thema, deren Hinsicht für unsere Textauswahl im anschließenden „Reader" nicht ohne Relevanz ist, stimmt der Münsteraner Philosoph *Joachim Ritter* dem *Hegel*schen Protest gegen eine „Reduzierung" der Sittlichkeit auf Moralität bei *Kant* zu. Auch Ritters Schüler *Odo Marquard*, der sich in seinem Aufsatz über *Hegel und das Sollen* auf diese Passage bezieht, verteidigt *Hegel* gegen den Vorwurf, seine Kritik des Sollens und des noch Unverwirklichten führe zu einer „Unterwerfungsphilosophie" gegenüber der bestehenden Wirklichkeit. *Hegel* wende sich nur gegen ein „bloßes Sollen", das verleugne, was in dieser Wirklichkeit an Vernunft schon angelegt sei (auch wenn *Marquard* deutlich macht, dass wir so viel Vernunft wie *Hegel* denn doch nicht mehr in der Wirklichkeit entdecken können). Gerade ein sich absolut setzendes utopisches „Sollen" hat nicht nur für *Hegel*, sondern auch für *Marquard* einen „Regressionseffekt".[21] *Hegel* behauptet, dass ein „versöhntes Ganzes" tatsächlich durchgesetzter Sittlichkeit zu denken sei, auch wenn er nicht behaupten muss, jedes bloße „Sekundärphänomen" sei schon vernünftig:

„In der Vorrede zu meiner Philosophie des Rechts befinden sich die Sätze: *Was vernünftig ist, das ist wirklich, und was wirklich ist, das ist vernünftig*. Diese einfachen Sätze haben manchen auffallend geschienen und Anfeindung erfahren, und zwar selbst von solchen, welche Philosophie und wohl ohnehin Religion zu besitzen nicht in Abrede sein wollen. Die Religion wird es unnötig sein in dieser Beziehung anzuführen, da ihre Lehren von der göttlichen Weltregierung diese Sätze zu bestimmt aussprechen. Was aber den philosophischen Sinn betrifft, so ist so viel Bildung vorauszusetzen, dass man wisse, nicht nur dass Gott wirklich, – dass er das Wirklichste, dass er allein wahrhaft ist, sondern auch, in Ansehung des Formellen, dass überhaupt das Dasein zum Teil *Erscheinung*, und nur zum Teil Wirklichkeit ist. Im gemeinen Leben nennt man etwa jeden Einfall, den Irrtum, das Böse und was auf diese Seite gehört, sowie jede noch so verkümmerte und vergängliche Existenz zufälligerweise eine *Wirklichkeit*. Aber auch schon einem gewöhnlichen Gefühl wird eine zufällige Existenz nicht den emphatischen Namen eines Wirklichen verdienen; – das Zufällige ist eine

---

[20] G. W. F. Hegel, Werke, a. a. O., Bd. 3: Phänomenologie des Geistes, 192 f.
[21] O. Marquard, Hegel und das Sollen, in: Philos. Jahrbuch 72 (1964), 103-119, 108, 114 f., 118 (auch in ders., Schwierigkeiten mit der Geschichtsphilosophie, Frankfurt/M. 1973, 37-51); vgl. auch J. Ritter, Moralität und Sittlichkeit. Zu Hegels Auseinandersetzung mit der Kantischen Ethik, in ders., Metaphysik und Politik, Frankfurt/M. 1977, 281-309, 288 f.

Existenz, die keinen größeren Wert als den eines *Möglichen* hat, die so gut *nicht sein* kann, als sie ist".²²

Trotz seiner Skepsis gegenüber dem „krummen Holz" gibt es aber bei Kant, wie wir gesehen haben, durchaus so etwas wie ein Projekt der „Versittlichung" des Menschen im Kulturprozess und damit – freilich in eher versuchsweiser, tentativer Wendung – sehr wohl ein Analogon zum *Hegel*schen Rückbezug der praktischen Philosophie auf reale Prozesse und Institutionen in der menschlich-geschichtlichen Welt.

6. Pragmatische Vernunft: Der Utilitarismus

Den deutschen Ethikkonzeptionen gegenüber stehn die englischen. Der *Utilitarismus* entstand im England des 18. und 19. Jahrhunderts. Nicht um ewig gültige metaphysisch begründete Werte wie in der platonischen oder jüdisch-christlichen Moralbegründung geht es dieser Richtung der praktischen Philosophie, nicht um die ehrwürdige Geltung einer Tradition, auch nicht um *Kants* strenge Prüfung im Sinne einer strikten Formalisierung, sondern um eine *Regelung menschlichen Zusammenlebens, die dem vernünftigerweise anzunehmenden Nutzen aller gerecht wird*.

Glück für alle – diese Kennzeichnung lässt sich auf eine Denkrichtung anwenden, die den ethischen Zweck menschlichen Handelns in dem *Nutzen* sieht, der dadurch für den einzelnen und die Gemeinschaft gestiftet wird. Das oft zitierte Grundprinzip der ethischen Theorie des Utilitarismus drückt die berühmte Formel vom „größtmöglichen Glück für die größtmögliche Zahl" aus. Der Utilitarismus geht davon aus, dass die Richtigkeit oder Falschheit von Handlungen bestimmt wird von der Güte oder Schlechtigkeit ihrer Konsequenzen. Glück muss gefördert, Unglück vermieden werden. Mit seiner berühmten Formel von der „greatest happiness of the greatest number" begründete *Jeremy Bentham* (1748-1832), Jurist und Philosoph, das Nutzenprinzip in der Ethik. Der Positivist, Nationalökonom und Soziologe *John Stuart Mill* (1806-1873) begegnet im Weitergang der Theorieentwicklung dem Einwand, dass eine solche Theorie des Glücks Qualitätsgrade der Lust (sozusagen zwischen Skat und Kunstgenuss) nicht erfasse. Für *Mill* hat das vom Utilitarismus angestrebte Glück ausdrücklich auch eine qualitative, nicht nur quantitative Dimension. Maßstab ist die Einschätzung derer, die ihrem Erfahrungshorizont nach, auch in Selbsterfahrung und Selbstbeobachtung, die besten Vergleichsmöglichkeiten besitzen.²³

---

²² Enzyklopädie (1830) Paragr. 6. Zitiert nach G. W. F. Hegel, Werke, a. a. O., Bd. 8: Enzyklopädie der philosophischen Wissenschaften im Grundrisse. Erster Teil der Wissenschaft der Logik, 47 f.
²³ J. St. Mill, Der Utilitarismus. Übs. v. D. Birnbacher, Stuttgart (Reclam) 1976, 2. Aufl. 1997, 21. Dieses Reclam-Bändchen stellt ähnlich wie Kants oftmals gelesene „Grundlegung zur Metaphysik der Sitten" eine empfehlenswerte „Ganzschrift" zur Lektüre im Philosophieunterricht dar. – Vgl. auch die zusammenfassende und auf gegenwärtige Weiterentwicklungen hinweisende Darstellung von Dieter Birnbacher: Utilitarismus. In: M. Düwell – C. Hübenthal – M. Werner (Hrsg.), *Handbuch Ethik*, Stuttgart (Metzler) 2002, 95-107 sowie das Plädoyer von Bernward Gesang: Nützlich-

Damit begegnet *Mill* dem Argument vom „dummen Glück", das in bloßer Selbstzufriedenheit bestehe (Ist eine glückliche Kuh, so könnte man fragen, besser dran als ein unglücklicher Sokrates?) Im Gegensatz zur vor allem kontinentalen Ethiktradition geht der Utilitarismus schon von seinen positivistischen Voraussetzungen her nicht aus von Metaphysik und Transzendentalphilosophie, deduziert nicht das sittliche Handeln von einer „Idee des Guten" und rekurriert nicht primär auf ein Moralgesetz, das im sozusagen „idealen Kern" einer Person wache. Der Utilitarismus ist vielmehr eine „Ethik ohne Metaphysik" (G. Patzig). Im angelsächsischen Sprachraum gilt er nach wie vor als eine der wichtigsten moralphilosophischen Positionen.

7. Herausforderungen der Moral in der Moderne (Schopenhauer, Nietzsche, Dilthey und Max Weber)

Als „modern" kann man signifikant diejenige Epoche der Geistesgeschichte bezeichnen, die sich selbst zum Thema macht und über ihre Ziele streitet. Dies geschieht im Zeichen der Denker *Schopenhauer, Nietzsche, Dilthey* und *Max Weber*, die alle mit Textauszügen in diesem Band vertreten sind, auch für den Moraldiskurs in nachhaltiger Art und Weise.

Für *Arthur Schopenhauer* sind die der Menschengeschichte allzumeist aus moralischen Bewertungen heraus mitgegebenen Sinnzuschreibungen unplausibel und von den Reibungsverlusten der Entwicklung gleichsam widerlegt (vgl. Textteil).

Noch kräftiger kritisiert mit dem ausgehenden 19. Jahrhundert, in Anschluss an wie in Überwindung des *Schopenhauer*schen Pessimismus *Friedrich Nietzsche* in einem ebenso kritisch-scharfen wie affektischen, hymnischen und phasenweise prophetischen Stil, in geschliffenen Formulierungen und Aphorismen, Metaphern und Bildern von dichterischer Kraft die zweitausendjährigen europäischen Moralvorstellungen von Nächstenliebe und Mitleid, die durch Platonismus, Judentum und Christentum geschaffen und gefördert wurden, als „Sklavenaufstand in der Moral" (vgl. Reader, Nietzsche-Text 1). Eigentlich aber gilt nach *Nietzsche*: „Leben selbst ist wesentlich Aneignung, Verletzung, Überwältigung des Fremden und Schwächeren, Unterdrückung, Härte, Aufzwängung eigner Formen, Einverleibung und mindestens, mildestens, Ausbeutung". *Nietzsche* ist in den dreißiger Jahren vor allem durch das Wirken seiner Schwester *Elisabeth Förster-Nietzsche* als der selbsternannten und später heftig kritisierten „Nachlassverwalterin" des Philosophen nationalsozialistisch vereinnahmt worden, obwohl er, der alle „Herdenmoral" verachtet hat, sich in den aufmarschierenden Massen des Faschismus schwerlich wiedererkannt hätte. Aber auch seiner – wie man gesagt hat – missbrauchten und missbrauchbaren Konstrukte selbst wegen ist *Nietzsche* in die Nähe des späteren Faschismus und einer „Zerstörung der

---

keit und Glück. In: Franz Josef Wetz – Volker Steenblock (Hrsg.), *Kolleg: Praktische Philosophie in der Gegenwartskultur*, 4 Bände, Band II: Grundpositionen und Anwendungsprobleme der Ethik, Stuttgart (Reclam) 2008.

Vernunft" gerückt worden (*Georg Lukacs*). Seit man ihn jedoch aus dieser vordergründigen ideologischen Vereinnahmung wie ideologiekritischen Entlarvung gelöst hat, beweisen die Resultate der überaus umfangreichen Literatur und das ungemeine und weitreichende Interesse an *Nietzsche* die immense philosophische Bedeutung, die bis heute in der Herausforderung liegt, die seine Ablehnung eines traditionellen Begriffs von Rationalität und Wahrheit bedeutet. Wenn *Nietzsche* in seinem frühen Aufsatz über *Wahrheit und Lüge im außermoralischen Sinn* (Text 4) vom Trieb des Menschen zur Metaphernbildung spricht, gewinnt die Wahrheitsfrage den Unterton der Stilisierung einer Lebensform.

Weniger spektakulär als dieser Denker, aber wohl nachhaltiger arbeitet zur selben Zeit auch der Historismus an der Frage nach der Moral, und er kommt zu einem ähnlichen Schluss: Die Wahrheit wird auch hier *gebildet*, nicht gefunden – eine Einsicht, die sich mutatis mutandis in der von Kurt Bayertz in der Gegenwartsphilosophie vorgetragene Einschätzung der Moralentwicklung wiederzufinden scheint. Mit Blick auf *Wilhelm Dilthey* (vgl. Textauszug im „Reader") kann man nämlich feststellen, dass moralische Geltungskriterien – wie alle Wahrheit – im Historismus als das Ergebnis ernsthaftester Arbeit der Vernunft in der Geschichte gedacht werden. Die Vernunft, auch die praktische Vernunft, die durch uns in die Welt gebracht werden soll, ist im Vornherein durch nichts garantiert: nicht durch *Hegels* so großartig inszenierte Vorstellung eines prozessualen Weltganzen und nicht durch eine kommunikationstheoretisch umgerüstete Vernunft, wie sie im folgenden in der Gestalt der Letztbegründungsethiken anzusprechen ist:

„Zumindest bis zu Hegel wurde unter Vernunft etwas Unwandelbares, Notwendiges und Allgemeines verstanden, und unter Kantischen Bedingungen des Philosophierens ist zu fragen, wo überhaupt Unwandelbarkeit, Notwendigkeit und Allgemeinheit soll angetroffen werden, wenn nicht am Orte der Vernunft selbst. Was sollte schon veränderlich, kontingent und individuell sein und zugleich „Vernunft" genannt werden können?"[24]

Diese Frage bringt die Diskussionsbedingungen Praktischer Philosophie in der Moderne, wie wir sie bei Lessing bereits behandelt fanden, noch einmal verschärft auf den Begriff. Diese bleiben aber nicht die einzige Herausforderung der Moral in der Moderne. Eine weitere solche Herausforderung stellt etwa der ökonomisch dominierte Charakter der modernen Gesellschaften selbst dar. In seinen vieldiskutierten Arbeiten zur Religionssoziologie und zur „Unentrinnbarkeit" der Moderne im Zuge des von ihm konstatierten abendländischen Rationalisierungsprozesses hat *Max Weber* auf die faszinierende Gewalt des Kapitalismus als einer schlechthin revolutionären Gewalt hingewiesen. Zugleich hat er aber (wie die im Textteil wiedergegebenen kurzen Textpassagen zeigen) auf die Grenzen einer „wissenschaftlichen" Moralbegründung verwiesen. All dies provoziert neue Bemühungen um eine schlechthinnige Grundlegung der Moral.

---

[24] H. Schnädelbach, Zur Dialektik der historischen Vernunft, in: H. Poser (Hrsg.), Wandel des Vernunftbegriffs, Freiburg-München 1981, 15-37, 20.

8. Die große Zeit der Begründungsethiken (Habermas und Apel)

Ethisches Engagement ist im 20. Jahrhundert vielfältig auch das Bemühen um politisch-gesellschaftliche Veränderung gewesen. „Praktische Philosophie" lässt schließlich auch an *Karl Marx* (1818-1883) und die 11. Feuerbach-These denken sowie an die Debatte um deren Unzeitgemäßheit – speziell im Foyer der Berliner Humboldt-Universität und generell in unserer Gegenwart und nach den Erfahrungen des Totalitarismus.

Am Ende des 20. Jahrhunderts und Jahrzehnte nach „1968" ist der Gestus der Veränderung dann zweifellos verschiedentlich in den des „Erhaltes von Werten" für eine, wie es heißt, immer orientierungslosere Gegenwart getreten. Dies aber geschah und geschieht in einer globalen Lage 150 Jahre nach dem „Kommunistischen Manifest", in der schwerlich weniger soziale Ungleichheiten anzutreffen sind als die, die einst Marxens Bemühen in Gang gesetzt haben. Nachdem es in Deutschland gleichwohl seit der Philosophie des sogenannten „Scheler-Hartmannschen Wertehimmels", d. h. der These, dass es einen eigenen Seinsbereich objektiver Werte gebe, wie sie *Max Scheler* (1874-1928) und *Nicolai Hartmann* (1882-1950) vertreten hatten, besonders scharf profilierte ethische Ansätze zunächst kaum mehr gegeben hatte, bedeutete es einen neuen Anstoß, dass seit den 1970er Jahren Sammelbände mit programmatisch empfundenen Titeln wie zum Beispiel *Rehabilitierung der Praktische Philosophie* von *Manfred Riedel* erschienen.[25]

Vor allem trat dabei die sogenannte *Diskursethik* mit einem groß angelegten Begründungsgestus hervor. Sie wurde einer der meistdiskutierten philosophischen Ansätze der 1970er und 80er Jahre und über die Institution des damaligen „Funkkollegs Praktische Philosophie" auch einer größeren Öffentlichkeit nähergebracht. Vertreter sind neben *Jürgen Habermas* vor allem *Karl-Otto Apel* und seine Schule (*Wolfgang Kuhlmann, Peter Rohs*). *Apel* besteht ausdrücklich auf der Notwendigkeit einer „planetarischen Einheitszivilisation" angemessenen „universalen, d. h. für die menschliche Gesellschaft insgesamt verbindlichen" „Makroethik". Diese hat nicht nur universal, sondern auch letztbegründet zu sein – „alles andere ist Halbheit".[26] Wie *Konrad Lorenz* und die Verhaltensforschung gezeigt haben, liegt in der Menschwerdung ein „Sündenfall", der die naturgesetzliche Instinktregulation der Lebensverhältnisse durchbricht, so dass der Mensch durch den Gebrauch einer technischen und strategischen Vernunft seine Lebenssituation in riskanter und folgenschwerer Weise verändern kann. Dies bedeutet für die problembewältigende Kraft der praktischen Vernunft eine große Herausforderung. In dieser Situation bietet sich die „Diskursethik" an.[27] Der Anstoß zu dieser Diskursethik kommt von *Kant*, in dessen

---

[25] M. Riedel, Rehabilitierung der praktischen Philosophie, 2 Bde. Freiburg-München 1972, 1974. Ferner: O. Höffe, Ethik und Politik. Grundmodelle und -probleme der praktischen Philosophie, Frankfurt/M. 1979.

[26] K.-O. Apel, Transformation der Philosophie Bd. 2, Frankfurt/M. 1973, 359; Vgl. auch Apels Beitrag in W. Oelmüller (Hrsg.), Transzendentalphilosophische Normenbegründungen, Paderborn 1978, 119.

[27] K.-O. Apel – D. Böhler – G. Kadelbach (Hrsg.), Funk-Kolleg: Praktische Philosophie/Ethik Bd. 1, Frankfurt/M. 1984, 40 f.

Tradition *Apel* sich ebenso sieht, wie er über Kants seiner Ansicht nach „solipsistischen", nur auf das einzelne Moralsubjekt rekurrierenden Ansatz in Richtung auf Dialog, Diskurs und die Anerkenntnis der „Anderen" hinauszugehen wünscht. Der *Kant*ische Formalismus wird ins Prozedurale gesteigert. In jedem, auch tatsächlichen Diskurs unterstellen wir eine „ideale Sprechsituation" und die mögliche Zustimmung zu unseren Argumenten durch eine „unbegrenzte ideale Kommunikationsgemeinschaft". Von dieser darf niemand aus irgendwelchen Gründen ausgeschlossen oder in ihr benachteiligt werden. Moralische Normen sind solche Normen, die sich unter der regulativen Idee eines solchen Diskurses rechtfertigen lassen. Der entscheidende Gedanke der Ethik *Apels* folgt dem Grundsatz: „Wer argumentiert, hat sich schon verpflichtet". *Apel* argumentiert:

> „Es kann nicht `einer allein´ einer Regel folgen und im Rahmen einer „Privatsprache" seinem Denken Geltung verschaffen; dieses ist vielmehr prinzipiell öffentlich [...] Zugleich mit der wirklichen Argumentationsgemeinschaft setzt aber nun die logische Rechtfertigung unseres Denkens auch die Befolgung einer moralischen Grundnorm voraus. Lügen z. B. würde offenbar den Dialog der Argumentierenden unmöglich machen, aber dasselbe gilt auch schon von der Verweigerung des kritischen Verständnisses bzw. der Explikation und Rechtfertigung von Argumenten. Kurz: in der Argumentationsgemeinschaft ist die wechselseitige Anerkennung aller Mitglieder als gleichberechtigter Diskussionspartner vorausgesetzt.– Da nun aber alle sprachlichen Äußerungen und darüber hinaus alle sinnvollen Handlungen und leibhaften Expressionen von Menschen (sofern sie verbalisierbar sind) als virtuelle Argumente aufgefasst werden können, so ist in der Grundnorm der wechselseitige Anerkennung der Diskussionspartner diejenige der `Anerkennung´ aller Menschen als `Personen´ [...] virtuell impliziert".[28]

Apels sprach- und kommunikationstheoretisch reformulierte Transzendentalphilosophie besteht von ihrer theoretischen Anlage her auf einem Philosophietyp, der in einem antirelativistischen Sinne „aufs Ganze gehen" soll. Er hält an entscheidenden Grundintentionen einer „ersten Philosophie", d. h. einer Fundamentalphilosophie mit weitgehenden Absolutheits- (d. i. „Unhintergehbarkeits"-) Ansprüchen fest und stellt sich damit durchaus in einen Nachfolgezusammenhang zu Selbsteinschätzungen, wie sie früher die Metaphysik vertrat, auch wenn er als gleichzeitiger selbsterklärter Erbe der Transzendentalphilosophie natürlich den Anspruch erhebt, ein „postontologischer" Denker zu sein. Ohne *Apels* theoretischen und begrifflichen Apparat formuliert, liegt diesem Unhintergehbarkeitsanspruch folgender Grundgedanke zu Grunde: Man muss als Philosoph „Farbe bekennen" und kann seine, notwendig universalen Geltungsansprüche nur mit „performativem Selbstwiderspruch" leugnen. Einem solchen Selbstwiderspruch unterliegen für ihn zum Beispiel seine historisch-relativistischen oder kritisch-rationalistischen (*Popper* und *Albert*) Gegner, denen er folgende Position zuschreibt: sie behaupteten absolut, dass es keine absoluten Wertmaßstäbe gebe – ein Satz von offensichtlicher Widersprüchlichkeit in sich selbst, während er gerade als Argumentationsakt („performativ") vertreten wird. Wer aber, als Lösung dieses Dilemmas, Geltungsansprüche nicht erhebe, könne zwischen

---

[28] Vgl. K.-O. Apel, Das Apriori der Kommunikationsgemeinschaft und die Grundlagen der Ethik, in ders., Transformationen der Philosophie, Bd. 2, Frankfurt/M. 1973, 358-435.

moralisch wünschbaren und nicht wünschbaren Werthaltungen nicht mehr unterscheiden oder aber, wenn doch, dies nur „parasitär" tun, indem er in Traditionen stehe (Menschenrechtserklärungen etc.), die eine universale Begründungsleistung schon erbracht haben.

Die Reaktionen auf *Apels* Theorien füllen viele Bände. Sie werden in „Konsonanz" von teilweise parallelen Überlegungen von *Habermas* gestützt und natürlich von Vertretern der Apel-Schule verteidigt, von anderer Seite auch weiterentwickelt.[29] Sie sind aber vor allem auch wegen ihrer komplizierten sprachlichen Darstellung als „Theoriegebirge" eines „Ideenalpinisten" und wegen ihres Rekurses auf eine ideale Kommunikation als „akademische Sondermilieu-Ethik" kritisiert worden. Besonders umstritten ist, ob die Vision einer „idealen Diskursgemeinschaft" bzw. eines „herrschaftsfreien Diskurses" überhaupt etwas zu den Entscheidungsfindungen realer Diskursgemeinschaften, die nie herrschaftsfrei sind, beitragen kann. Von „Diktatur des Sitzfleisches" ist die Rede oder auch von möglichen totalitären Konsequenzen der *Apel*schen Philosophie. Massive Kritik an dem Letztbegründungsgedanken hat von der konkurrierenden, von *Karl Popper* (1902-1994) begründeten wissenschaftstheoretischen und sozialphilosophischen Position des „Kritischen Rationalismus" aus *Hans Albert* geübt[30] (den Universal-Ethiken sehr skeptisch gegenüber stehen auch die konservativen Denker, die aus der Schule des bereits erwähnten *Joachim Ritter* kommen).

Gegenüber Aporien wie denen der Begründungsphilosophie und des Relativismusvorwurfes sucht *Marcus Willaschek* (Textauszug in diesem Band) einen Neuansatz; *Klaus Steigleder* besteht in einem erneuerten Zugriff unter Rekurs auf Alan Gewirth in schrittweiser, stringenter Argumentation darauf, dass das „moralische Sollen", das „durch und zwischen Handlungsfähigen zur Existenz kommt, [...] streng begründbar ist" (Schluss-Satz des Textauszuges in diesem Band).

9. Moral als „Preis der Moderne":
Zum Aufstieg der Ökologischen Ethik und der Angewandten Ethiken

Je länger das 20. Jahrhundert andauert, um so mehr hat sich freilich der Forschungsgang der akademischen *Praktischen Philosophie* in Deutschland zugleich gewandelt. Ohne ein-

---

[29] Vgl. die Zusammenfassung von Micha H. Werner: Diskursethik. In: M. Düwell – C. Hübenthal – M. H. Werner (Hrsg.), *Handbuch Ethik*, a.a.O., 140-151, zur Theorieentwicklung bes. 149 f. – Zugleich entdecken die neu auftretenden philosophischen Ethiken im Zuge ihrer weiteren Theorieentwicklung auch ihre Zuständigkeit für die gerade in dieser Zeit verstärkt in das Bewusstsein tretenden globalen und ökologischen Probleme. *Vittorio Hösle* etwa (geb. 1960) vertritt eine die normativen Ansprüche der *Apel*schen Transzendentalpragmatik noch überbietende, an *Platons* und *Hegels* Valenzansprüchen orientierte philosophische Position und sieht die Philosophie aufgerufen, zur Weltrettung die Normen eines universalen „Sittengesetzes" zu deduzieren. Vgl. V. Hösle, Die Krise der Gegenwart und die Verantwortung der Philosophie, München 1990; ders., Philosophie der ökologischen Krise, München 1991. Vgl. auch M. Arndt: Vittorio Hösle – ein Synthetiker der Gegenwart, in: Zeitschrift für Didaktik der Philosophie und Ethik (ZDPE) 22 (2000), 296-309.
[30] H. Albert, Transzendentale Träumereien, Hamburg 1975.

linige Vereinfachungen propagieren zu wollen, lässt sich vielleicht doch sagen: der Schwerpunkt der Forschung hat sich unter dem anstehenden Problemdruck von reinen (Letzt-)Begründungsethiken zu ökologischen und „angewandten", praxisorientierten Ethiken hin verlagert. *Das Spektrum der sich aufdrängenden Probleme reicht dabei vom einer womöglich nötigen „Weltrettung" über die Zulässigkeit einer gentechnischen Veränderung von Pflanzen, Tieren oder gar Menschen bis hin zur Medienethik, die Spannweite der angebotenen denkerischen Bewältigungen und Lösungen von Positionen traditioneller oder holistischer Metaphysik (a und b) über einen konservativen Kulturpragmatismus (c) bis hin zu historisch-kontextuell informierten (d) oder auch utilitaristisch-gradualistischen oder pseudoplatonisierenden Lösungen (e).*

In einer Zeit, in der festgestellt wird, dass die Erde sich am ökologischen Scheideweg befinde, dass aufgrund der Klimaerwärmung zahlreiche Ökosysteme „auf der Kippe" stehen und zugleich sehr viele Menschen in massiver Armut leben, will zunächst eine spezifische „ökologische Ethik" einen besonderen philosophischen Beitrag zur Krisenbewältigung liefern.[31] Angesichts der fatalen Folgen der herrschenden Wissenschaftsauffassung und ihrer technischen Umsetzung, die für die globalen Probleme mitverantwortlich gemacht werden, sind seit den 1980er Jahren einige der Vertreter neuer ökologischer Ethiken explizit angetreten, einen als Ursache der Probleme namhaft gemachten, unglücklicherweise etablierten Dualismus von Mensch und objektivierter und verdinglichter Natur und dazu auch gleich den von Sein und Sollen zugunsten eines religiös-mythisch, teleologisch, oder im Sinne östlicher Weisheitslehren oder schließlich gar animistisch aufgeladenen Naturbegriffs und eines holistisch „ganzheitlich" reformulierten Naturverhältnisses aufzuheben. Damit erweisen sich die neuen Probleme erstaunlicherweise offensichtlich auch für – im Sinne der unter Punkt (7) genannten Herausforderungen – regelrecht prämodern anmutende Ansätze als anschlussfähig.

(a) So lehnt der Münchener Philosoph *Robert Spaemann* (geb. 1927) in ausdrücklicher Reaktion auf die ökologische Krise die moderne Dichotomie von „Sein" und „Sollen" als „antiteleologische Reduktion des Seinsbegriffes" ab, beklagt die Verwissenschaftlichung des Lebens und die Entteleologisierung[32] des Naturdenkens, die mit der Naturbeherrschung einhergehe, fordert als Ende der Unterjochung eine Differenzierung im „Fortschritts"begriff sowie ein „Seinlassen" und zielt auf eine Aufhebung der Frontstellung zur Natur, deren Teil wir schließlich selbst seien.[33]

---

[31] Vgl. D. Birnbacher (Hrsg.), Ökologie und Ethik, Stuttgart 1980; ders., Verantwortung für zukünftige Generationen, Stuttgart 1988; H.-U. Nennen, Ökologie im Diskurs, Opladen 1991; D. v. d. Pforten, Ökologische Ethik, Reinbek 1996.

[32] D. h.: Spaemann beklagt das Ende einer auf Ziele und Zwecke ausgerichteten Betrachtungsweise im aristotelischen Sinne.

[33] Vgl. R. Spaemann, Philosophische Essays, Stuttgart 1983, 16 sowie ders. und R. Löw, Die Frage Wozu? Geschichte und Wiederentdeckung des teleologischen Denkens, München 1981, Neuauflage 1992, 284 ff.

Ökologische Impulse entstammen hier einem zugleich aristotelischen und katholischen Hintergrund, der vor allem mit „dem Naturrecht" argumentieren möchte. Seit der griechischen Aufklärung wird zwischen einem „Naturrecht" auf der einen Seite und einem lediglich „positiven", d. h. „gesetzten" Recht (von lat. „ponere", setzen") auf der anderen Seite unterschieden. Bis heute ist die Frage umstritten, wie sinnvoll die Rede von einem Naturrecht denn sei. Für seine Vertreter wie *Spaemann* gibt es keinen anderen Weg, universale Normen wie z. B. Menschenrechte und Folterverbot unter den Menschen aufrecht zu erhalten. Die Gefahren, die ein vom jeweils vorhandenen bzw. bloß gesetzten Recht ausgehender „Rechtspositivismus" mit sich bringt, liegen in der Tat auf der Hand: was in der einen Gesellschaft für Recht gilt und aufgrund vorgeschriebener Prozeduren kodifiziert worden ist, kann in der nächsten ganz anders beurteilt werden. Diese wiederum kann zu einem Relativismus führen:

„`Alle sittlichen Normen sind relativ, d. h. zeitbedingt und kulturbedingt. Es gibt keine allgemeine Moral.´ So lautet ein hartnäckiges Vorurteil. Wer es vertritt, trägt die Beweislast, denn er widerspricht einem natürlichen Empfinden, das uns sagt, z. B. die Tötung von Kindern in Gasöfen sei schlecht, und wenn es aufgrund bestimmter Maßstäbe gut sei, dann seien eben diese Maßstäbe verwerflich. Kann das Vorurteil, das diesem Empfinden widerspricht, die Beweislast tragen?"

Anders als das historisch aufgeklärte und „moderne" Bewusstsein, für das auch die sittliche Orientierung des Menschen in letzter Instanz ein Sich-Bemühen ohne überhistorische transzendente Garantien ist, ist die Wahrheit für den Naturrechtstheoretiker – wenn man das hier so vereinfacht formulieren kann: „irgendwo" schon „da" und es kann nur noch darum gehen, sie in der rechten Weise aufzufinden:

„Die Tatsache, dass die Inhalte des natürlichen Sittengesetzes oft strittig sind, rechtfertigt keinen Zweifel an seiner Geltung. Alle Interpretationen der Wissenschaft sind bis zu einem gewissen Grade strittig. Gäbe es die Sache aber nicht, über die man streitet, so könnte man über sie nicht streiten."

Kennzeichnend für die Naturrechtsauffassung ist demnach der Glaube an eine höhere Rechtsquelle jenseits des faktisch gesetzten Rechtes. Naturrecht und Menschenrechtsuniversalismus sind ihr, *Kant* und der historischen Aufklärung zum Trotz, durchaus nicht Elemente einer überholten Metaphysik bzw. Theologie, denn für jemanden, der unter Folter dieser Menschenrechte beraubt werde, so wird argumentiert, könnte die Evidenz der Menschenrechte durchaus ein Argument für die in ihnen implizierte Metaphysik und Theologie sein:

„Sade und Nietzsche haben richtig bemerkt: Wenn Gott nicht existiert, ist alles erlaubt. Wenn die sittlichen Forderungen nicht letzten Endes personale Forderungen sind, wenn der Mensch sein Leben nicht selbst noch einmal von einer personalen Instanz empfangen und vor ihr zu verantworten hat, bleibt der Grund der sittlichen Verpflichtung im Dunklen und zweifelhaft. Die Offenbarungsreligion räumt diesen Zweifel aus. Das natürliche Sittengesetz wurde als göttliches Gesetz vom Sinai verkündet."

Kritiker *Spaemanns* wenden freilich ein, dass sich auch im Gewande des scheinbar universal-überzeitlichen Naturrechts eine lediglich ihrerseits konkret-historische Moralauffassung sich Geltung verschaffen will: in ihrer Plausibilität für die einen und in ihrer Nicht-Plausibilität für viele andere. Skepsis gegenüber einem solchen Naturrechtsrekurs bedeutet jedoch durchaus nicht, dass alles beliebig wäre, und *Spaemann* würde solchen Skeptikern wohl auch nicht unterstellen wollen, dass sie die nationalsozialistischen Gräueltaten rechtfertigten. Manche wichtige ethische Fragen (beileibe nicht die Mehrzahl) bleiben auch dann zwischen den verschiedenen gesellschaftlichen und weltanschaulichen Gruppen umstritten, wenn in demjenigen Sektor avancierter Gesellschaften, innerhalb dessen die öffentlich ausgetragenen Kontroversen um die Moral letztlich institutionell einer Lösung zugeführt werden müssen: dem politisch-juristischen, eine Entscheidung gefallen ist. Im wandelbaren Rahmen von Gesetzesfestlegungen ist rechtlich gemeinhin mehr *und* weniger zugelassen, als jede der unterschiedlichen, um die Beeinflussung rechtlicher Normenfestlegung konkurrierenden gesellschaftlichen Gruppen jeweils wünschen würde (und zwar genau aufgrund dieser Normenkonkurrenz). Das bedeutet häufig, dass nicht immer eine „richtige", allgemein anerkannte Lösung gefunden werden kann und, wie man gesagt hat, mancher mit der Spannung zwischen der eigenen moralischen Position und dem, was er davon in allgemein verbindlicher Art durchsetzen kann, leben muss.[34]

(b) Ein weiterer Zugriff auf die ökologischen und ethischen Probleme des 20. Jahrhunderts erfolgt in den viel diskutierten Positionen von *Hans Jonas* (1903-1993) und *Klaus Michael Meyer-Abich* (geb. 1936).

Meyer-Abich, Physiker und Philosoph, will den durch ihn sprichwörtlich gemachten „Frieden mit der Natur" durch Aufweis einer die Welt und den bisher im Zuge anthropozentrischer Verblendung fehlgegangenen neuzeitlichen Menschen umfassenden „Rechtsgemeinschaft" gewinnen. Die von ihm in den philosophischen Diskurs eingebrachten Vorschläge bringt er dabei auch so auf den Begriff, dass er die heutige Situation für so fatal hält, „dass wir uns nicht scheuen sollten, auch vom Animismus zu lernen".[35] *Meyer-Abich* richtet gegen das anthropozentrische Weltbild und die hieraus resultierende quasimilitärische Naturbesetzung von Bacon bis zur klassischen Physik die These von einer „Freiheit" und Rechtsfähigkeit der Natur.[36]

---

[34] R. Spaemann, Die Aktualität des Naturrechts, in: F. Böckle – E.-W. Böckenförde (Hrsg.), Naturrecht in der Kritik, Mainz 1973, 262-276; ders. Gut und böse – relativ? Über die Allgemeingültigkeit sittlicher Normen („Antworten des Glaubens", Heft 12), Freiburg 1979 (hieraus die Zitate: 1, 14 ff.); ders., Glück und Wohlwollen. Versuch über Ethik, Stuttgart 1989 (enthält eine kritische Auseinandersetzung mit den konkurrierenden Positionen des Utilitarismus und der Diskursethik); ders., Philosophische Essays (Reclam) Stuttgart 1994. Reinhard Löw (Hrsg.), Oikeosis. Festschrift für Robert Spaemann, Weinheim 1987.
[35] K. M. Meyer-Abich (Hrsg.), *Frieden mit der Natur*, Freiburg 1979, 31 f.
[36] Ders., Wege zum Frieden mit der Natur, München-Wien 1984, 15, 89, 200; ders., Wissenschaft für die Zukunft. Holistisches Denken in ökologischer und gesellschaftlicher Verantwortung, Mün-

Hans Jonas widmet die Ausführungen seiner mit dem Friedenspreis des deutschen Buchhandels gewürdigten und sehr bekannt gewordenen Spätphilosophie zu einem rettenden „Prinzip Verantwortung" u. a. dem Nachweis, „dass die Natur Werte hegt" und der im archetypischen Bilde des hilflosen Säuglings versinnbildlichten Forderung nach einem „ontischen Paradigma", „in dem das schlichte, faktische „ist" evident mit einem „soll" zusammenfällt": „Das `Gute´ oder den `Wert´ im Sein gründen heißt die angebliche Kluft von Sein und Sollen überbrücken" Jonas kritisiert den Irrglauben an einen durch „entfesselte Technologie" zu schaffenden „eigentlichen" Zustand der Menschheit. Gegen diese „postbaconische, prometheische Euphorie" sei die Einsicht festzuhalten, „dass gerade die vom Menschen nicht veränderte und nicht genutzte, die `wilde´ Natur die `humane´, nämlich zum Menschen sprechende ist, und die ganz ihm dienstbar gemachte die schlechthin `inhumane´".[37]

(c) Ganz anders, mit kulturpragmatischem Grundgestus, blickt hingegen *Hermann Lübbe* (geb. 1926), einer der bekanntesten deutschen Philosophen der Gegenwart, auf die Thematik einer ökologischen Ethik. In seinem Buch *Der Lebenssinn der Industriegesellschaft* nennt *Lübbe* folgende Gründe für die auch von ihm konstatierte Veränderung in der Einstellung zu unseren wissenschaftlich-technischen Lebensvoraussetzungen: 1. den „common-sense-transzendenten Status" moderner wissenschaftlicher Weltbilder, 2. die Komplexität der Vorgänge in der wissenschaftlich-technischen Zivilisation, die deren Normalangehöriger immer weniger begreift (so dass er den Experten vertrauen muss und skeptisch wird, wenn diese sich streiten), 3. einen allgemeinen „Zukunftsgewissheitsschwund" und 4. das Anwachsen des Sicherheitsverlangens paradoxerweise gerade mit der Höhe des erreichten technischen und sozialen Sicherheitsniveaus (dieses letztgenannte Phänomen nennt *Odo Marquard*, der wie Lübbe der Ritter-Schule entstammt, übrigens das „Prinzessin-auf-der-Erbse-Syndrom").

Dem gegenüber verweist *Lübbe* auf die *Vorzüge der modernen Technik*. Vor allem stellt er die Befreiung des Menschen vom niederdrückenden Zwang schwerer Arbeit heraus, wie er die Geschichte Jahrhunderte lang beherrscht hat. Lübbes These lautet in diesem Zusammenhang: Hinter den Stand der modernen Technik können und wollen wir nicht zurück. Technisches Können muss auch mit den Folgen der Technik fertig werden. „Wissenschafts- und Technikfeindschaft", so stellt er fest, „lautet die Kennzeichnung einer neuen Befindlichkeit, die die Beobachter kultureller Entwicklungen in der modernen Industriegesellschaft ausgemacht haben". Von hierher ist *Lübbe* gegenüber den dezidierten

---

chen 1988. Zur Diskussion um diesen Ansatz vgl. ders., Dreißig Thesen zur praktischen Naturphilosophie, in: H. Lübbe – E. Ströker (Hrsg.), Ethik der Wissenschaften Bd. 5: Ökologische Probleme im kulturellen Wandel, Paderborn-München 1986.

[37] Vgl. H. Jonas, Das Prinzip Verantwortung, Frankfurt/M. 1979, vgl. etwa: 150 ff.; vgl. auch ders., Warum wir heute eine Ethik der Selbstbeschränkung brauchen, in: E. Ströker (Hrsg.), Ethik der Wissenschaften? München-Paderborn 1984, 75-86 und ders., Technik, Medizin und Ethik. Zur Praxis des Prinzips Verantwortung, Frankfurt/M. 1985.

Ansätzen einer normativ aufgeladenen ökologischen Ethik, vor allem bei *Jonas* und *Meyer-Abich*, durchaus skeptisch:

> „Der Ruf nach Verantwortung ist unabweisbar, aber er klingt unüberhörbar hohl, solange an ihn die Antwort auf solche Fragen nicht anschließbar ist. In vielen ökologisch sehr bedeutsamen Details hat es mit der Beantwortung solcher Fragen nicht die geringste Schwierigkeit. Jeder Schüler, der die ausgebrannten Batterien seines portablen Radios nicht dem Müll übergibt, sondern bei den längst eingerichteten Sammelstellen abliefert, nimmt ja, anstatt Verantwortungsgesinnung zu demonstrieren, höchst pragmatisch seine Verantwortung wahr".[38]

(d) Ganz offensichtlich erwächst die *Ausweitung der angewandten Ethiken* einer gewissen Zuständigkeitsvermutung der *Praktischen Philosophie* für eine ethische Begleitung sich wandelnder Lebensumstände. In vielen zivilisatorisch schnell sich fortentwickelnden Bereichen, die offenbar gesonderte ethische Anstrengungen erfordern, entstehen über die herkömmlichen Berufs- und Standeskodizes (vgl. z. B. in der Medizin den „Eid des Hippokrates") hinaus immer neue Spezialethiken. Man spricht von „Wirtschaftsethik", „medizinischer Ethik", „Tierethik", „GenEthik". Der wissenschaftlich-technische Fortschritt bringt ein zunehmendes Bewusstsein ethisch-gesellschaftspolitischer Herausforderungen mit sich, auf die der philosophische Diskurs reagiert. Indem der wissenschaftlich-technische Prozess immer neue Eingriffsmöglichkeiten ermöglicht, erzeugt er auch immer mehr ethische Zweifelsfälle. *Otfried Höffe* (geb. 1943, Professor für Philosophie an der Universität Tübingen, Autor vielfacher Veröffentlichungen und Herausgaben zur Geschichte der Philosophie und vor allem zur Ethik) hat darum gesagt: Moral ist der „Preis der Moderne".[39]

Dies bedeutet: Die neuen Möglichkeiten vor allem der Gentechnologie und Medizin stellen die alte philosophische Frage: „Was darf bzw. soll der Mensch tun?" in spezifisch neuer Weise. Der Mensch tritt mittlerweile mittels der Biotechnologie als Gestalter der Evolution und damit womöglich sogar seiner selbst auf. Das ist eine Perspektive, die wenig Begeisterung zu erwecken imstande ist, sollten nicht ethisches Bewusstsein und kulturelle Verantwortung ihr folgen können. Die ersten Versuche, die aus der Genmanipulation sich ergebenden Möglichkeiten auch in einem gesellschaftlichen und ethischen Kontext zu diskutieren, muten heute sehr unbekümmert an.[40] Damals beklagten sich namhafte Genetiker über die Außerkraftsetzung der biologischen Evolution (z. B. die Verschlechterung

---

[38] Dieses Zitat nach Lübbes Beitrag in: V. Steenblock (Hrsg.), Wissenschaft – Technik – Hermeneutik. (Aschendorffs Philosophische Textreihe, Kurs 8) Münster 1998, 118 ff. In diesem Band findet sich neben einem Textauszug zu Lübbe (S. 118-120) ein ebenfalls in Ergänzung zu den Texten des vorliegenden Buches als Zusatztext verwendbarer Textauszug aus Hans Jonas´ Buch „Das Prinzip Verantwortung" (S. 113-116).
[39] Vgl. O. Höffe, Moral als Preis der Moderne, Frankfurt/M. 1993.
[40] Vgl. R. Jungk und H. J. Mundt (Hrsg.), Modelle für eine neue Welt. Das umstrittene Experiment: der Mensch, München 1966.

des genetisch angelegten Sehvermögens in einer Zivilisation, die die an sich hiermit verbundenen Nachteile ausleseverhindernd durch Brillen auszugleichen versteht), einen „genetischen Verfall" der europäischen Bevölkerung und forderte entsprechende Gegenmaßnahmen. All dieses hatte ein angesichts der oft phantastischen und äußerst bedenklichen Vorschläge eher negatives Echo. Heute sind Genmanipulationen an Pflanzen (z. B. mit dem Ziel einer Erhöhung der Widerstandsfähigkeit gegen Krankheiten oder Schädlinge und zur Ertragssteigerung) und an Mikroben (Herstellung des Insulins) ebenso weit verbreitet, wie es zunehmende Befürchtungen angesichts gentechnisch manipulierter Organismen oder gar Forschungen am menschlichen Erbgut sowie dessen vollständiger Kartierung und letzlicher Manipulation gibt.[41] Wissenschaftler selbst weisen auf die „furchtbare Verantwortung" hin, „die die Naturwissenschaft – nicht nur in der Gentechnik – auf sich nimmt: Sie greift ein, mit plumper Hand greift sie ein in die große, die überwältigende Unbestimmtheit und Unbestimmbarkeit menschlicher Schicksale".[42]

In immer häufiger einberufenen „Ethik-Kommissionen" oder auch gar einem „Nationalen Ethik-Rat" sitzen heute neben Naturwissenschaftlern, Medizinern, Juristen und Vertretern gesellschaftlicher Gruppen auch Theologen[43] und Philosophen;[44] in diesen und anderen Diskussionsforen werden in westlichen Gesellschaften die durch die Fortentwicklung wissenschaftlich-manipulatorischer Möglichkeiten heraufbeschworenen Probleme diskutiert. Bereits in den 1980er Jahren wurden interdisziplinäre Gespräche zur „Ethik der Wissenschaften" veranstaltet, an denen namhafte Vertreter der deutschen Philosophie wie *Hans Michael Baumgartner*, *Hans Lenk*, *Hermann Lübbe*, *Odo Marquard* und *Elisabeth Ströker* teilnahmen. An neueren Debatten sind vor allem *Dieter Birnbacher*,[45] *Ludwig Siep* und *Kurt Bayertz* beteiligt gewesen; *Marcus Düwell* und *Klaus Steigleder* stellen den Begriff einer „Bioethik" vor.[46]

Im Unterschied zu Letztbegründungsansätzen und zu Rufen nach der Wiederherstellung oder Neuerrichtung alter oder neuer Prinzipien begreift dabei vor allem *Bayertz* (vgl.

---

[41] Vgl. z. B. den signifikanten Titel in einem damals immer noch relativ frühen Stadium der Diskussion: W. van den Daele, Menschen nach Maß? München 1985.

[42] E. Chargaff, Erforschung der Natur und Denaturierung des Menschen, in: H.-P. Dürr – W. Ch. Zimmerli (Hrsg.), Geist und Natur. Über den Widerspruch zwischen naturwissenschaftlicher Erkenntnis und philosophischer Welterfahrung, Bern 1989.

[43] Die gegenwärtigen Möglichkeiten der Biotechnologie bedeuten – das ist mit Recht festgestellt worden – eine größere Herausforderung des christlichen Welt- und Menschenbildes als der Sturz der mittelalterlichen Weltsicht in den Zeiten Galileis. Was zweitausend Jahre lang als Vorstellung gegolten hat: dass der Mensch ein Geschöpf Gottes sei, scheint sich ersetzt zu finden durch die sich eröffnende Möglichkeit, der Mensch trete nunmehr als der Former seiner selbst auf. Entsprechend finden sich die Kirchen in den aktuellen Debatten als moralische Instanzen gegenwärtig mehr denn je gefragt und gefordert.

[44] Vgl. z. B. die neun Bände der Reihe *Ethik der Wissenschaften*, die von 1984-1991 im Fink- und Schöningh-Verlag, München und Paderborn erschienen sind.

[45] Vgl. Textabdruck in diesem Band, vgl. auch: D. Birnbacher, Verantwortung für zukünftige Generationen, Stuttgart (Reclam) 1988.

[46] M. Düwell – K. Steigleder (Hrsg.), Bioethik – eine Einführung, Frankfurt/M. (Suhrkamp) 2003.

Text in diesem Band) moralische Entscheidungen als Ergebnis von Erarbeitungsprozessen. Auch für *Ludwig Siep* (geb. 1942, seit 1986 Prof. für Praktische Philosophie und ihre Geschichte an der Universität Münster)[47] sind ethische Fragen in derartigen Zusammenhängen dekontextuell – das heißt: ohne den Blick auf Bedingungen und Besonderheiten und ohne Abwägungen der Einzelverhältnisse – nicht zu behandeln. Der Philosoph bringt, so kann man es für neuere Herangehensweisen vielleicht generell feststellen, nicht die sozusagen ideell deduzierten Normen an eine getrennte Sphäre der Fakten heran, um diese dann zu entscheiden. *Siep* hat die „öffentliche Aufgabe von Philosophen" in Ethik-Kommissionen unter anderem vielmehr wie folgt umrissen:

„Kein Philosoph darf in einer solchen Kommission Antworten auf ethische Probleme aus seinen eigenen Prinzipien `deduzieren´ oder sie im Rahmen von Positionen lösen, die nicht auf der Grundlage öffentlich akzeptierter Regeln und Güterordnungen akzeptabel sind. Seine Reflexionen müssen – wie freilich auch die philosophischen Ethiker von Aristoteles über Kant bis John Rawls stets beansprucht haben – mit der `gemeinen sittlichen Vernunft´ vereinbar sein. Weder die Ethik im Allgemeinen noch die konkreten Lösungen werden von Philosophen `erfunden´. Auch in der Ethik als Disziplin der Philosophie geht es um die Begründung und Kritik bestehender Regeln sowie um die Abwägung von Gütern, die in einer Gesellschaft umstritten sein mögen. In einer Kommission aber ist der Philosoph nicht einmal als Wissenschaftler tätig, der eine Theorie entwickelt, sondern als Mitglied einer öffentlichen Beratergruppe".[48]

In *Siep*s Argumentation fällt dabei eine historisch angereicherte Argumentationsstruktur auf, die in plausibler Weise ebenso wie dekontextuellen auch ahistorischen Sichtweisen widerstreitet:

„Die These, dass sich ein unveränderter Steinzeitmensch durch die Möglichkeiten der modernen Technologie hoffnungslos überfordere, übersieht die Eigenständigkeit der kulturellen Entwicklung. In modernen Gesellschaften haben sich die Bedürfnisse und Wünsche, die Denk- und Sehweisen, die Risiko- und Leidensbereitschaft tiefgreifend verändert. Diese Entwicklung enthält aber auch Erfahrungen mit Werten, Normen und Institutionen. Auch wenn wir in konkreten Situationen nur bedingt aus der Geschichte lernen können, unterscheiden wir doch ziemlich einhellig zwischen Perioden des Blühens und Darbens von Kunst und Handel, von Wissenschaft und Religion. Wenn sich Konsense darüber, unter welchen Rechts- und Sozialordnungen Menschen leiden oder gedeihen, in durchsetzbaren internationalen Konventionen niederschlagen, kann man durchaus von einem moralischen und rechtshistorischen Lernprozess sprechen. [...]

---

[47] Vgl. L. Siep: Ziele und Methoden der Philosophie in Ethik-Kommissionen, in: N. Herold – S. Mischer (Hrsg.), Philosophie. Studium, Text und Argument, Münster (LIT) 1997, 195-202, sowie: Bioethik, in: A. Pieper – U. Thurnherr (Hrsg.), Angewandte Ethik, München 1998; ders., Klonen. Die künstliche Schaffung des Menschen, in: Aus Politik und Zeitgeschichte B 6 (1999), 22-29; ders., Konkrete Ethik, Frankfurt 2004.
[48] L. Siep, Ziele und Methoden, a. a. O., 196 f.

Ohne öffentliche Diskussion und demokratische Gesetzgebung kann keine ethische Theorie zur Grundlage von Rechtszwang werden.

Auf der anderen Seite sind grundlegende Wertekonsense keine beliebigen Meinungen. Dies gilt z.B. für die Menschenrechte oder die Gewaltenteilung, aber auch für die meisten menschlichen Tugenden. Auch über menschliche Not, psychisches und soziales Elend, über Naturkatastrophen und über Mangelerscheinungen in der Pflanzen- und Tierwelt sind sich Menschen ganz überwiegend einig, obgleich dabei Wertungen impliziert sind. Wenn die Ethik solche Wertungen reflektiert und mit möglichst universal nachvollziehbaren Argumenten dazu Stellung nimmt, ist sie mehr als eine private Meinung".[49]

(e) In diesen Debatten wird mit einiger Wahrscheinlichkeit auch die von *Siep* angesprochene *öffentliche Verantwortung der Philosophie* sich verstärken. Gerade als „praktische" Philosophie, so will es scheinen, kann und muss sie sich als eine Stimme etablieren, wenn die durch die Fortentwicklung wissenschaftlich-manipulatorischer Möglichkeiten heraufbeschworenen Probleme diskutiert werden, auch ohne dass sich, wie in den Diskussionen um *Peter Singer* und *Peter Sloterdijk,* die Sprengkraft philosophischer Provokationen immer in einem publizistischen Echo zeigen muss. Welches Konfliktpotential die zu behandelnden Themen bereithalten, lässt sich zum Abschluss an diesen beiden Beispielen jedoch noch zeigen.

Erstens. Heftige Diskussionen (und sehr handfeste Proteste, die in der Sprengung von Vorträgen und Seminaren gipfelten) riefen im durch die nationalsozialistische „Euthanasie" sensibilisierten Deutschland Aussagen hervor, wie sie der Philosoph *Peter Singer,* Universitätsprofessor in den USA und Australien, vertrat, für den „die Entwicklung des menschlichen Wesens ein gradueller Prozess" und die Tötung schwer missgebildeter Säuglinge kein Ding der Unmöglichkeit ist.[50] *Singer*, geboren 1946 in Melbourne, Australien, als Sohn deutscher Juden, gilt als einer der umstrittensten Philosophen der heutigen Zeit; umstritten ist freilich auch die Reaktionsweise auf *Singers* Thesen. Neben Fragen der Bioethik diskutiert *Singer* in seinen Büchern auch die Stellung der Tiere; er gilt als einer der Mitbegründer der Tierrechtsbewegung.

Zweitens. Eine ähnlich heftige Reaktion provozierte ein Vortrag von *Peter Sloterdijk,* der im Jahre 1999 in der Wochenschrift „Die Zeit" abgedruckt worden ist.[51] In platonisierend orakelnden Worten jonglierte *Sloterdijk* dabei mit der Möglichkeit, man solle eine im Blick auf eine Vision vom idealen Menschen gentechnisch möglich werdende Menschenzüchtung betreiben und damit auf eine von Sloterdijk unter Berufung auf *Martin Heidegger* konstatierte Krise des Humanismus und der Bildung reagieren, fast als könne man diese Krise durch Gentechnik heilen. In Sonderheit die Kritische Theorie wurde im Zuge der Debatte von *Sloterdijk* für „erledigt" erklärt. Eher freilich wird man sagen müssen,

---

[49] L. Siep, Ethik und Menschenbild. In: Information Philosophie 27 (1999), Heft 5, 7-21, 20 f.
[50] Vgl. P. Singer, Praktische Ethik, Stuttgart (Reclam) 1984, 146, 181; vgl. T. Bastian (Hrsg.), Denken – Schreiben – Töten. Zur neueren `Euthanasie´ Diskussion und zur Philosophie Peter Singers, Stuttgart 1990.
[51] Nr. 38, 16. September 1999.

worum es genau umgekehrt geht: Wenn wir nicht sozusagen an unserer Bildung arbeiten – wo mag dann eine „Menschenzüchtung" erst hinführen?

10. Gut leben – Die Wiederkehr einer Philosophie der Lebenskunst

Praktische Philosophie wurde von Anfang an nicht nur – wie in den zurückliegenden Abschnitten 4 bis 9 angesprochen – als eine denkerische Vergewisserung unserer Handlungsnormen verstanden, sondern auch als Lehre vom „guten" und gelingenden Leben, nicht zuletzt dabei auch als *Lebenskunst*. Eine Tradition des Verständnisses der praktischen Philosophie als Lehre vom guten Leben und als Lebenskunst lässt sich von den Denkern der Antike wie *Epikur,* auf die bereits eingegangen wurde, über Stationen wie *Montaigne* und *Schopenhauer* bis in die Gegenwart verfolgen. Kein anderer als *Sigmund Freud* (1856-1939) etwa lässt sich unter diesem Aspekt betrachten. Indem Freud nämlich feststellt, dass der Mensch in der Kultur vom Ausleben seiner Triebansprüche absehen muss, diskutiert er auch verschiedene Lebensbewältigungsstrategien. So heißt es in der Schrift *Das Unbehagen in der Kultur*:

> „Das Leben, wie es uns auferlegt ist, ist zu schwer für uns, es bringt uns zuviel Schmerzen, Enttäuschungen, unlösbare Aufgaben. Um es zu ertragen, können wir Linderungsmittel nicht entbehren („Es geht nicht ohne Hilfskonstruktionen", hat uns Theodor Fontane gesagt.) Solcher Mittel gibt es vielleicht dreierlei: mächtige Ablenkungen, die uns unser Elend geringschätzen lassen. Ersatzbefriedigungen, die es verringern, Rauschstoffe, die uns für dasselbe unempfindlich machen. Irgendetwas dieser Art ist unerlässlich.[52] Auf die Ablenkungen zielt Voltaire, wenn er seinen `Candide´ in den Rat ausklingen lässt, seinen Garten zu bearbeiten; solch eine Ablenkung ist auch die wissenschaftliche Tätigkeit. Die Ersatzbefriedigungen, wie die Kunst sie bietet, sind gegen die Realität Illusionen, darum nicht minder psychisch wirksam dank der Rolle, die die Phantasie im Seelenleben behauptet hat. Die Rauschmittel beeinflussen unser Körperliches, ändern seinen Chemismus. [...] Die Frage nach dem Zweck des menschlichen Lebens ist ungezählte Male gestellt worden; sie hat noch nie eine befriedigende Antwort gefunden, lässt eine solche vielleicht überhaupt nicht zu. Manche Fragesteller haben hinzugefügt: wenn sich ergeben sollte, dass das Leben keinen Zweck hat, dann würde es jeden Wert für sie verlieren. Aber diese Drohung ändert nichts. Es scheint vielmehr, dass man ein Recht dazu hat, die Frage abzulehnen. Ihre Voraussetzung scheint jene menschliche Überhebung, von der wir soviel andere Äußerungen bereits kennen. [...] Es ist [...] nur die Religion, die die Frage nach einem Zweck des Lebens zu beantworten weiß. Man wird kaum irren zu entscheiden, dass die Idee eines Lebenszweckes mit dem religiösen System steht und fällt. Wir wenden uns darum der anspruchsloseren Frage zu, was die Menschen selbst durch ihr Verhalten als Zweck und Ab-

---

[52] Auf erniedrigtem Niveau sagt Wilhelm Busch in der „Frommen Helene" dasselbe: „Wer Sorgen hat, hat auch Likör." (Anmerkung Freuds).

sicht ihres Lebens erkennen lassen, was sie vom Leben fordern, in ihm erreichen wollen. Die Antwort darauf ist kaum zu verfehlen; sie streben nach dem Glück, sie wollen glücklich werden und so bleiben".[53]

Wenn man nun von einem „Lebenskünstler" spricht, schwingt zwar auch eine Bedeutung des Leichtlebigen, auf puren Lebensgenuss Ausgerichteten mit (im Sinne eines sogenannten „Hedonismus"). Dennoch verweist der Begriff der „Lebenskunst" auf ein ebenso in der Antike bereits diskutiertes wie gegenwärtig wiederum aktuelles Thema. Der Philosoph *Günter Bien* sagt:

„Leben ist eine höchst aktive und stets zu erbringende Leistung. Leben muss – wie die Sprache richtig sagt – geführt, ja gemeistert und – noch um einen Ton verschärft formuliert – bewältigt werden. Weil das so ist, ist es auch so, dass ein Leben von Menschen durchaus auch in der Form verbracht werden kann, dass man von ihnen eher sagen muss, dass sie „gelebt werden" oder dass sie ihr Leben vertan haben".[54]

Kann eine *praktische* Philosophie im 21. Jahrhundert – über all ihre bisher genannten Themen und Aufgaben hinaus – einmal mehr, wie etwa in der Antike, so etwas wie eine Lebensführungs-/Lebensbewältigungskompetenz vermitteln? *Gernot Böhme*, akademischer Philosoph, zugleich aber auch Grenzgänger am Rande des universitär Üblichen, hat unlängst in diesem Zusammenhang drei *Hauptarten* des Philosophierens unterschieden: Philosophie als *Weltweisheit*, Philosophie als *Lebensform* und Philosophie als *Wissenschaft*. Philosophie als Wissenschaft ist diejenige Art und Weise unseres Faches, die an der Universität betrieben wird. Hier behandeln Philosophen in der Regel die Ansichten anderer Philosophen. Traditionell gehören mit gleichem Recht aber auch ihre beiden anderen Zweige zur Philosophie, mögen sie auch durch die Dominanz der akademischen Philosophie lange Zeit eher verschüttet worden sein. Bei der Philosophie als Lebensform geht es darum, sich selber gleichsam als Mensch auszubilden und eine philosophische Le-

---

[53] S. Freud, Das Unbehagen in der Kultur (Erstausgabe 1930), Studienausgabe Bd. IX: Fragen der Gesellschaft, Ursprünge der Religion, Frankfurt/M. 1974, S. 191-270, 206 f. Bekanntermaßen bleiben die *Leistungen der Religion* in den Augen des „gottlosen Juden" Freud im Zusammenhang dieser Glückstechniken sehr begrenzt. Denn nur die *Wissenschaft* ist, im Gegensatz zur Religion, „keine Illusion". Dies gilt letztlich auch für die menschlichen Wünsche und Hoffnungen, wenn man sie realistisch betrachtet: „Unser Gott Λόγος wird von diesen Wünschen verwirklichen, was die Natur außer uns gestattet, aber sehr allmählich, erst in unabsehbarer Zukunft und für neue Menschenkinder. Eine Entschädigung für uns, die wir schwer am Leben leiden, verspricht er nicht. Auf dem Weg zu diesem fernen Ziel müssen (die) religiösen Lehren fallengelassen werden". Vgl. hierzu die Textauswahl in: V. Steenblock (Hrsg.), Religion und Philosophie (Aschendorff) Münster 2001. Vgl. auch P. Gay, „Ein gottloser Jude". Sigmund Freuds Atheismus und die Entwicklung der Psychoanalyse, Frankfurt/M. 1999.
[54] G. Bien, Lebensführungskompetenz. In: Philosophie der Subjektivität und das Subjekt der Philosophie. Festschrift für Klaus Giel zum 70. Geburtstag. Würzburg: Königshausen & Neumann 1997, 24-35, hier: 27.

bensform in Anknüpfung vor allem an Sokrates und die Antike zu erreichen. Der Begriff von Philosophie als Weltweisheit schließlich knüpft an Kant an. Denn Kant hat bekanntlich eine Philosophie als Weltweisheit von der Philosophie im Schulsinne unterschieden und erstere als diejenige Philosophie bestimmt, die sich mit dem beschäftigt, was jedermann interessiert, und das sind heute die allgemeinen, die öffentlichen, die gesellschaftlichen Fragen.[55] Wie *Gernot Böhmes* Unterscheidung zeigt, beinhaltet ihre Tradition sehr wohl, was die Fachwissenschaft Philosophie in der Moderne eher verweigert: Raum „zur Formulierung von Lebensfragen", für die „Arbeit an sich selbst" und die „Ausarbeitung einer Lebenskunst".[56]

Gerade gegenwärtig ist eine „Philosophie der Lebenskunst" denn auch in aller Munde. *Wilhelm Schmid* (geb. 1953) als einer ihrer namhaften Autoren hat bei Suhrkamp große Bucherfolge erzielt und ist ein gefragter Referent.[57] Seine Diagnose erinnert an ältere Einsichten der Kulturkritik, auf deren bleibende wie zugleich bis heute noch gesteigerte Aktualität sie verweist: Unsere Gegenwart hat einen möglichen *Lebensstil* durch „Lifestyle" ersetzt, durch eine oberflächliche Stilisierung, die keinerlei Mühe macht und in der Konsumgesellschaft käuflich ist.[58] Demgegenüber können zwar von Philosophen „Sinn-Rezepte" und „Seelenstärkung" im Sinne bereitzuhaltender Vorgaben nicht erwartet werden: worin einer Glück und Sinn finden wird, kann niemand ihm in Anleitungsform formulieren. Individuelle Sinnstiftung kann nämlich offenbar nur Ergebnis *eigener* Bildungsbemühung und einer Arbeit *an sich selbst* sein, zu der die Philosophie eher als Zulieferer und im Sinne einer methodischen Haltung auftreten kann, jene Vorstellungen über sich und die Welt, mit denen jede(r) von uns durch das Leben geht, bewusst zu machen und sie zu prüfen.

Dass die Frage nach einem „guten Leben" über alle Lebensklugheit hinaus die Frage nach „guten Inhalten" schwerlich ausklammern kann (auch Schmid tut dies nicht), zeigt sich im Werk von Martha C. Nussbaum (geb. 1947 in New York, lehrt in Chicago), Philosophin, Aristotelikerin, Feministin und kenntnisreiche Anwältin des hellenistischen (epikureischen, stoischen, skeptischen) Denkens in philosophischen Debatten. Die Mitarbeiterin des „World Institute for Development Economics Research" der „United Nations University", thematisiert globale Fragen der Gerechtigkeit und einer Ethik der Entwicklungspolitik angesichts der weltweiten politischen, ökonomisch-sozialen und ökologischen Probleme. Wie *Alasdair MacIntyre* in seinem bereits erwähnten Buch *Der Verlust der Tugend*, einem Generalangriff auf die moralvergessene Moderne, jedoch mit eher sozialdemokratisch orientierten Intentionen („Aristotelian Social Democracy"), greift *Nussbaum* dabei auf *Aristo-*

---

[55] Vgl. das Interview mit Böhme in: Information Philosophie 5 (1999), 22 ff. sowie: Weltweisheit, Lebensform, Wissenschaft. Eine Einführung in die Philosophie, Frankfurt/M. 1997.
[56] W. Schmid, Philosophie der Lebenskunst, Frankfurt/M. 3. Aufl. 1999, 25.
[57] Vgl. http://user.berlin.sireco.net/wschmid. Vgl. ferner als möglichen Zusatztext das Interview mit Wilhelm Schmid: „Lebenskunst. Die einzige Utopie, die uns geblieben ist", abgedruckt in: E. Martens, Gut leben. Fragen zur Ethik, (bsv) München 2001, 9-12.
[58] Schmid a. a. O., 128. Vgl. in diesem Zusammenhang auch den Rekurs auf Bildung (310 ff.).

teles und auf das Konzept einer Tugendethik zurück. Obwohl natürlich die antiken Ethiken nicht ohne weiteres der Gegenwart zu empfehlen sind, bedeutet allein die Frage nach dem „guten Leben" im Anschluss an *Aristoteles* eine Herausforderung für den etwa in den Konzeptionen von *John Rawls* vorherrschenden Liberalismus. Denn *Nussbaum* argumentiert *inhaltlich*, statt sich auf die Diskussion von Geboten und Verboten oder Minimalregeln zu beschränken. Dies wird deutlich und gilt, auch wenn *Nussbaums* berühmte „Liste des Guten" bzw. der „menschlichen Grundfähigkeiten" bewusst als „vage", offen und kontextuell konkretisierbar angelegt ist. Diese Liste beginnt etwa mit den folgenden Punkten:

„1. Die Fähigkeit, ein menschliches Leben von normaler Länge zu leben, nicht vorzeitig zu sterben oder zu sterben, bevor das Leben so reduziert ist, dass es nicht mehr lebenswert ist.

2. Die Fähigkeit, sich guter Gesundheit zu erfreuen, sich angemessen zu ernähren, eine angemessene Unterkunft und Möglichkeiten zu sexueller Befriedigung zu haben, sich in Fragen der Reproduktion frei entscheiden und sich von einem Ort zu einem anderen bewegen zu können.

3. Die Fähigkeit, unnötigen Schmerz zu vermeiden und freudvolle Erlebnisse zu haben.

4. Die Fähigkeit, seine Sinne und seine Phantasie zu gebrauchen, zu denken und zu urteilen – und diese Dinge in einer Art und Weise zu tun, die durch eine angemessene Erziehung geleitet ist, zu der auch (aber nicht nur) Lesen und Schreiben sowie mathematische Grundkenntnisse und eine wissenschaftliche Grundausbildung gehören. Die Fähigkeit, seine Phantasie und sein Denkvermögen zum Erleben und Hervorbringen von geistig bereichernden Werken und Ereignissen der eigenen Wahl auf den Gebieten der Religion, Literatur, Musik usw. einzusetzen. Der Schutz dieser Fähigkeit, so glaube ich, erfordert nicht nur die Bereitstellung von Bildungsmöglichkeiten, sondern auch gesetzliche Garantien für politische und künstlerische Meinungsfreiheit sowie für Religionsfreiheit".[59]

Nicht ohne Anschlussmöglichkeiten sowohl zu einer Frage nach den Inhalten wie zu dem im vierten vorstehenden Punkt von Martha Nussbaum genannten Aspekt der Bildung uns Selbstentwicklung ist auch das Buch *Das Unbehagen an der Moderne* des aus Kanada stammenden und in Montreal lehrenden Hegel-Interpreten *Charles Taylor* (geb. 1931). Taylor konstatiert in seinem Buch das Aufkommen eines bindungslosen Individualismus, der nur zu einer Gesellschaft der Gleichgültigen führen kann, zu einer Kultur des Hedonismus und Narzissmus in einer Moderne, der jeder normative Gehalt abhanden gekommen ist. Diese vergessene „moralische Ontologie" der Neuzeit gilt es, wie *Taylor* mit vielfacher Rezeptionstätigkeit unternimmt, zu rekonstruieren. Sein imponierendes Werk (750

---

[59] Herlinde Pauer-Studer, Einleitung zu dies. (Hrsg.), M. Nussbaum, Gerechtigkeit oder Das gute Leben (wie Anm. 1), Liste 202 f. Zu Nussbaum vgl.: Kosmopolitismus heute: Tatsächliche Chancen aller auf ein vollauf gutes Leben. Interview mit Angela Kallhoff, in: Zeitschrift für Didaktik der Philosophie und Ethik 23 (2001), 5-13. Die insgesamt zehn Punkte umfassende Liste enthält weiter die Fähigkeiten, Beziehungen zu Menschen einzugehen, einer beruflichen Tätigkeit nachzugehen und am öffentlichen und politischen Leben teilzunehmen, in Verbundenheit mit der Natur zu leben usw.

Seiten *Hegel,* 900 Seiten Ideengeschichte zur neuzeitlichen Identität und Moral) ist in mehreren Hinsichten anschlussfähig:

Einmal, weil er als Schüler *Isaiah Berlins* in Überwindung der Schematismen der Analytischen Philosophie und ohne Konzessionen an den zeitweise modischen Gestus einer „Dekonstruktion" eine geistesgeschichtlich rekonstruierende, hermeneutische Vorgehensweise (im Hegelbuch, in den „Quellen des Selbst"; dem ersten, systematischen Teil hier folgt eine breite Darstellung der historischen Entwicklung der Moralphilosophie) wählt.

Vor allem überzeugend ist zweitens die These von der Ausprägung unserer Ich-Identität als einem hervorragenden menschlichen Lebensziel, bzw. gilt, wie *Taylor* sagt, „das Ideal der Selbstwahl als *moralisches Ideal*".[60] Was Taylor im Anschluss an *Herder* auch als „Authentizität" bezeichnet, bedeutet, dass jeder sein „eigenes Maß", seine „eigene originelle Weise des Menschseins", seine eigene zu verwirklichende „Originalität" (auszubilden) hat.[61]

Hierfür ist, drittens, die Anerkennung des anderen – seine Wahrnehmung und der Umgang mit ihm, mit Kant zu sprechen, nicht bloß als Mittel – konstitutiv: „Falls meine Selbsterkundung in der Form (zu sehr) periodischer und prinzipiell befristeter persönlicher Beziehungen vonstatten geht, ist das, was ich da erkunde, nicht meine Identität, sondern eine Art und Weise des Genießens".[62] Anschlussfähig ist hier die in der Auseinandersetzung mit *Herder* gewonnene Einsicht, dass der Einzelne in seinem Geprägtwerden wie in seinem Handeln immer schon in die natürliche wie kulturelle Welt verwickelt ist. Eine völlige Autonomie ist sinnvoll nicht vorstellbar. Wir müssen einen kulturellen Horizont mit anderen teilen, um selbst zu „werden". Diese kulturellen Bedingungen setzen wir zunächst nicht selbst. Wir können uns nicht aussuchen, in welcher Zeit, welcher Kultur, welcher Nation wir geboren werden.

Taylor wendet sich damit durchaus gegen die Verächter der Moderne, gegen solche Positionen, die das Ideal der „Authentizität" an sich schon für seine Entartungsformen verantwortlich machen. Ein konsumgesteuerter und narzisstischer Hedonismus sind ihm nur die defizienten Realisierungsformen eines Ideals. Doch bleiben Fragen: *Taylor* gibt nicht einfach eine Entstehungsgeschichte der neuzeitlichen Subjektivität. Denkt man an den englischen Untertitel *The Making of the Modern Identity*, so wird deutlich, dass der Autor diese Entwicklung gerade nicht so sehr als „Making", nicht als ein historisches Sich-Aufarbeiten denken kann, sondern die Blickrichtung eher umgekehrt verläuft: Eine offenbar verlorengegangene ethische Tiefendimension muss rekonstruiert werden, es entsteht der Gestus einer „Rettung" moderner Identität durch eine im Kern retrospektive Wiedergewinnung ihrer „Moralquellen",[63] die in ihrer Normativität der selbstvergessenen

---

[60] Ch. Taylor, Das Unbehagen in der Moderne (The Malaise of Modernity), Frankfurt/M. 1995, 50.
[61] A. a. O., 38 f. – <u>Textauszug</u> didaktisch aufbereitet in: V. Steenblock (Hrsg.), Politik und Utopie, München (bsv-Oldenburg) 2004, 87-91.
[62] A. a. O., 56.
[63] Ch. Taylor, Quellen des Selbst. Die Entstehung der neuzeitlichen Identität (Sources of the Self. The Making of the Modern Identity, 1989), Frankfurt/M. 1994, 10.

Moderne gleichsam wieder einzuimpfen sind. Dazu erfolgt eine hegelianisierend zugleich normativ-systematische wie historische Darstellung, die die Entwicklung der modernen Identität so (re)konstruiert, dass diese Identität bestimmte Formen der Zuwendung zum anderen (wie Taylor am Beispiel der Liebe verdeutlicht) und des Guten zwingend und konstitutiv impliziert. Diese normative Genealogie des, wie es heißt,[64] überzeugten Katholiken *Taylor*, die in der Kraft unverfälschter Quellen heilende „Güter" auffinden will, zeigt sich letztlich im häufigen Umschwang in ein religiöses Vokabular ebenso wie in der Redeweise von einer „Ontologie der Moral". Indem die Moderne in ihrer Selbstverkennung und Selbstvergessenheit immer unter ihren wahren Möglichkeiten bleibt, ermöglicht sich angesichts der „losgelassenen instrumentellen Vernunft"[65] und des „stahlharten Gehäuses" (Max Weber) des modernen Kapitalismus die verbreitete Wahrnehmung sozialer und moralischer Desintegration, gesellschaftlicher Fragmentierung und eines „Atomismus", der allen Gemeinsinn ebenso wie die Verlässlichkeit in persönlichen Beziehungen schwinden lässt.

Festgehalten zu werden verdient: In dem Gedanken, dass es eine menschliche Lebensaufgabe sei, sich gleichsam selbst zu entwerfen und sein Ich stets tätig neu zu gewinnen, konvergieren gerade in einer Zeit besonderer ethischer Herausforderungen, in der manche dies zur biotechnischen Aufgabe erklären wollen, so unterschiedliche Theorien wie diejenige *Taylors* und noch die der „Nietzscheaner", gegen die er sich wendet,[66] konvergiert die deutsche Tradition, die mit *Herder* und *Humboldt*,[67] *Lessing* und *Kant* die individuelle und kollektive menschliche Entwicklung als Bildungsprozess auffasst, mit einer *Foucault*schen „Ästhetik der Existenz", auf die etwa zuletzt *Josef Früchtl* eingegangen ist.[68]

11. Ein didaktisches Resümee: Wie praktisch ist die Praktische Philosophie?

Eine heutige Vergewisserung über unser Leben und Handeln speist sich aus vielen Quellen, die – wie sich nun abschließend und zusammenfassend feststellen lässt – bei aller Vielfalt der Neuansätze und Kontradiktionen auch auf Kontinuitäten aufbauen und an ih-

---

[64] Vgl. I. Breuer, Charles Taylor zur Einführung, Hamburg 2000, 62.
[65] Taylor, Unbehagen in der Moderne, 107.
[66] Hier muss fraglich bleiben, wie real denn philosophisch (nicht gesellschaftlich: dort ist das Problem evident) die Gefahr eines extremen Individualismus und dann Neutralismus sein mag, der angeblich mehr und mehr den Eindruck gewinnt, über moralische Probleme könne nicht mehr diskutiert werden. Für Taylor ist dies eine sehr präsente Hinsicht, kann doch die „Behauptung der Selbstwahl" und der „Einsatz eines ganzen nietzscheschen Vokabulars der Selbsterschaffung" nur Sinn ergeben, „weil es Streitfragen gibt, die mehr Bedeutung haben als andere" (Unbehagen, 49).
[67] Vgl. S. 117 ff.
[68] J. Früchtl, Spielerische Selbstbeherrschung. Ein Beitrag zur `Ästhetik der Existenz´, in: H. Steinfath (Hrsg.), Was ist ein gutes Leben? Philosophische Reflexionen, Frankfurt/M. 1998, 124-148. Vgl. ders., Ästhetische Erfahrung und moralisches Urteil. Eine Rehabilitierung, Frankfurt/M. 1996. Ich danke Josef Früchtl für viele Hinweise im Rahmen seines ebenso intensiven wie anschaulichen Münsteraner Seminars zu Taylor / Studienkurs „Praktische Philosophie" im SS 2001.

nen weiterarbeiten kann: auf den Begriffsetablierungen der Antike, den nicht zuletzt seit dem Christentum formulierten und danach in der sich aufarbeitenden Geistesgeschichte immer neu formulierten Menschenrechten, dem neuzeitlichen Prinzip der Autonomie des Einzelnen, und auf dem aufklärerischen seiner Selbstbestimmung (aber auch der Toleranz), auf der historistischen Aufklärung und auf der Notwendigkeit, sich den Denkbedingungen und Komplikationen der Moderne zu stellen.

Zu all diesen Traditionen der Orientierung des Menschen über seine sittlichen Lebensformen wie den entsprechenden gegenwärtigen Stellungnahmen ist im Rahmen eines Bändchens wie des vorliegenden naheliegenderweise nur eine eng begrenzte Auswahl möglich. Deren Ziel und Sinn ist es – gerade in der handhabbaren Gestalt dieses Buches und gerade in einem sinnvoll zu erarbeitenden Umfang –, einen Horizont des Verstehens zu eröffnen, eine Übersicht und einen Vorbegriff des Ganzen zu ermöglichen, der auf Vertiefung und Prüfung, auf weitere Erforschung, Schwerpunktsetzung und eigene Themeninteressen neugierig machen will.

Selbst der dabei in aller Abkürzung skizzierte Überblick zeigt jedoch bereits ein Doppeltes: Er zeigt einerseits, wie wenig eine solche Vergewisserung schon mit tatsächlichem Handeln zu tun hat. Er zeigt, wie „theoretisch" in Forschungs- wie in Bildungsprozessen die „praktische" Philosophie eigentlich ist. Eine signifikante Unsicherheit schon der akademischen Philosophie in ihrer Selbstbestimmung angesichts der konstatierten „Sinnkrise in den komplexen Industriegesellschaften" zwischen „Glasperlenspiel" und „sinnbestimmende(r) Analyse von Wirklichkeit" mit Blick auf „humane Existenz" und „gesellschaftliche Planung" ist seit längerem festzustellen.[69]

Die womöglich mehr oder weniger implizite Vorstellung, Aufgabe des Philosophen sei lediglich die Darlegung der „eigentlichen" Theorieverhältnisse, die die Gesellschaft, deren Mißstände er womöglich therapieren will, nun ja nur noch umzusetzen braucht, verweist auf die Schwierigkeiten, dieses artifizielle Genre, die hochkomplexe, autonomprozedierende Gedankenentwicklung der Philosophie, die sich selbst freilich gern auch als die kognitive Grundlage der Weltentwicklung gibt, auf tatsächliche Bewusstwerdungsprozesse oder gar reale Handlungszusammenhänge auch wirklich in nennenswertem Umfang anzuwenden. In diesem Sinne „praktisch" wird die Philosophie nur, wenn sie sich, wahrhaft sokratisch, in Bildungs- und Anwendungsprozessen kulturell wirklich vermittelt.[70]

---

[69] H. M. Baumgartner – O. Höffe, Zur Funktion der Philosophie in Wissenschaft und Gesellschaft, in: K. Salamun (Hrsg.), Was ist Philosophie? Tübingen 1980, 261-272.

[70] Als Universitätsdisziplin muss, so ist zu recht gesagt worden, die Philosophie auch praxisbezogene Themen im Grundsatz argumentativ und wissenschaftlich behandeln. Sie muss zugleich aber sehr wohl „menschlich mit Menschen über Menschliches reden". Bei aller Berechtigung der Antikritik Früchtls liegt hier ein gewisser Kern der von Lütkehaus (nicht zum ersten Male) vorgebrachten Kritik (die „Eule der Minerva" hänge mittlerweile ausgestopft im Museum und in der Philosophie werde nur noch die zehntausendste Interpretation von x, y oder z triumphal mit der zehntausendundersten überboten). Vgl. J. Früchtl, Schwarze Katze im Dunkeln. Philosophie ist mehr als theoretisch verbrämte Sinnsuche. Replik auf: Ludger Lütkehaus, Fachgiganten und Lebenszwerge. Vom fehlenden Nutzen der Universitätsphilosophie für das Leben. In: Die Zeit Nr. 21, 17. 5. 2001/Nr. 23, 31. 5. 2001.

Zugleich freilich wird – andererseits – damit auch deutlich, dass eine Aneignung wichtiger Aspekte der Tradition und gegenwärtiger Stellungnahmen mit Hilfe der im weiteren wiedergegebenen Texte doch eine *Voraussetzung* dafür ist, ethische Fragen nicht einfach an „Experten" zu delegieren (was auf die Dauer fatal wäre), sondern als Mitglied der parlamentarisch repräsentierten Gesellschaft selbst mit zu diskutieren und mit zu entscheiden.

Hierzu möchte dieser Band einen kleinen Anteil leisten. Elemente eines möglichen, auf der Basis der Texte und evtl. noch heranzuziehender weiterer Materialien durchzuführenden Untersuchungsprogramms könnten sein:

- Ein Einstieg in das philosophische ethische Engagement im Abendland als kritische Prüfung unserer menschlichen Urteilskraft (*Sokrates*).

- Unterschiedliche Ansätze der Moralbegründung in Vergangenheit und Gegenwart (*Platon*: im Rahmen der Ideenlehre; *Aristoteles:* als Lehre vom guten Leben; *Kant*: durch den „Kategorischen Imperativ"; *Apel*-Zitat: durch den Ansatz der diskurstheoretischen „Letztbegründung"; *Steigleder:* in einem argumentativ zwingenden Neuansatz unter Rekurs auf den Philosophen Alan Gewirth; *Willaschek*: Verweis auf eine „kontextualistische" Sichtweise).

- Varianten der Moralkritik (*Diogenes*: radikale Kritik an Gesellschaft, Religion und Philosophie seiner Zeit; *Nietzsche:* Kritik an der jüdisch-christlichen Moraltradition im Sinne des „Lebens"; *Dilthey*: Kritik durch den Blick auf den relativierenden unversöhnlichen Widerstreit der Weltanschauungen).

- Grundbedingungen und Komplexität der ethischen Diskussion in der Moderne (*Lessing*: Ringparabel; *Dilthey:* Notwendigkeit, Maßstäbe des Handelns auch angesichts des Widerstreits der Weltanschauungen zu finden; *Max Weber*: Unterscheidung von „Gesinnungs"- und „Verantwortungsethik", Trennung von „Sein" und „Sollen"; *Martens*: Es gibt offenbar zugleich prämoderne, moderne und „postmoderne" Elemente in den Begründungen unserer jeweiligen ethischen Orientierungen; *Siep*, wie zurückliegend zitiert: In Ethik-Kommissionen kann weder dekontextuell noch ahistorisch argumentiert werden; *Bayertz:* Moral wird nicht „entdeckt", sondern in Anknüpfung an bestehende Konsense und in der Bezugnahme auf konkrete Situationen, Bedingungen und menschliche Interessen *gestaltet*).

- Diesseitigkeit und Jenseitigkeit der Orientierung unseres Lebens und Handelns (*Augustin*: Kritik der antiken Lebenskunst/Zusatztext *Thomas von Aquin*: Das höchste Glück ist nur im Jenseits zu erreichen).

- Philosophie der Lebenskunst (*Aristoteles*: Lehre von den drei Lebensformen; *Diogenes*: Unabhängigkeit durch Bedürfnisreduktion; *Schopenhauer*: Lebensweisheit als aufklärende Skepsis gegenüber unseren Glückschancen; Zusatztext von *Epikur* mit den Lebensratschlägen des Menoikeus-Briefes; *Freud*-Zitat zu den

Glückstechniken; Internet-Recherche und/oder Referat/ zusätzlicher Interviewtext/ Gesamtlektüre zur „Philosophie der Lebenskunst" von *Schmid*).

- Ethische Gegenwartsprobleme: der Ökologie (*Birnbacher*, Zusatztext *Jonas* und Lübbe-Zitat zur Kritik an Jonas), der Medien (*Kaminsky*), der Technik grundsätzlich (*Rohbeck*), der Gentechnologie und weiterer Herausforderungen für eine Bioethik (*Steigleder, Runtenberg*).
- Schließlich erweist sich als ein Grundmoment Praktischer Philosophie auch die Frage nach unserer Teilhabe an ethischen Diskussions- und Entscheidungsprozessen angesichts rasch wachsender wissenschaftlich-technischer Möglichkeiten. Die Frage der *Bildung* kann demnach als eine eminent praktische aufgefasst werden (*Runtenberg, Steenblock*, Zusatztext Taylor).

Zum letzten Aspekt ist noch eine abschließende Bemerkung anzufügen. Je mehr wir in die alltäglichen Sachzwänge der Arbeits- und Konsumgesellschaft und nicht zuletzt der Medien und der Unterhaltungsindustrie eingebunden sind, – so kann man vielleicht heute behaupten, ohne sogleich einer einfalls- und fruchtlosen Gesellschaftskritik gezogen zu werden – statt dass wir uns aktiv an philosophisch-ethischer Orientierung beteiligen, um so eher sinken die Chancen auf gesamtgesellschaftliche Diskussion und Mitwirkung, um so ungehemmter kann in den einschlägigen Teilsektoren entschieden werden, um so mehr schwinden die Möglichkeiten, auf die Entwicklung Einfluss zu nehmen. Es liegt darum, wozu schon ein *Sokrates* zu veranlassen suchte, auch an jedem einzelnen wie an Kursen und Seminaren, eine nachhaltigere Praxis daraus zu machen, dass wir mit uns selbst und anderen darüber zu Rate gehen, wie wir als Menschen leben möchten, dass wir in der gemeinsamen Deutungs- und Interpretationsarbeit gleichsam unsere Urteilskraft schärfen und uns zugleich angesichts dringlicher Gegenwartsprobleme in die gesellschaftlichen Meinungsbildungs- und Entscheidungsprozesse möglichst einmischen. Ein nicht zu gering zu schätzender Faktor möglicher Praxis ist Bildungspraxis.

Allgemeine Literatur, Hilfsmittel

Franco Volpi (Hrsg.), *Großes Werklexikon der Philosophie*, 2 Bde. Stuttgart (Kröner) 1999 (groß angelegtes zweibändiges Nachschlagewerk; kombiniert Autoreninformationen mit Kurzdarstellungen philosophischer Werke, auch vieler der in diesem Band mit Textausschnitten vertretenen Philosophen, darum in Verbindung mit der vorliegenden Textsammlung zur Kontextinformation gut zu verwenden).

Volker Steenblock, *Kleine Philosophiegeschichte*, Stuttgart (Reclam) 2002 (von den Anfängen bis zur aktuellen Gegenwart; nutzbar wie auch andere Philosophiegeschichten für einen Überblick zu den Epochen und Kontexten der in diesem Band mit Textausschnitten vertretenen Autoren; Literaturhinweise)

Internet. Man kann sich auch im Internet über Philosophie informieren. Wie dieses ganze sich beständig verändernde Medium können die „Adressen" im einzelnen wechseln. Wie bei Büchern auch, führt erst die eigene Lektüre, Befragung und Verarbeitung der präsentierten Inhalte – auch ihre Prüfung durch den Vergleich mit anderen Quellen – zu verlässlichen Informationen. In evtl. verfassten Facharbeiten und Referaten „Besuche" auf den Seiten mit Adresse und Datumsprotokoll nachweisen; in anspruchsvolleren Kontexten sind Internet-Lexika nur begrenzt zitierfähig. Philosophieadressen sind z. B.: www.philo.de (Einstiegsseite mit weiteren Verbindungen); www.philosophenlexikon.de (verschiedene, durchaus hilfreiche Personen-Artikel, z. B. „Aristoteles"); www.phillex.de (Begriffe, z. B. „Ethik" usw.) http://rcswww.urz.tu-dresden.de/~forumfd/ (Netzseite des „Forums für Didaktik der Philosophie und Ethik")

Auswahlliteratur zur Praktischen Philosophie/Ethik

Kurt Bayertz (Hrsg.), *Praktische Philosophie. Grundorientierungen angewandter Ethik* Reinbek (Rowohlt) 1991 u. ö. (Empfehlenswerter Überblick, hrsgg. von einem der gegenwärtig einschlägigen Theoretiker. Beiträge u. a. von Kurt Bayertz über „Praktische Philosophie als angewandte Ethik", von Hans Martin Sass zu „Medizin, Krankheit und Gesundheit" und Dieter Birnbacher zu „Mensch und Natur – Grundzüge(n) der ökologischen Ethik"; vgl. auch die Studieneinheiten zu Bayertz und Birnbacher im vorliegenden Band)

Ders. (Hrsg.), *Politik und Ethik*, Stuttgart (Reclam) 1996 (Beiträge von Volker Gerhardt, Otfried Höffe u. a.)

Dieter Birnbacher – Norbert Hoerster (Hrsg.), *Texte zur Ethik,* München (dtv) 1976 u. v. ö. (Bereits „klassisch" gewordene, viel gelesene Textsammlung zur allgemeinen Ethik; vgl. auch den Abschnitt zu Birnbacher in diesem Band)

Marcus Düwell – Christoph Hübenthal – Micha H. Werner (Hrsg.), *Handbuch Ethik*, Stuttgart (Metzler), 2. Aufl. 2006 (Maßgeblicher, sehr empfehlenswerter Überblick. Das Ziel einer „Erschließung der aktuellen ethischen Fachdiskussion" [Vorwort] wird in zwei systematischen und einem dritten, lexikalischen Teil verfolgt. Darstellung zunächst der verschiedenen ethischen Theorietypen [unterschieden werden „teleologische", „deontologische" und „kontextualistische" Ansätze], zweitens der sog. „angewandten" und Bereichsethiken [Bioethik, Genethik, Kultur-, Medien-, Medizinethik, Politische Ethik, Technik-, Tier-, Umwelt- und Wirtschaftsethik], schließlich 50 Beiträge zu ethischen Grundbegriffen [z. B. Anerkennung, Deontische Logik, Evolutionäre Ethik, Freiheit, Gerechtigkeit, Gewissen, Glück, Person, Relativismus, Sollen, Verantwortung, Tugend usw.])

Marcus Düwell – Klaus Steigleder (Hrsg.), *Bioethik – eine Einführung*, Frankfurt/M. (Suhrkamp) 2003 (Gut orientierender Sammelband mit Beiträgen zu Theorien/Konzeptionen wie zu Einzelproblemen [Pränataldiagnostik, Transplantationsmedizin, Hirntod, Sterbehilfe, Tierethik u. a.]; auf den Seiten 12-37 eine Einführung in Geschichte, Bedeutung und Aufgaben der Bioethik; vgl. auch die Studieneinheit zu Steigleder in diesem Band)

Ferdinand Fellmann, *Die Angst des Ethiklehrers vor der Klasse*, Stuttgart (Reclam) 2000 (Didaktisch ansetzender Zugriff auf die Frage nach der Lehr/Lernbarkeit von Moral)

Heiner Hastedt – Ekkehard Martens (Hrsg.), *Ethik. Ein Grundkurs,* Reinbek (Rowohlt) 1994 (Empfehlenswerter Überblick u. a. zu „Grundlagen" [Günther Bien zur antiken Ethik, Jean-Claude Wolf und Thomas Rentsch zur neueren Ethik] und „Querschnitten" [darunter Martin Seel über „Glück" und Ekkehard Martens über „Lebensformen"])

Ekkehard Martens, *Zwischen Gut und Böse*, Stuttgart (Reclam) 1997 (Gute Einführung in wesentliche Themenbereiche; vgl. auch den Abschnitt zu Martens in diesem Band)

Willi Oelmüller (Hrsg.), *Materialien zur Normendiskussion*, 3 Bände Paderborn (UTB/Schöningh) 1978 (Ethikdiskussionen der 1970er Jahre, besonders zur Begründungsphilosophie)

Annemarie Pieper, *Einführung in die Ethik*, Tübingen (UTB/Francke), 5. Aufl. 2003 (Grundlegende und anerkannte Einführung)

Johannes Rohbeck (Hrsg.), *Praktische Philosophie* (Praxis-Handbuch Philosophie/Ethik. Einführung, Vertiefung, Fortbildung), Hannover (Siebert) 2003 (Wichtige Themenkreise der gegenwärtigen Praktischen Philosophie in Einzelbeiträgen, zugleich didaktische Handreichung für Bildungsprozesse u. a. zu folgenden Themen: „Ethisches Argumentieren" [Volker Pfeifer], „Umweltethik" [Brigitte Wiesen], „Wirtschaftsethik" [Bernd Rolf], „Liberalismus und Kommunitarismus" [Klaus Blesenkemper], „Freundschaft" [Brigitte Grögor] etc. – Vgl. auch den Abschnitt zu Rohbeck in diesem Band)

Hans-Martin Sass (Hrsg.), *Ethik in der Praxis/Practical Ethics*. Schriftleitung Arnd T. May, Münster (LIT) 1999 ff. (Umfangreiches Publikationsprojekt des Bochumer *Zentrums für Medizinische Ethik* mit Einzelmonographien und Aufsatzsammlungen zu Themen der angewandten Ethik wie Sterbehilfe, Patientenverfügungen, „Der muslimische Patient" u. v. a. m. in drei Abteilungen: Reihe *Kontroversen/Controversies*, bisher 23 Bde; Reihe *Studien/Studies*, bisher 20 Bde.; Reihe *Materialien/Documentation*, bisher 5 Bde.

Robert Spaemann – Walter Schweidler, *Ethik*. Lehr- und Lesebuch, Stuttgart 2006

Franz Josef Wetz – Volker Steenblock (Hrsg.), *Kolleg: Praktische Philosophie in der Gegenwartskultur*, 4 Bände Stuttgart (Reclam), geplant für 2008 (umfassender Überblick zu zahlreichen Feldern der Praktischen Philosophie, betrachtet in *kulturellen Kontexten* und vor dem Hintergrund säkularisierter Gesellschaften. Ausgangspunkt ist die Vorstellung des Menschen als eines gleichsam „vergänglichen Stücks um sich selbst bekümmerter Natur" in einer um ihn unbekümmerten Welt. Als Inbegriff menschlicher Selbstbehauptung erscheint in diesem Zusammenhang die *Kultur* im weitesten Sinne, wozu außer Religion auch Medizin, Technik, Kunst, Politik, Recht, Ökonomie sowie eben die Praktische Philosophie gehören. Davon ausgehend, dass wir in einer Welt existieren, in der traditionelle Sinn- und Orientierungssäulen nicht mehr unbefragt tragen, sind wir heute nicht nur bei Problemen der Daseinsführung auf uns selbst gestellt, sondern auch in Fragen der Selbstdeutung und Wertgebung auf unsere kulturelle Arbeit angewiesen. Dieser Ausgangslage möchte das Kolleg dadurch gerecht werden, dass es sich mit den drängenden Fragen unserer Zeit auch ohne Rückgriff auf „höhere" Sinnmodelle und geschlossene Weltbilder mythischer, religiöser und vernunftmetaphysischer Art befasst).

Mit Fragen der Praktischen Philosophie i. e. S. beschäftigt sich vor allem Band II: *Grundpositionen und Anwendungsprobleme der Ethik*. Sein Aufbau:

A. Vier historisch-systematische Paradigmata Praktischer Philosophie:
  I. Christoph Horn: Glück und Tugend [in der antiken Ethik]
  II. Klaus Steigleder: Vernunft und Universalismus [am Beispiel Immanuel Kants]
  III. Bernward Gesang: Nützlichkeit und Glück [Der Utilitarismus]
  IV. Konrad Ott: Ethik und Diskurs [im Anschluss an Habermas und Apel].
B. Kann die Fachwissenschaft *Philosophie* unsere Praxis orientieren?
  V. Kurt Bayertz: Wie praktisch ist die Praktische Philosophie?
C. Ausgewählte Anwendungsbereiche Praktischer Philosophie in der Gegenwart:
  VI. Arnd T. May: Grundfragen der Bio- und Medizinethik
  VII. Klaus Wiegerling: Grundprobleme der Medienethik
  VIII. Susanne Boshammer: Minderheitenrechte und ihre moralische Begründung.

II. „Klassische" Texte zur Ethik – ein Reader

1. Sokrates und Platon

Sokrates (469-399 v. Chr.) ist vielleicht der berühmteste Philosoph überhaupt. Da er selbst keine Schriften hinterlassen hat, sind wir auf die Berichte des *Xenophon* angewiesen, eines Militär-Schriftstellers, dessen philosophischer Quellenwert nicht sehr hoch eingeschätzt wird. Und selbstverständlich setzt *Platon* als Sokrates´ Schüler ihm ein literarisches Denkmal, vor allem durch all die Dialoge, die er den Sokrates mit verschiedenen Gesprächspartnern aus dem antiken Athen führen lässt.

Platon freilich ist als Quelle ebenfalls schwierig, weil er seinem Lehrer auch viel von den eigenen Auffassungen in den Mund legt. Ein Bild des historischen Sokrates dürfte Platon auf jeden Fall eher in den sogenannten „Frühdialogen" zeichnen. Sokrates ist der Weise, der durch sein Vorbild wirkt und einen Opfertod für den Erhalt der rechten Ordnung in der Gemeinschaft stirbt. In dieser Hinsicht ist er geradezu dem Gründer der christlichen Religion verwandt. Zugleich ist *Sokrates* aber, anders als dieser, auch ein „Satyr", eine komisch-hässliche Gestalt. Er wird mit aufgeworfener Nase dargestellt und ist, weil ständig philosophierend unterwegs statt seinem handwerklichen Beruf nachzugehen, für seine Frau (die sprichwörtliche „Xanthippe") ein schwieriger Mann gewesen. *Sokrates* ist eben auch der „weise Silen" (nach dem selbst nicht ganz perfekten Erzieher des Weingottes Dionysos, keiner auch, der dem Trinken und anderen Genüssen gänzlich abhold gewesen wäre).

Vor allem aber gilt: Bei dieser ersten ganz großen Gestalt der Philosophiegeschichte ist die Philosophie eine öffentliche Angelegenheit. Diese Philosophie steht mitten im Leben. Xenophon berichtet in seiner Schrift *Memorabilien* über *Sokrates*: „Morgens besuchte er die Wandelhallen und die Ringplätze; in den Stunden, da die Agora voller Leute war, konnte man ihn dort finden. Den übrigen Teil des Tages hielt er sich immer dort auf, wo er erwarten konnte, die meisten Leute anzutreffen" (I 1, 10). Die Agora: das ist der Markt, das Zentrum des öffentlichen Lebens in Athen. Hier hält *Sokrates* sich auf. Wenn Sokrates die Menschen anspricht – besonders die vornehme Jugend ist oft genug fasziniert – beweist sich die berühmte Hebammenkunst („Mäeutik"), die Einsichten sozusagen an das Tageslicht bringt wie bei einer Geburt.

Von den professionellen Redekunst-Lehrern, die es damals in Athen gibt, den *Sophisten*, unterscheidet sich vor allem das Ziel seines Tuns. *Sokrates* nimmt kein Geld, ihm geht es vielmehr letztlich um das *Gewissen* des mündigen, seine Einstellungen vernünftig-kritisch prüfenden Einzelnen.

Dass dies sich nicht gegen staatliche und gesellschaftliche Ordnung überhaupt richtet, zeigt *Sokrates*´ eigenes Verhalten, der sich der Vollstreckung des Urteils nicht entzieht. Er selbst beruft sich auf eine innere göttliche Stimme („Daimonion"), die allerdings nur ab-, niemals zurät. Das Orakel von Delphi hat ihn einmal als den weisesten aller Menschen bezeichnet. Sokrates zieht aus, die Menschen zu prüfen, da sich das doch leicht widerlegen lassen müsse. Es ergibt sich, dass diese Weisheit gerade darin liegt, um sein Nichtwissen zu wissen. Hierauf passt der berühmte sokratische Spruch: „Ich weiß, dass ich nichts weiß". In der *Apologie*, der „Verteidigungsrede" gegen den Vorwurf seiner Athener Ankläger Anytos und Meletos, er verderbe die Jugend und leugne die Götter, lässt *Platon* seinen Lehrer dieses Verständnis von der Rolle des Philosophen erläutern. *Sokrates*, weit entfernt davon, sich im Sinne der Anklage schuldig zu bekennen, beantragt ganz im Gegenteil als Anerkennung seiner Dienste „Ehrenspeisung", wie sie den hochgerühmten Siegern der Olympischen Spiele gewährt wurde, weil er das, was er philosophierend in Athen trieb, im Dienste der Stadt getan hat. Sokrates wird verurteilt und stirbt für seine Überzeugungen (im *Phaidon* hat *Platon* den Tod seines Lehrers beschrieben, der den giftigen Schierlingsbecher trinkt).

Mit *Sokrates* beginnt das Projekt der praktischen Vernunft, Typhon, dem drachenköpfigen Ungeheuer (*Phaidros* 230a) in uns zu entrinnen und am Ringen um die Vernunft als Humanum Anteil zu gewinnen (vgl. hierzu vor allem die Darstellung von *Martens*). Sein Ansatz erscheint zugleich als einer, der, durchaus offenbar belehrt über die menschliche Natur, mit ihren Widerständen und Problemen immer schon rechnet.

Literatur:

Gernot Böhme, *Der Typ Sokrates*, Frankfurt/M. 1988

Ekkehard Martens, *Die Sache des Sokrates*, Stuttgart (Reclam) 1992, 2. Aufl. 2004

Die Apologie des Sokrates[1]

Kein Getümmel, ihr Athener, sondern harret mir aus bei dem, was ich euch gebeten, mir nicht zu toben über das, was ich sage, sondern zu hören! Auch wird es euch, glaube ich, heilsam sein, wenn ihr es hört. Denn ich bin im Begriff, euch noch manches andere zu sagen, worüber ihr vielleicht schreien möchtet; aber keinesfalls tut das! Denn wisst nur: Wenn ihr mich tötet, einen solchen Mann, wie ich sage, so werdet ihr mir nicht größer Leid zufügen als euch selbst. Denn Leid zufügen wird mir weder Meletos noch Anytos im mindesten. Sie könnten es auch nicht: denn es ist, glaube ich, nicht in der Ordnung, dass dem besseren Manne von dem schlechteren Leid geschehe. Töten freilich kann mich einer, oder vertreiben oder des Bürgerrechtes berauben. Allein dies hält dieser vielleicht und sonst mancher für große Übel, ich aber gar nicht; sondern weit mehr, dergleichen tun, wie dieser jetzt tut: einen andern widerrechtlich suchen hinzurichten.

---

[1] Platon, Apologie 30e–32a. Nach: Platons Werke (deutsch) von F. Schleiermacher. Ersten Teiles zweiter Band, Berlin: Druck und Verlag von Georg Reimer 1855, S. 145-147 (leicht überarbeitet).

Daher bin ich auch jetzt, ihr Athener, weit entfernt, um meiner selbst willen mich zu verteidigen, wie einer wohl denken könnte, sondern um euretwillen, damit ihr nicht gegen des Gottes Gabe an euch etwas sündiget durch meine Verurteilung. Denn wenn ihr mich hinrichtet, werdet ihr nicht leicht einen andern solchen finden, der ordentlich, sollte es auch lächerlich gesagt scheinen, von dem Gotte der Stadt beigegeben ist, wie einem großen und edlen Rosse, das aber eben seiner Größe wegen sich zur Trägheit neigt und der Anreizung durch den Sporn bedarf, wie mich scheint der Gott dem Staate als einen solchen zugelegt zu haben, der ich auch euch einzeln anzuregen, zu überreden und zu verweisen den ganzen Tag nicht aufhöre, überall euch anliegend. Ein anderer solcher nun wird euch nicht leicht wieder werden, ihr Männer. Wenn ihr also mir folgen wollt, werdet ihr meiner schonen.

Ihr aber werdet vielleicht verdrießlich, wie die Schlummernden, wenn man sie aufweckt, um euch stoßen und mich, dem Anytos folgend, leichtsinnig hinrichten, dann aber das übrige Leben weiter fort schlafen, wenn euch nicht der Gott wieder einen andern zuschickt aus Erbarmen. Dass ich aber ein solcher bin, der wohl von dem Gotte der Stadt mag geschenkt sein, das könnt ihr hieraus abnehmen: Denn nicht wie etwas Menschliches sieht es aus, dass ich das Meinige samt und sonders versäumt habe und so viele Jahre schon ertrage, dass meine Angelegenheiten zurückstehen, dass ich aber immer die eurigen betreibe, an jeden einzeln mich wendend und wie ein Vater oder älterer Bruder ihm zuredend, sich doch die Tugend angelegen sein zu lassen. Und wenn ich hiervon noch einen Genuss hätte und um Lohn andere so ermahnte, so hätte ich noch einen Grund. Nun aber seht ihr ja selbst, dass meine Ankläger, so schamlos sie mich auch alles andern beschuldigen, dieses doch nicht erreichen konnten mit ihrer Schamlosigkeit, einen Zeugen aufzustellen, dass ich jemals einen Lohn mir ausgemacht oder gefordert hätte. Ich aber stelle, meine ich, einen hinreichenden Zeugen für die Wahrheit meiner Aussage: meine Armut.

Vielleicht könnte auch dies jemanden ungereimt dünken, dass ich, um Einzelnen zu raten, umhergehe und mir viel zu schaffen mache, öffentlich aber mich nicht erdreiste, in eurer Versammlung auftretend dem Staate zu raten. Hiervon ist nun die Ursache, was ihr mich oft und vielfältig sagen gehört habt, dass mir etwas Göttliches und Daimonisches [nicht in unserem „dämonischen" Sinne] widerfährt, was auch Meletos in seiner Anklage auf Spott gezogen hat. Mir aber ist dieses von meiner Kindheit an geschehen: eine Stimme nämlich, welche jedes Mal, wenn sie sich hören lässt, mir von etwas abredet, was ich tun will, – zugeredet aber hat sie mir nie. Das ist es, was sich mir widersetzt, dass ich nicht soll Staatsgeschäfte betreiben. Und sehr mit Recht scheint es mir sich dem zu widersetzen: Denn wisst nur, ihr Athener, wenn ich schon vor langer Zeit unternommen hätte, Staatsgeschäfte zu betreiben, so wäre ich auch schon längst umgekommen und hätte weder euch etwas genutzt noch auch mir selbst. Werdet mir nur nicht böse, wenn ich die Wahrheit rede! Denn kein Mensch kann sich erhalten, der sich – sei es nun euch oder einer andern Volksmenge – tapfer widersetzt und viel Ungerechtes und Gesetzwidriges im Staate zu verhindern sucht: sondern notwendig muss, wer in der Tat für die Gerechtigkeit streiten will, auch wenn er sich nur kurze Zeit erhalten soll, ein zurückgezogenes Leben führen, nicht ein öffentliches.

Platon

Platon (427-347 v. Chr.), adliger Herkunft, war acht Jahre lang Schüler des *Sokrates*. Er erlebte dessen Prozess und Tod im Jahre 399 v. Chr. mit. Mehrere Reisen führten ihn unter anderem nach Ägypten, vor allem aber mehrfach nach Syrakus auf Sizilien, wo er seine Idee einer Philosophenherrschaft in die Tat umzusetzen versuchte. Platon gründete im Jahre 387 im Hain des Heros Akademos vor den Toren Athens die „Akademie" zur Erlangung und Vermittlung theoretischer Erkenntnisse in Lehrvorträgen und Lehrgesprächen.

367 trat sein Schüler *Aristoteles* in die Akademie ein. Platon hat eine derartige Wirkungsgeschichte entfaltet, dass man gesagt hat, alle Philosophie seither bestehe in einer „Reihe von Fußnoten zu Platon".

Einen signifikanten Ausdruck hat dies in den „Gleichnissen" gefunden, die Platon am Ende des sechsten und zu Beginn des siebenten Buches seiner staatsphilosophischen Schrift *Politeia* entwickelt. Beide Gleichnisse, auf den ersten Blick eher metaphysischen und auf Erkenntnis bezogenen Gehaltes, Zuständigkeiten also anscheinend der theoretischen Philosophie, stehen gleichwohl nicht umsonst in einer Schrift zur praktischen Philosophie. In Platons Dialog *Politeia* (*Der Staat*), aus dem die nachfolgenden vielleicht berühmtesten Texte der Philosophiegeschichte überhaupt stammen, geht es nämlich um die richtige Einrichtung des Staates. Diese erscheint Platon letztlich nur möglich, wenn entweder die Könige Philosophen werden oder umgekehrt die Philosophen die Regentschaft übernehmen. Nur die wahrhaften Philosophen verfügen über das eigentliche Wissen nicht nur in der Erkenntnis der Wirklichkeit, sondern auch für die richtige Einrichtung der menschlichen Verhältnisse. „Politische Leidenschaft, die sich selbst richtig verstehen gelernt hat, ist die Sehnsucht, ein Bild der unwandelbaren Ordnung im wandelbaren Medium des menschlichen Lebens zu verwirklichen".[2] Nur von der „Ideenwelt" her können Individuen und Gemeinwesen wieder sittlich ausgerichtet werden; „nur wer als Philosoph außerhalb der menschlichen Welt die Idee des Guten erblickt hat, ist überhaupt in der Lage, im Bereich der menschlichen Pragmata vernünftig zu handeln".[3]

Platons Philosophie geht von einer grundsätzlichen Unterscheidung aus: Wirkliches Wissen denkt Platon als *Unwandelbarkeit* und *Vorbildlichkeit*, Philosophie als Zugang des Denkens zu einer Welt jenseits unserer stets veränderlichen und bestreitbaren Alltagserfahrung. Den Status dieser Welt wahren Seins beschreibt die im Zentrum der platonischen Philosophie stehende „Ideenlehre", also die Theorie von den überzeitlichen und überirdischen „Ideen". Diese Ideen sind nicht umgangssprachlich als bloße Vorstellungen oder normative Leitlinien zu verstehen, sondern sie sind die Ur- und Vorbilder aller Dinge.

---

[2] C. F. von Weizsäcker, Die Tragweite der Wissenschaft Bd. 1, Stuttgart 1974, 67 f.
[3] G. Bien, Das Theorie-Praxis-Problem und die politische Philosophie bei Platon und Aristoteles, in: Philosophisches Jahrbuch der Görres-Gesellschaft 76 (1968), 264-313, 283.

Der Bereich eigentlichen Wissens wird abgesetzt von der sinnlich wahrnehmbaren Welt des Werdens und Vergehens, die bestenfalls eine unvollkommene Abbildung jener ewigen zeitlosen Strukturen sein kann, aber auch als „Schein" oder Bereich bloßer „Meinung" angesprochen wird. In der Einschätzung und Bewertung des Wissens ist *Platons* Haltung durchzogen von der Trennung zwischen Sein und Wandel, Wirklichkeit und Schein, Echtheit und Unechtheit.

Im sogenannten „Liniengleichnis" (Text 1) stellt Platon eine in zwei Abschnitte untergliederte Linie vor, deren einer Abschnitt für die sinnlich wahrnehmbare Welt, deren anderer für die mit der reinen Denkkraft wahrzunehmende Welt steht. Dieser zweite Abschnitt verkörpert eine „höhere" Erkenntnis. Jeder der beiden Abschnitte ist nun erneut unterteilt und wiederum so, dass eine niederrangige von einer höherrangigen Erkenntnis geschieden wird, so dass insgesamt eine „Stufenleiter" von vier Erkenntnisbereichen entsteht. Im Bereich des sinnlich Wahrnehmbaren verkörpern den „niedrigeren" Bereich Schatten und Wasserspiegelungen, den „höheren" die Realitäten, die wir in unserer Welt wahrnehmen. Im Bereich des denkend Wahrzunehmenden bevölkern den „geringeren" Abschnitt die Gegenstände der Mathematik, den „höheren" die „Ideen". Den Schatten entspricht der Erkenntnisstatus bloßer Vermutung, den „Realitäten" der einer „Meinung"; mit den mathematischen Gegenständen hat es der diskursive Verstand zu tun, während den Ideen als höchste Form die schauende Vernunfterkenntnis zugeordnet ist.

Im „Höhlengleichnis" (Text 2) zu Beginn des siebenten Buches der *Politeia* lässt *Platon* seinen Lehrer *Sokrates* (in der folgenden Übersetzung in Ichform) ein Gedankenexperiment erläutern, das von einem gefesselten Gefangenen in einer Höhle handelt, der – zunächst einmal eher gegen seinen Willen – in die wahre Welt befreit wird. Alles, was in der Höhle galt, wird dem Gefangenen aber nach einer Zeit der Gewöhnung gegenüber der jetzt erlangten eigentlichen Erkenntnis irrelevant erscheinen. Wir alle leben in einer solchen Höhle, als die sich unsere empirisch-alltäglich-selbstverständlich aufgefasste Welt (in der Schleiermacherschen Übersetzung heißt sie: „die durch das Gesicht uns erscheinende Region") darstellt. Man muss über diese sinnliche Welt hinauskommen und der wahren – auch in ethischer Hinsicht entscheidenden – Erkenntnis, der „Idee des Guten" – der Sonne im Gleichnis – ansichtig werden.

Literatur:

Paul Friedländer, *Platon*. 3 Bde. Berlin 2. Aufl. 1954-1960 (älteres Grundwerk)

Andreas Graeser, *Platon*, in ders., Sophistik und Sokratik, Plato und Aristoteles (W. Röd, Hrsg, Geschichte der Philosophie), München 1983, 124-190

Ekkehard Martens, *Platon*, in: B. Lutz (Hrsg.), Metzler Philosophenlexikon, 2. Aufl. Stuttgart-Weimar 1995, 681-685

Volker Steenblock, *Sokrates und Co. Ein Treffen mit den Denkern der Antike*, Darmstadt 2005 (S. 58 ff. Einführung zu Platon, 76 ff. in die *Politeia*)

Thomas A. Szlezák, *Platon lesen.* Stuttgart-Bad Cannstatt 1993 (Bewusstmachung des Vorganges der Platonlektüre selbst)

Willi Maslankowski, *Platons Höhlengleichnis* (Academia), Bahnstr. 7, 52757 Sankt Augustin 2005 (didaktisch sehr gut verwendbare kleine Materialsammlung)

Rudolf Rehn, *Platons Höhlengleichnis. Das Siebte Buch der Politeia.* Griechisch-Deutsch übersetzt, erläutert und herausgegeben von Rudolf Rehn. Mit einer Einleitung von Burkhard Mojsisch, Mainz 2005

Das Liniengleichnis[4]

Merke also, sprach ich, wie wir sagen, dass diese zwei sind und dass sie herrschen, das eine über das denkbare Geschlecht und Gebiet, das andere über das sichtbare [...] Also diese beiden Arten hast du nun, das Denkbare und das Sichtbare.– Die habe ich. – So nimm nun wie nun von einer zweigeteilten Linie die ungleichen Teile, und teile wiederum jeden Teil nach demselben Verhältnis, das Geschlecht des Sichtbaren und das des Denkbaren: so gibt dir vermöge des Verhältnisses von Deutlichkeit und Unbestimmtheit in dem sichtbaren der eine Abschnitt Bilder. Ich nenne aber Bilder zuerst die Schatten, dann die Erscheinungen im Wasser und die sich auf allen dichten, glatten und glänzenden Flächen finden, und alles dergleichen, wenn du es verstehst. – Ich verstehe es. – Und als den anderen Abschnitt setze das, dem diese gleichen, nämlich die Tiere bei uns und das gesamte Gewächsreich und alle Arten des künstlich Gearbeiteten. – Das setze ich, sagte er.– Wirst du auch von ihm behaupten wollen, sprach ich, dass es in bezug auf Wahrheit und Unwahrheit geteilt wurde, so dass wie das Vorstellbare zu dem Erkennbaren, so sich das Nachgebildete zu dem verhält, welchem es nachgebildet ist? – Das möchte ich gar sehr, sagte er. – So betrachte nun auch die Teilung des Denkbaren, wie dies zu teilen ist. – Wonach also? – Sofern den einen Teil die Seele genötigt ist, indem sie die nachgeahmten Erscheinungen des vorigen Abschnitts als Bilder gebraucht, zu suchen von Voraussetzungen aus, nicht zum Anfange zurückschreitend, sondern nach dem Ende hin, den andern hingegen zwar auch von Voraussetzungen her, aber zu dem keiner Voraussetzung weiter bedürfenden Anfang hingehend, und indem sie ohne die bei jenem angewendeten Bilder mit den Begriffen selbst verfährt. – Dieses, sagte er, was du da erklärst, habe ich nicht gehörig verstanden. – Hernach aber, sprach ich; denn wenn folgendes noch vorangeschickt ist, wirst du es leichter verstehen. Denn ich denke, du weißt, dass die, welche sich mit der Messkunst und den Rechnungen und dergleichen abgeben, das Gerade und Ungerade und die Gestalten und die drei Arten der Winkel und was dem sonst verwandt ist in jeder Ver-

---

[4] Platon, Politeia 514a-518b/Folgetext: Politeia 509d-511e; hier nach: Platons Werke (deutsch) von Friedr. Schleiermacher. Dritten Teiles erster Band, Berlin: Druck und Verlag von Georg Reimer, 1862, S. 227-230, 231-234 (überarbeitet).

fahrensart voraussetzend, nachdem sie dies als wissend zugrunde gelegt, keine Rechenschaft weiter darüber weder sich noch andern geben zu müssen glauben, als sei dies schon allen deutlich, sondern hiervon beginnend gleich das Weitere ausführen und dann folgerechterweise bei dem anlangen, auf dessen Untersuchung sie ausgegangen waren. – Allerdings, sagte er, dies ja weiß ich. – Auch dass sie sich der sichtbaren Gestalten bedienen und immer auf diese ihre Reden beziehen, unerachtet sie nicht von diesen handeln, sondern von jenem, dem diese gleichen, und um des Vierecks selbst willen und seiner Diagonale ihre Beweise führen, nicht um dessen willen, welches sie zeichnen, und so auch sonst überall dasjenige selbst, was sie nachbilden und abzeichnen, wovon es auch Schatten und Bilder im Wasser gibt, deren sie sich zwar als Bilder bedienen, immer aber jenes selbst zu erkennen trachten, was man nicht anders sehen kann als mit dem Verständnis. – Du hast recht, sagte er. – Diese Gattung also, sagte ich, sei allerdings auch Erkennbares, die Seele aber sei genötigt, bei der Untersuchung derselben sich der Voraussetzungen zu bedienen, indem sie nicht zum Anfang zurückgeht, weil sie nämlich über die Voraussetzungen hinauf nicht steigen kann, sondern so dass sie sich gerade dessen als Bilder bedient, was von den unteren Dingen dargestellt wird, und außerdem jener Dinge, die im Vergleich mit jenen ihren Abbildungen als hell und klar verherrlicht und in Ehren gehalten werden. – Ich verstehe, sagte er, dass du meinst, was zur Geometrie und den ihr verwandten Künsten gehört. – So verstehe denn auch, dass ich unter dem anderen Teil des Denkbaren dasjenige meine, was die Vernunft selbst ergreift mittels des dialektischen Vermögens, indem sie die Voraussetzungen nicht zu Anfängen, sondern wahrhaft zu Voraussetzungen macht, gleichsam als Zugang und Anlauf, damit sie, bis zum Nichtvoraussetzungshaften an den Anfang von allem gelangend, diesen ergreife, und so wiederum, sich an alles haltend, was mit jenem zusammenhängt, zum Ende hinabsteige, ohne sich überhaupt irgendeines sinnlich Wahrnehmbaren zu bedienen, sondern nur der Ideen selbst an und für sich, und so am Ende eben zu ihnen, den Ideen gelange. – Ich verstehe, sagte er, zwar noch nicht genau, denn du scheinst mir gar Vielerlei zu sagen, doch aber, dass du bestimmen willst, was vermittels der dialektischen Wissenschaft von dem Seienden und Denkbaren geschaut werde, sei deutlicher als was von den gewöhnlich so genannten Wissenschaften, denen die Voraussetzungen Anfänge sind. Und mit dem Verstande zwar und nicht mit den Sinnen müssen die Betrachtenden ihre Gegenstände betrachten, weil sie aber ihre Betrachtung nicht so anstellen, dass sie bis zu den Anfängen zurückgehen, sondern nur von den Annahmen aus: so scheinen sie dir keine Vernunfterkenntnis davon zu haben, obgleich, ginge man vom Anfange aus, sie ebenfalls erkennbar wären. Verstand aber scheinst du mir die Fertigkeit der Messkünstler und was dem ähnlich ist, zu nennen, als etwas zwischen der bloßen Vorstellung und der Vernunfterkennntnis zwischeninne Liegendes. – Vollkommen richtig, sprach ich, hast du es aufgefasst! Und nun nimm mir auch die diesen vier Teilen zugehörigen Zustände der Seele dazu, die Vernunfteinsicht dem obersten, die Verstandesgewissheit dem zweiten, dem dritten aber weise den Glauben an und dem vierten die Wahrscheinlichkeit; und ordne sie dir nach dem Verhältnis, dass, soviel das, worauf sie sich beziehen, an der Wahrheit teilhat, soviel auch jedem von ihnen Deutlichkeit zukomme. – Ich verstehe, sagte er, und räume es ein und ordne sie, wie du sagst.

Das Höhlengleichnis

Nächst dem, sprach ich, vergleiche dir unsere Natur in Bezug auf Bildung und Unbildung folgendem Zustande. Sieh nämlich Menschen wie in einer unterirdischen, höhlenartigen Wohnung, die einen gegen das Licht geöffneten Zugang längs der ganzen Höhle hat. In dieser seien sie von Kindheit an gefesselt an Hals und Schenkeln, so dass sie auf demselben Fleck bleiben und auch nur nach vorne hin sehen, den Kopf aber herumzudrehen der Fessel wegen nicht vermögend sind. Licht aber haben sie von einem Feuer, welches von oben und von ferne her hinter ihnen brennt. Zwischen dem Feuer und den Gefangenen geht oben her ein Weg, längs diesem sieh eine Mauer aufgeführt wie die Schranken, welche die Gaukler vor den Zuschauern sich erbauen, über welche herüber sie ihre Kunststücke zeigen. – Ich sehe, sagte er. – Sieh nun längs dieser Mauer Menschen allerlei Gefäße tragen, die über die Mauer herüber ragen, und Bildsäulen und andere steinerne und hölzerne Bilder und von allerlei Arbeit; einige, wie natürlich, reden dabei, andere schweigen. – Ein gar wunderliches Bild, sprach er, stellst du dar und wunderliche Gefangene. – Uns ganz ähnliche, entgegnete ich. Denn zuerst, meinst du wohl, dass dergleichen Menschen von sich selbst und voneinander je etwas anderes gesehen haben als die Schatten, welche das Feuer auf die ihnen gegenüberstehende Wand der Höhle wirft? – Wie sollten sie, sprach er, wenn sie gezwungen sind, zeitlebens den Kopf unbeweglich zu halten! – Und von dem Vorübergetragenen nicht eben dieses? – Was sonst? – Wenn sie nun mit einander reden könnten, glaubst du nicht, dass sie auch pflegen würden, dieses Vorhandene zu benennen, was sie sähen? – Notwendig. – Und wie, wenn ihr Kerker auch einen Widerhall hätte von drüben her, meinst du, wenn einer von den Vorübergehenden spräche, sie würden denken, etwas anderes rede als der eben vorübergehende Schatten? – Nein beim Zeus, sagte er. – Auf keine Weise also könnten diese irgendetwas anderes für das Wahre halten als die Schatten jener Kunstwerke? – Ganz unmöglich. –

Nun betrachte auch, sprach ich, die Lösung und Heilung von ihren Banden und ihrem Unverstande, wie es damit natürlich stehen würde, wenn ihnen folgendes begegnete. Wenn einer entfesselt wäre und gezwungen würde, sogleich aufzustehen, den Hals herumzudrehen, zu gehen und gegen das Licht zu sehn, und, indem er das täte, immer Schmerzen hätte und wegen des flimmernden Glanzes nicht recht vermöchte, jene Dinge zu erkennen, wovon er vorher die Schatten sah: was, meinst du wohl, würde er sagen, wenn ihm einer versicherte, damals habe er lauter Nichtiges gesehen, jetzt aber, dem Seienden näher und zu dem mehr Seienden gewendet, sähe er richtiger, und, ihm jedes Vorübergehende zeigend, ihn fragte und zu antworten zwänge, was es sei? Meinst du nicht, er werde ganz verwirrt sein und glauben, was er damals gesehen, sei doch wirklicher als was ihm jetzt gezeigt werde? – Bei weitem, antwortete er. – Und wenn man ihn gar in das Licht selbst zu sehen nötigte, würden ihm wohl die Augen schmerzen und er würde fliehen und zu jenem zurückkehren, was er anzusehen im Stande ist, fest überzeugt, dies sei weit gewisser als das zuletzt Gezeigte? – Allerdings. – Und, sprach ich, wenn ihn einer mit Gewalt von dort durch den unwegsamen und steilen Aufgang schleppte und nicht losließe, bis er ihn an das Licht der Sonne gebracht hätte, wird er nicht viel Schmerzen haben und sich gar ungern schleppen lassen? Und wenn er nun an das Licht kommt und die Augen voll Strahlen hat, wird er nichts sehen können von dem, was ihm nun für das Wahre gegeben wird. – Freilich nicht, sagte er, wenigstens sogleich nicht. – Gewöhnung also, meine ich, wird er nötig haben, um das Obere zu sehen. Und zuerst würde er Schatten am leichtesten erkennen, hernach die Bilder der Menschen und der andern Dinge im Wasser, und dann erst sie selbst. Und eben so, was am Himmel ist und den Himmel selbst würde er am liebsten in der Nacht betrachten und in das Mond- und Sternenlicht sehen, als bei Tage in die Sonne und in ihr Licht. – Wie sollte er nicht! – Zuletzt aber, denke ich, wird er auch die Sonne selbst, nicht Bilder von ihr im Wasser oder anderwärts, sondern sie selbst an ihrer eigenen Stelle anzusehen und zu betrachten im Stande sein. – Notwendig, sagte er. – Und dann wird er schon herausbringen von ihr, dass sie es ist, die alle Zeiten und Jahre schafft und alles ordnet in dem sichtbaren Raume, und auch von dem, was sie dort sahen, gewissermaßen die Ursache ist. – Offenbar, sagte er, würde er nach jenem auch hierzu kommen.–

Und wie, wenn er nun seiner ersten Wohnung gedenkt und der dortigen Weisheit und der damaligen Mitgefangenen, meinst du nicht, er werde sich selbst glücklich preisen über die Veränderung, jene aber beklagen? – Ganz gewiss. – Und wenn sie dort unter sich Ehre, Lob und Belohnungen für den bestimmt hatten, der das Vorüberziehende am schärfsten sah und sich am besten behielt, was zuerst zu kommen pflegte und was zuletzt und was zugleich, und daher also am besten vorhersagen konnte, was nun erscheinen werde, glaubst du, es werde ihn danach noch groß verlangen und er werde die bei jenen Geehrten und Machthabenden beneiden? Oder wird ihm das Homerische begegnen und er viel lieber wollen das Feld als Tagelöhner bestellen einem dürftigen Mann und lieber alles über sich ergehen lassen, als wieder solche Vorstellungen zu haben wie dort und so zu leben? – So, sagte er, denke ich, wird er sich alles eher gefallen lassen, als so zu leben. – Auch das bedenke noch, sprach ich. Wenn ein solcher nun wieder hinunterstiege und sich auf denselben Schemel setzte: würden ihm die Augen nicht ganz voll Dunkelheit sein, da er so plötzlich von der Sonne herkommt? – Ganz gewiss. – Und wenn er wieder in der Begutachtung jener Schatten wetteifern sollte mit denen, die immer dort gefangen gewesen, während es ihm noch vor den Augen flimmert, ehe er sie wieder dazu einrichtet, und das möchte keine kleine Zeit seines Aufenthalts dauern, würde man ihn nicht auslachen und von ihm sagen, er sei mit verdorbenen Augen von oben zurückgekommen und es lohne nicht, dass man versuche hinaufzukommen; sondern man müsse jeden, der sie lösen und hinaufbringen wollte, wenn man seiner nur habhaft werden und ihn umbringen könnte, auch wirklich umbringen? – So sprächen sie ganz gewiss, sagte er. –

Dieses ganze Bild nun, sagte ich, lieber Glaukon, musst du mit dem früher Gesagten verbinden, die durch das Gesicht uns erscheinende Region der Wohnung im Gefängnisse gleichsetzen und den Schein von dem Feuer darin der Kraft der Sonne; und wenn du nun das Hinaufsteigen und die Beschauung der oberen Dinge setzt als den Aufschwung der Seele in die Region der Erkenntnis, so wird dir nicht entgehen, was mein Glaube ist, da du doch dieses zu wissen begehrst. Gott mag wissen, ob er richtig ist; was ich wenigstens sehe, das sehe ich so, dass zuletzt unter allem Erkennbaren und nur mit Mühe die Idee des Guten erblickt wird, wenn man sie aber erblickt hat, sie auch gleich dafür anerkannt wird, dass sie für alle die Ursache alles Richtigen und Schönen ist, im Sichtbaren das Licht und die Sonne, von der dieses abhängt, erzeugend, im Erkennbaren aber sie allein als Herrscherin Wahrheit und Vernunft hervorbringend, und dass also diese sehen muss, wer vernünftig handeln will, sei es nun in eigenen oder in öffentliche Angelegenheiten. – Auch ich, sprach er, teile die Meinung, so gut ich eben kann. – Komm denn, sprach ich, teile auch diese mit mir und wundere dich nicht, wenn diejenigen, die bis hierher gekommen sind, nicht Lust haben, menschliche Dinge zu betreiben, sondern ihre Seelen immer nach dem Aufenthalt oben trachten; denn es ist ja natürlich, wenn sich dies nach dem vorher aufgestellten Bilde verhält. – Natürlich freilich, sagte er. – Und wie? Kommt dir das wunderbar vor, fuhr ich fort, dass, von göttlichen Anschauungen unter das menschliche Elend versetzt, einer sich übel gebärdet und gar lächerlich erscheint, wenn er, solange er noch trübe sieht und ehe er sich an die dortige Finsternis hinreichend gewöhnt hat, schon genötigt wird, vor Gericht oder anderwärts zu streiten über die Schatten des Gerechten oder die Bilder, zu denen sie gehören, und dieses auszufechten, wie es sich die etwa vorstellen, welche die Gerechtigkeit selbst niemals gesehen haben? – Nicht im mindesten zu verwundern! sagte er. – Sondern, wenn einer Vernunft hätte, fuhr ich fort, so würde er bedenken, dass durch zweierlei und auf zwiefache Weise das Gesicht gestört sein kann, wenn man aus dem Licht in die Dunkelheit versetzt wird, und wenn aus der Dunkelheit in das Licht. Und ebenso, würde er denken, gehe es auch mit der Seele, und würde, wenn er eine verwirrt findet und unfähig zu sehen, nicht unüberlegt lachen, sondern erst zusehen, ob sie wohl von einem lichtvollen Leben herkommend aus Ungewohnheit verfinstert ist oder ob sie, aus größerem Unverstande ins Hellere gekommen, durch die Fülle des Glanzes geblendet wird; und so würde er dann die eine wegen ihres Zustandes und ihrer Lebensweise glücklich preisen, die andere aber bedauern [...]

2. Aristoteles

Platons Schüler *Aristoteles* (384-322 v. Chr.) wurde in Stageira auf der Halbinsel Chalkidike als Sohn eines makedonischen Hofarztes geboren und wird darum auch „der Stagirite" genannt. Seit seinem 17. Lebensjahr, von 367 bis zum Tode Platons 347, also immerhin 20 Jahre, war er Mitglied der platonischen „Akademie". Später wurde er der Lehrer des makedonischen Thronfolgers und nachmaligen Welteroberes *Alexander*. Etwa 335 kehrte *Aristoteles* nach Athen zurück und gründete nach dem Vorbild seines Lehrers Platon eine Philosophenschule, die nach ihrem Ort, dem heiligen Bezirk des Gottes Apollon Lykeios, „Lykeion" (davon „Lyzeum") genannt wurde; die Mitglieder dieser Schule wurden als „Peripatetiker" („Spaziergänger", „Umherwandler") bezeichnet. *Aristoteles* und seine Schüler trugen in umfassender, organisierter Forschungsarbeit alles bekannte Wissen ihrer Zeit zu den Bereichen Philosophie, Politik, Medizin und Naturwissenschaften zusammen.

In der veränderten politischen Lage nach dem Tod Alexanders des Großen wurde *Aristoteles* als „Makedonenfreund" angeklagt. Er floh aus Athen, um nach dem Schicksal des Sokrates, wie es heißt, den Athenern nicht zum zweiten Mal die Möglichkeit zu geben, sich an der Philosophie zu vergreifen. *Aristoteles* starb ein Jahr später auf seinem Landgut bei Chalkis auf der Insel Euboia.

Auch *Aristoteles* geht es wie *Platon* um eine Erkenntnis der Ursachen und Gründe aller Dinge. Er findet diese aber nicht in einer zweiten, quasi „überirdischen" Welt („Ideenhimmel"), sondern er sucht sie in den Gegenständen der realen Welt auf. Aristoteles wirft Plato vor, unnötigerweise die Welt zu verdoppeln, indem er durch einen „Chorismos", das heißt durch die Trennung und Absonderung der Ideen, die Frage nach dem Wesentlichen, auf das die Wissenschaft sich vor allem ausrichten muss, falsch stellt. Die aristotelische „Idee" hat ihren Ort *im* Sein, sie ist sozusagen das eigentliche Sein des Einzeldinges. War für Platon die Wahrnehmung der Welt immer auch eine ständig drohende Quelle der Täuschung, so wendet Aristoteles sich der Welt zu und legt dadurch die Fundamente, auf denen das Gebäude der abendländischen Wissenschaft ruht, mochte dieser Bau im weiteren auch noch grundlegenden Veränderungen unterworfen sein. Seine Form der Erkenntnis hat nicht so sehr jenen platonischen Anspruch des „Schauens", sondern ist vor allem „Neugierde, die Lust, kennen zu lernen, wie es sich verhält" (Ingomar Düring). Es gibt kaum ein Sachgebiet, mit dem er sich nicht auseinandergesetzt hätte. *Aristoteles* wurde zum „Lehrer des Abendlandes". Anders als von *Platon* sind von *Aristoteles* nicht die zur Veröffentlichung bestimmten Schriften, sondern aus dem wissenschaftlichen Betrieb stammende Ausarbeitungen und Aufzeichnungen erhalten.

Auch in der praktischen Philosophie, in der Ethik und Politik, geht *Aristoteles* vom Blick auf die alltäglichen Lebensvollzüge aus. Er sieht sich konfrontiert mit dem Verfall des antiken Stadtstaates, der „Polis", wie Athen eine ist. Dieser Verfall findet seinen Ausdruck z. B. darin, dass ein Sokrates wegen Gotteslästerung und Jugendverführung verurteilt und hingerichtet werden kann und ein ähnliches Schicksal auch dem „Makedonenfreund" Aristoteles zugedacht war. Zwei Passagen von Anfang und Ende der *Nikomachischen Ethik* (Bücher I und X) zeigen das aristotelische Nachdenken über die unterschiedlichen Auffassungen vom guten Leben und über das Gute.

Literatur:

Otfried Höffe, *Aristoteles* (Beck´sche Reihe Denker) München 1996
Volker Steenblock, *Sokrates und Co. Ein Treffen mit den Denkern der Antike*, Darmstadt 2005 (S. 91 ff. Einführung zu Aristoteles, 113 ff. in die *Nikomachische Ethik*)

Nikomachische Ethik (Bücher I und X; Auszüge)[1]

Alle künstlerische und alle wissenschaftliche Tätigkeit, ebenso wie alles praktische Verhalten und jeder erwählte Beruf hat nach allgemeiner Annahme zum Ziele irgendein zu erlangendes Gut. Man hat darum das Gute treffend als dasjenige bezeichnet, was das Ziel alles Strebens bildet. Indessen, es liegt die Einsicht nahe, dass zwischen Ziel und Ziel ein Unterschied besteht. Das Ziel liegt das eine Mal in der Tätigkeit selbst, das andere Mal neben der Tätigkeit in irgendeinem durch sie hervorzubringenden Gegenstand. Wo aber neben der Betätigung noch solch ein weiteres erstrebt wird, da ist das hervorzubringende Werk der Natur der Sache nach von höherem Werte als die Tätigkeit selbst.

Wie es nun eine Vielheit von Handlungsweisen, von künstlerischen und wissenschaftlichen Tätigkeiten gibt, so ergibt sich dem gemäß auch eine Vielheit von zu erstrebenden Zielen. So ist das Ziel der ärztlichen Kunst die Gesundheit, dasjenige der Schiffsbaukunst das fertige Fahrzeug, das der Kriegskunst der Sieg und das der Haushaltungskunst der Reichtum. Wo nun mehrere Tätigkeiten in den Dienst eines einheitlichen umfassenderen Gebietes gestellt sind, wie die Anfertigung der Zügel und der sonstigen Hilfsmittel für Berittene der Reitkunst, die Reitkunst selbst aber und alle Arten militärischer Übungen dem Gebiete der Kriegskunst, und in ganz gleicher Weise wieder andere Tätigkeiten dem Gebiete anderer Künste zugehören: da ist das Ziel der herrschenden Kunst jedes Mal dem der ihr untergeordneten Fächer gegenüber das höhere und bedeutsamere; denn um jenes willen werden auch die letzteren betrieben. In diesem Betracht macht es dann keinen Unterschied, ob das Ziel für die Betätigung die Tätigkeit selbst bildet, oder neben ihr noch etwas anderes, wie es in den angeführten Gebieten der Tätigkeit wirklich der Fall ist.

Gibt es nun unter den Objekten, auf die sich die Betätigung richtet, ein Ziel, das man um seiner selbst willen anstrebt, während man das übrige um jenes willen begehrt; ist es also so, dass man nicht alles um eines anderen willen erstrebt, (denn damit würde man

---
[1] Aristoteles: Nikomachische Ethik 1094a-1096a; 1176b-1178a. Ins Deutsche übertragen von Adolf Lasson. Jena (Diederichs) 1909, 1-6, 227-232 (leicht überarbeitet).

zum Fortgang ins Unendliche kommen und es würde mithin alles Streben eitel und sinnlos werden): so würde offenbar dieses um seiner selbst willen Begehrte das Gute, ja das höchste Gut bedeuten. Müsste darum nicht auch die Kenntnis desselben für die Lebensführung von ausschlaggebender Bedeutung sein, und wir, den Schützen gleich, die ein festes Ziel vor Augen haben, dadurch in höherem Grade befähigt werden, das zu treffen, was uns not ist? Ist dem aber so, so gilt es den Versuch, wenigstens im Umriss darzulegen, was dieses Gut selber seinem Wesen nach ist und unter welche Wissenschaft oder Fertigkeit es einzuordnen ist. Es liegt nahe anzunehmen, dass es die dem Range nach höchste und im höchsten Grade zur Herrschaft berechtigte Wissenschaft sein wird, wohin sie gehört. Als solche aber stellt sich die Wissenschaft vom Staate dar. Denn sie ist es, welche darüber zu bestimmen hat, was für Wissenschaften man in der Staatsgemeinschaft betreiben, welche von ihnen jeder einzelne und bis wie weit er sie sich aneignen soll. Ebenso sehen wir, dass gerade die Fertigkeiten, die man am höchsten schätzt, in ihr Gebiet fallen: so die Künste des Krieges, des Haushalts, der Beredsamkeit. Indem also die Wissenschaft vom Staate die andern praktischen Wissenschaften in ihren Dienst zieht und weiter gesetzlich festsetzt, was man zu tun, was man zu lassen hat, so umfasst das Ziel, nach dem sie strebt, die Ziele der anderen Tätigkeiten mit, und mithin wird ihr Ziel dasjenige sein, was das eigentümliche Gut für den Menschen bezeichnet. Denn mag dieses auch für den einzelnen und für das Staatsganze dasselbe sein, so kommt es doch in dem Ziele, das der Staat anstrebt, umfassender und vollständiger zur Erscheinung, sowohl wo es sich um das Erlangen, wie wo es sich um das Bewahren handelt. Denn erfreulich ist es gewiss auch, wenn das Ziel bloß für den einzelnen erreicht wird; schöner aber und göttlicher ist es, das Ziel für ganze Völker und Staaten zu verfolgen. Das nun aber gerade ist es, wonach unsere Wissenschaft strebt; denn sie handelt vom staatlichen Leben der Menschen.

Was die Behandlung des Gegenstandes anbetrifft, so muss man sich zufrieden geben, wenn die Genauigkeit jedes Mal nur so weit getrieben wird, wie der vorliegende Gegenstand es zulässt. Man darf nicht in allen Disziplinen ein gleiches Maß von Strenge anstreben, sowenig wie man es bei allen gewerblichen Arbeiten dürfte. Das Sittliche und Gerechte, die Gegenstände also, mit denen sich die Wissenschaft vom staatlichen Leben beschäftigt, gibt zu einer großen Verschiedenheit auseinandergehender Auffassungen Anlass, so sehr, dass man wohl der Ansicht begegnet, als beruhe das alles auf bloßer Menschensatzung und nicht auf der Natur der Dinge. Ebensolche Meinungsverschiedenheit herrscht aber auch über die Güter der Menschen, schon deshalb, weil sie doch vielen auch zum Schaden ausgeschlagen sind. Denn schon so mancher ist durch den Reichtum, andere sind durch kühnen Mut ins Verderben gestürzt worden. Man muss also schon für lieb nehmen, wenn bei der Behandlung derartiger Gegenstände und der Ableitung aus derartigem Material die Wahrheit auch nur in gröberem Umriss zum Ausdruck gelangt, und wenn bei der Erörterung dessen, was in der Regel gilt und bei dem Ausgehen von ebensolchen Gründen auch die daraus gezogenen Schlüsse den gleichen Charakter tragen. Und in demselben Sinne muss man denn auch jede einzelne Ausführung von dieser Art aufnehmen. Denn es ist ein Kennzeichen eines gebildeten Geistes, auf jedem einzelnen Gebiete nur dasjenige Maß von Strenge zu fordern, das die eigentümliche Natur des Gegenstandes zulässt. Es ist nahezu dasselbe: einem Mathematiker Gehör schenken, der an die Gefühle appelliert, und von einem Redner verlangen, dass er seine Sätze in strenger Form beweise.

Jeder hat ein sicheres Urteil auf dem Gebiete, wo er zu Hause ist, und über das dahin Einschlagende ist er als Richter zu hören. Über jegliches im besonderen also urteilt am besten der gebildete Fachmann, allgemein aber und ohne Einschränkung derjenige, der eine universelle Bildung besitzt. Darum sind junge Leute nicht die geeigneten Zuhörer bei Vorlesungen über das staatliche Leben. Sie haben noch keine Erfahrung über die im Leben vorkommenden praktischen Fragen; auf Grund dieser aber und betreffs dieser wird die Untersuchung geführt. Indem sie ferner geneigt sind, sich von ihren Affekten bestimmen zu lassen, bleiben die Vorlesungen für sie unfruchtbar und nutzlos; denn das Ziel derselben ist doch nicht bloße Kenntnis, sondern praktische Betätigung. Dabei macht es keinen Unterschied, dass einer jung ist bloß an Jahren oder unreif seiner Innerlichkeit nach. Denn nicht an der Zeit liegt die Unzulänglichkeit, sondern daran, dass man sich von Sympathien und Antipathien leiten lässt und alles einzelne in ihrem Lichte betrachtet. Leuten von dieser Art helfen alle Kenntnisse ebenso wenig wie denen, denen es an Selbstbeherrschung mangelt. Dagegen kann denen, die ihr Begehren vernünftig regeln und danach auch handeln, die Wissenschaft von diesen Dingen allerdings zu großem Nutzen gereichen.

Dies mag als Vorbemerkung dienen, um zu zeigen, wer der rechte Hörer, welches die rechte Weise der Auffassung, und was eigentlich unser Vorhaben ist.

Wir kommen nunmehr auf unseren Ausgangspunkt zurück. Wenn doch jede Wissenschaft wie jedes praktische Vorhaben irgendein Gut zum Ziele hat, so fragt es sich: was ist es für ein Ziel, das wir als das im Staatsleben angestrebte bezeichnen, und welches ist das oberste unter allen durch ein praktisches Verhalten zu erlangenden Gütern? In dem Namen, den sie ihm geben, stimmen die meisten Menschen so ziemlich überein. Sowohl die Masse wie die vornehmeren Geister bezeichnen es als die *Glückseligkeit*, die *Eudämonie*, und sie denken sich dabei, glückselig sein sei dasselbe wie ein erfreuliches Leben führen und es gut haben. Dagegen über die Frage nach dem Wesen der Glückseligkeit gehen die Meinungen weit auseinander, und die große Masse urteilt darüber ganz anders als die höher Gebildeten. Die einen denken an das Handgreifliche und vor Augen Liegende, wie Vergnügen, Reichtum oder hohe Stellung, andere an ganz anderes; zuweilen wechselt auch die Ansicht darüber bei einem und demselben. Ist einer krank, so stellt er sich die Gesundheit, leidet er Not, den Reichtum als das höchste vor. Im Gefühle der eigenen Unzulänglichkeit staunen manche Leute diejenigen an, die in hohen Worten ihnen Unverständliches reden. Von manchen wurde die Ansicht vertreten, es gebe neben der Vielheit der realen Güter noch ein anderes, ein Gutes an sich, das für jene alle den Grund abgebe, durch den sie gut wären.

Alle diese verschiedenen Ansichten zu prüfen würde selbstverständlich ein überaus unfruchtbares Geschäft sein; es reicht völlig aus, nur die gangbarsten oder diejenigen, die noch am meisten für sich haben, zu berücksichtigen. Dabei dürfen wir nicht außer acht lassen, dass ein Unterschied besteht zwischen den Verfahrensweisen, die von den Prinzipien aus, und denen, die zu den Prinzipien hin leiten. Schon Plato erwog diesen Punkt ernstlich und untersuchte, ob der Weg, den man einschlage, von den Prinzipien ausgehe oder zu den Prinzipien hinführe, gleichsam wie die Bewegung in der Rennbahn von den Kampfrichtern zum Ziele oder in umgekehrter Richtung geht. Ausgehen nun muss man von solchem was bekannt ist; bekannt aber kann etwas sein in doppeltem Sinn: es ist etwas entweder *uns* bekannt oder es ist *schlechthin* bekannt. Wir müssen natürlich ausgehen von dem, was uns bekannt ist. Deshalb ist es erforderlich, dass einer, der den Vortrag über das Sittliche und das Gerechte, überhaupt über die das staatliche Leben betreffenden Themata mit Erfolg hören will, ein Maß von sittlicher Charakterbildung bereits mitbringe. Denn den Ausgangspunkt bildet die Tatsache, und wenn diese ausreichend festgestellt ist, so wird das Bedürfnis der Begründung sich gar nicht erst geltend machen. Ein so Vorgebildeter aber ist im Besitz der Prinzipien oder eignet sie sich doch mit Leichtigkeit an. Der aber, von dem keines von beiden gilt, mag sich des Hesiodos [des berühmten antiken Dichters] Worte gesagt sein lassen:

> Der ist der allerbeste, der selber alles durchdenket;
> Doch ist wacher auch der, der richtigem Rate sich anschließt.
> Aber wer selbst nicht bedenkt und was er von andern vernommen
> Auch nicht zu Herzen sich nimmt, ist ein ganz unnützer Geselle.

Wir kehren nunmehr zurück zu dem, wovon wir abgeschweift sind. Unter dem Guten und der Glückseligkeit versteht im Anschluss an die tägliche Erfahrung der große Haufe und die Leute von niedrigster Gesinnung die Lustempfindung, und zwar wie man annehmen möchte, nicht ohne Grund. Sie haben deshalb ihr Genüge an einem auf den Genuss gerichteten Leben. Denn es gibt drei am meisten hervorstechende Arten der Lebensführung: die soeben genannte, dann das Leben in den Geschäften und drittens das der reinen Betrachtung gewidmete Leben. Der große Haufe bietet das Schauspiel, wie man mit ausgesprochenem Knechtssinn sich ein Leben nach der Art des lieben Viehs zurecht macht; und der Standpunkt erringt sich Ansehen, weil manche unter den Mächtigen der Erde Gesinnungen wie die eines Sardanapal teilen. Die vornehmeren Geister, die zugleich auf das Praktische gerichtet sind, streben nach Ehre; denn diese ist es doch eigentlich, die das Ziel des in den Geschäften aufgehenden Lebens bildet. Indessen, auch dieses ist augenscheinlich zu äußerlich, um für das Lebensziel, dem wir nachforschen, gelten zu dürfen. Dort hängt das Ziel, wie man meinen möchte, mehr von denen ab, die die Ehre erweisen, als von dem, der sie empfängt; unter dem höchsten Gute aber stellen wir uns ein solches vor, das dem Subjekte innerlich und unentreißbar zugehört. Außerdem macht es ganz den Eindruck, als jage man der Ehre deshalb nach, um den Glauben an seine eigene Tüchtigkeit besser nähren zu können; wenigstens ist die Ehre, die man begehrt, die von Seiten der Einsichtigen und derer, denen man näher bekannt ist, und das auf Grund bewiesener Tüchtigkeit. Offenbar also, dass nach Ansicht dieser Leute die Tüchtigkeit doch den höheren Wert hat selbst der Ehre gegenüber. Da könnte nun einer wohl zu der Ansicht kommen, das wirkliche Ziel des Lebens in den Geschäften sei vielmehr diese Tüchtigkeit. Indessen auch diese erweist sich als hinter dem Ideal zurückbleibend. Denn man könnte es sich immerhin als möglich vorstellen, dass jemand, der im Besitze der Tüchtigkeit ist, sein Leben verschlafe oder doch nie im Leben von ihr Gebrauch mache, und dass es ihm außerdem recht schlecht ergehe und er das schwerste Leid zu erdulden habe. Wer aber ein

Leben von dieser Art führt, den wird niemand glücklich preisen, es sei denn aus bloßer Rechthaberei, die hartnäckig auf ihrem Satz besteht. Doch genug davon, über den Gegenstand ist in der populären Literatur ausreichend verhandelt worden.

Die dritte Lebensrichtung ist die der reinen Betrachtung gewidmete; über sie werden wir weiterhin handeln. Das Leben dagegen zum Erwerb von Geld und Gut ist ein Leben unter dem Zwange, und Reichtum ist sicherlich nicht das Gut, das uns bei unserer Untersuchung vorschwebt. Denn er ist bloßes Mittel, und wertvoll nur für anderes. Deshalb möchte man statt seiner eher die oben genannten Zwecke dafür nehmen; denn sie werden um ihrer selbst willen hochgehalten. Doch offenbar sind es auch diese nicht; gleichwohl ist man mit Ausführungen gegen sie verschwenderisch genug umgegangen. Wir wollen uns dabei nicht länger aufhalten.

Förderlicher wird es doch wohl sein, jetzt das Gute in jener Bedeutung der Allgemeinheit ins Auge zu fassen und sorgsam zu erwägen, was man darunter zu verstehen hat, mag auch einer solchen Untersuchung manches in uns widerstreben, weil es teure und verehrte Männer sind, die die Ideenlehre aufgestellt haben. Indessen, man wird uns darin zustimmen, dass es doch wohl das Richtigere und Pflichtmäßige ist, wo es gilt für die Wahrheit einzutreten, auch die eigenen Sätze aufzugeben, und das erst recht, wenn man ein Philosoph ist. Denn wenn uns gleich beides lieb und wert ist, so ist es doch heilige Pflicht, der Wahrheit vor allem die Ehre zu geben [...].

Nach diesen Ausführungen über die sittlichen Tätigkeiten, über die Gemeinschaftsformen und über die Arten der Lust bleibt uns noch die Aufgabe, in aller Kürze von der *Eudämonie* [Glückseligkeit] zu handeln, da wir diese doch als den letzten Endzweck für alles Menschliche betrachten. Unsere Erörterung des Gegenstandes wird sich kürzer fassen können, wenn wir an das früher von uns Ausgeführte erinnern.

Wir haben ausgemacht, dass die Eudämonie keine ruhende Beschaffenheit ist; sonst könnte sie auch dem beigelegt werden, der sein Leben verschläft oder der ein Pflanzenleben führt, und ebenso dem der die schwersten Unglücksfälle erleidet. Wenn nun dem kein Mensch zustimmen wird; wenn im Gegenteil die Eudämonie, wie oben dargelegt worden ist, eher in eine Art der Betätigung zu setzen ist; und wenn nun von den Arten der Betätigung die einen notgedrungen und um durch sie anderes zu erreichen betrieben werden, die anderen aber an und für sich den Gegenstand des Wollens bilden: so muss man die Eudämonie offenbar zu der Klasse derjenigen Betätigungen zählen, die an und für sich, und nicht zu denen, die um anderes zu erreichen gewollt werden. Denn die Eudämonie bedarf nichts, sie genügt sich selbst.

An und für sich aber gewollt werden diejenigen Betätigungen, bei denen nichts weiter begehrt wird als die Tätigkeit selbst. Dahin nun zählen die Menschen erstens die der sittlichen Anforderung entsprechenden Handlungsweisen; denn das Edle und Würdige zu tun gehört zu dem, was an und für sich gewollt werden soll. Aber sie zählen dahin zweitens auch von den Arten des Spieles diejenigen, die Vergnügen bereiten; denn auch diese werden nicht betrieben, um durch sie anderes zu erreichen. Bringen sie doch eher eine Schädigung als einen Gewinn mit sich, weil man ihnen zuliebe wohl auch die Sorge für Leib und Vermögen verabsäumt. Gleichwohl greifen die vom Glück Begünstigten meistenteils zu diesen Arten des Zeitvertreibs, und die in solchen Künsten der Erholung besonders

Gewandten machen deshalb bei den Mächtigen der Erde ihr Glück, weil sie sich gerade in dem angenehm zu machen wissen, woran diese ihr Vergnügen finden; solche Leute sind es eben, die sie brauchen können.

Nun meint man wohl, diese Dinge müssten doch Bestandteile der Glückseligkeit bilden, weil die Mächtigen und Großen darin ihr Vergnügen finden. Indes diese Art von Menschen kann man kaum als Beweismittel gelten lassen. Tugend und Vernunft, die Quellen edler Betätigung, haben nichts mit Macht und Herrschaft zu schaffen, und wenn jene Menschen in ihrer Unfähigkeit zum Genüsse reiner und eines gebildeten Geistes würdiger Freuden zu sinnlichen Genüssen greifen, so darf man sich deshalb nicht der Meinung hingeben, diese verdienten wirklich den Vorzug. Meinen doch auch die Kinder, dass dasjenige was unter ihnen den Vorrang verleiht, das Herrlichste sei. Und so liegt die Vermutung nahe, dass wie den Kindern anderes für preiswürdig gilt als den Erwachsenen, das gleiche der Fall sein wird mit Niedriggesinnten und Edelgesinnten. Wie wir nun vielfach dargelegt haben: dasjenige ist rühmlich und erfreulich, was den Würdigen als rühmlich und erfreulich gilt. Für jeden aber bildet diejenige Betätigung den bevorzugtesten Willensinhalt, die seiner eigentümlichen Beschaffenheit entspricht, und also für den Edelgesinnten die der sittlichen Gesinnung angemessene Betätigung.

Also ist die Eudämonie nicht im Spiele zu suchen. Es wäre auch wider alle Vernunft, dass das Spiel der letzte Zweck sein sollte, und dass man die Mühen und Schmerzen eines ganzen Lebens um des bloßen Spieles willen tragen sollte. Denn alles, darf man sagen, ergreifen wir, um ein anderes dadurch zu erreichen, nur die Eudämonie nicht; sie ist selbst der Zweck. Dass man sich aber mühen und quälen sollte nur um des Spielens willen, das wäre doch offenbar eine gar zu törichte und kindische Vorstellung. Das Spiel dagegen, sofern es dazu dient, die ernste Anstrengung zu fördern, so wie es Anacharsis auffasste, das darf für das Richtige gelten. Denn Spielen bedeutet ein Ausruhen, und des Ausruhens bedarf man, weil man nicht imstande ist sich unausgesetzt zu mühen. Also nicht der letzte Zweck ist die Erholung; vielmehr sie wird vorgenommen damit man nachher in seiner Tätigkeit um so besser fortfahren könne.

Und so ergibt sich denn, dass das glückselige Leben doch wohl das der sittlichen Gesinnung gemäße Leben ist; dieses aber ist ein Leben ernster Tätigkeit und nicht des Spieles. Wir nennen denn auch ernste Tätigkeit preiswürdiger als die Belustigung, auch wenn sie unterhaltend ist, und wir bezeichnen jedes Mal diejenige Betätigung als die edlere, welche die des höher stehenden Vermögens und des höher stehenden Menschen ist. Die Tätigkeit dieses Höherstehenden ist mithin auch die wertvollere und glückseligere. Sinnliche Befriedigung mag ein Beliebiger und ein Sklave nicht weniger genießen als der Herrlichste. Anteil an seiner Glückseligkeit aber gewährt niemand einem Sklaven, wenn er ihm nicht auch einen Anteil an der entsprechenden Lebensführung gewährt. Denn nicht in Unterhaltungen von jener Art besteht die Eudämonie, sondern in den der sittlichen Gesinnung entsprechenden Tätigkeiten. Das haben wir schon oben dargelegt.

Besteht aber die Eudämonie in der der rechten Beschaffenheit entsprechenden Betätigung, so liegt nahe, dass es sich dabei um diejenige innerliche Beschaffenheit handeln wird, die die herrlichste ist, also doch wohl um die rechte Beschaffenheit dessen, was an uns das Edelste ist. Mag dieses nun denkende Vernunft, mag es etwas anderes sein, was seiner Natur nach zur Herrschaft und Leitung und zum bewussten Ergreifen des Idealen und Göttlichen berufen scheint; mag es an sich ein Göttliches, oder das in uns am meisten Gottähnliche sein: *die Betätigung eben dieses Herrlichsten gemäß seines ihm eigentümlichen Adels würde die vollendete Eudämonie bedeuten.*

Dass nun diese Betätigung *die reine Betrachtung* ist, haben wir dargelegt. und wir dürfen wohl sagen, dass es wie mit dem vorher Ausgeführten, so auch mit der Wahrheit der Tatsachen übereinstimmt. Denn unter allen Betätigungsarten ist diese die herrlichste, wie unter unseren Vermögen die denkende Vernunft, unter den Objekten aber die der reinen Vernunfterkenntnis entsprechenden die herrlichsten sind. Diese Betätigungsart ist außerdem die am meisten stetige. Denn in reiner Betrachtung vermögen wir eher als in irgendeiner Tätigkeit nach außen stetig zu verharren. Wir sind ferner überzeugt, dass die Eudämonie mit innerer Befriedigung verbunden sein müsse. Solche Befriedigung gewährt nach allgemeinem Zugeständnis unter den der rechten inneren Beschaffenheit entsprechenden Betätigungen am meisten diejenige, die der Wahrheitserkenntnis gilt. Wenigstens darf man soviel sagen, dass das Wahrheitsstreben eine Befriedigung von wunderbarer Reinheit und Zuverlässigkeit gewährt, und es ist ein einleuchtender Satz, dass der Zustand des Wissens noch größere Freude bereitet als der des Suchens. Auch was man Selbstgenüge nennt, findet sich am meisten bei der reinen Betrachtung. Denn die Bedürfnisse des Lebens sind dem Weisen und Gerechten ebenso nötig wie den übrigen. Sind sie aber mit dergleichen hinlänglich versehen, so bedarf der Gerechte noch anderer, in bezug auf welche und in Verbindung mit welchen er seine Gerechtigkeit betätigen kann, und das gleiche gilt von dem Besonnenen und dem Willensstarken und jedem anderen. Der Wahrheitsfreund dagegen kann auch für sich allein der Betrachtung leben, und um so mehr, je mehr er Wahrheitsfreund ist. Vielleicht ist es noch besser, wenn er gleichgesinnte Genossen hat, aber gleichwohl, sich selbst genug zu sein, das kommt ihm am meisten zu.

Und auch das dürfte gelten, dass die reine Betrachtung das einzige ist, was um seiner selbst willen geliebt wird; denn man hat von ihr weiter keinen Gewinn als das Betrachten selbst, während man von den äußeren Tätigkeiten irgendeinen Ertrag, einen größeren oder einen geringeren, noch neben der Tätigkeit ins Auge fasst. Ferner gilt als ausgemacht, dass die Eudämonie sich in der Muße finde. Denn den Geschäften geben wir uns hin zu dem Zwecke, um Muße zu gewinnen, wie wir Krieg führen, um uns des Friedens zu erfreuen. Die Betätigung praktischer Tugenden nun dreht sich um Staatsgeschäfte oder kriegerische Aktionen; Tätigkeiten auf diesen Gebieten aber dürften sich mit der Muße kaum vertragen, kriegerische Aktionen nun gar vollends. Denn niemand begehrt kriegerische Tätigkeit um der kriegerischen Tätigkeit willen, nicht einmal die Vorbereitung für den Krieg hat dieses Ziel. Würde man doch den für überaus blutdürstig halten, der seine Freunde sich deshalb zu Feinden machen wollte, damit es nur zum Losschlagen und Blutvergießen komme. Aber auch die Tätigkeit des Staatsmannes ist der Muße feindlich; auch sie sucht etwas außer der staatsmännischen Tätigkeit selber Liegendes, Machtstellung und Ruhm oder Glückseligkeit für ihn selbst und für seine Mitbürger, eine Glückseligkeit, die etwas anderes ist als staatsmännische Tätigkeit, und offenbar auch anders als die, von der wir eben hier handeln.

Erwägt man nun, dass unter den Tätigkeiten, in denen hohe Vorzüge wirksam werden, diejenigen, die sich um Staat und Krieg drehen, die an Glanz und Bedeutung hervorragendsten sind, eben diese aber der Muße feindlich sind, einem äußeren Zwecke zustreben und nicht um ihrer selbst willen zu begehren sind; erwägt man ferner, dass wohl mit Recht die Betätigung der denkenden Vernunft, weil sie der reinen Betrachtung zugewandt ist, an innerem Werte den Vorrang beansprucht, dass sie keinen Zweck erstrebt, der außer ihr selbst läge, und dass sie eine ihr eigentümliche Befriedigung mit sich bringt, die selbst wieder die Betätigung zu steigern vermag; dass das Selbstgenüge aber, das Element der Muße und Ungestörtheit in ihr, soweit es einem Menschen zugänglich ist, und alles was sonst noch Attribut eines seligen Lebens bildet, dass das alles augenscheinlich in dieser Art der Betätigung vorhanden ist: so darf eben diese als die vollendete Eudämonie eines Menschen gelten, falls sie nur die normale Dauer eines Menschenlebens hindurch währt. Denn in dem was zur Eudämonie gehört, gibt es nichts was nicht vollendet wäre.

Ein Leben dieser Art nun ist herrlicher als dass es der bloß menschlichen Natur zukäme. Denn nicht sofern einer Mensch ist, wird er solch ein Leben führen, sondern sofern in ihm etwas Göttliches wohnt. So weit aber dieses Leben über das mit der sinnlichen Natur verbundene Leben hervorragt, so weit übertrifft auch diese Form der Betätigung diejenige, die aller sonstigen Vorzüglichkeit gemäß ist. Wenn aber die denkende Vernunft im Vergleich mit dem Menschen etwas Göttliches ist, so ist auch das dieser Vernunft gemäße Leben ein göttliches im Vergleich mit dem menschlichen Leben.

Es soll also nicht, wie die Moralprediger mahnen, wer ein Mensch ist auf Menschliches gerichtet sein, noch wer sterblich ist sich am Sterblichen genügen lassen; sondern man soll, soweit es möglich ist, das Unsterbliche ins Herz fassen und all sein Tun darauf einrichten, dass man lebe entsprechend dem was in uns das Herrlichste ist. Denn wenn dies auch dem äußeren Maßstab nach in uns ein Unscheinbares ist, so ist es doch seiner Macht und seinem Werte nach das bei weitem über alles Hervorragende. *Ja, man darf sagen, dass jeglicher eben dieses Göttliche selber ist; ist dies doch an ihm sein eigentliches Wesen und sein besseres Teil.* Es wäre also wider die Vernunft, wenn er nicht sein eigenes Leben, sondern das eines fremden Wesens führen wollte. So wird denn, was wir früher ausgeführt haben, auch mit dem jetzt Dargelegten übereinstimmen: *was für einen jeden seinem eigentümlichen Wesen nach das Entsprechende ist, das ist für jeden auch das Wertvollste und Erfreulichste. Für den Menschen also ist es dasjenige Leben, das der denkenden Vernunft entspricht, wenn doch diese am meisten der Mensch selber ist.* Dieses Leben ist also auch das glückseligste.

3. Diogenes von Sinope

Über die Gestalt des *Diogenes von Sinope* (4. Jh. v. Chr.), des legendären Tonnenbewohners, erzählt in Anekdoten vor allem – sechs Jahrhunderte später – sein „Namensvetter", nämlich der Philo-sophiehistoriker Diogenes Laertius. Der „Kyniker" (von gr. „kyon", Hund) *Diogenes* betreibt (mit der späteren Wortentwicklung:) „zynische" Kritik an den Mächtigen, an den herrschenden Sitten und Traditionen und an der Religion, wie der Hinweis auf die Weihgeschenke zeigt. *Cicero* erwähnt, wie Diogenes´ spöttische und kritische Haltung sich am Ende bis zu Fragen des Jenseits erstreckt:

„Er befahl, man solle ihn unbeerdigt hinauswerfen. Da sagten die Freunde: `Den Vögeln und den wilden Tieren vor?´ Er antwortete: `Keineswegs, legt vielmehr einen Stock neben mich, dass ich sie wegtreibe.´ – `Wie wirst du das können?´ jene, `Du wirst doch nichts merken.´ – `Was kann mir also das Zerreißen durch die wilden Tiere schaden, wenn ich nichts empfinde?´[1]

Diogenes´ Skepsis gilt auch anderen Philosophen. So kritisiert er die seines Erachtens überzogenen Dignitäts- und Wahrheitsansprüche *Platons* (er sehe nur Tisch und Becher, aber nicht „Tischheit" und „Becherheit"); einige Anekdoten spielen auch genüsslich auf die Überlieferung an, *Platon* sei bei seiner Sizilienreise aufgrund einer Auseinandersetzung mit dem Tyrannen Dionysios I. als Sklave verkauft worden. *Diogenes* spottet auch, wie an anderer Stelle überliefert wird, über die erhabenen Tragödienstoffe, etwa um den König Ödipus („Er bekam zu hören, dass er bei seiner eigenen Mutter geschlafen und Kinder von ihr habe. Das hätte man vielleicht geheim halten oder in Theben als gesetzlich erklären sollen. Statt dessen machte er es später aller Welt kund [...]. Zudem blendete er sich selbst und irrte blind durchs Land, als wenn er nicht auch sehend durchs Land hätte irren können"). Der Kyniker *Diogenes* erfüllt mit all dem die Rolle einer kritischen gesellschaftlichen Opposition: die kynische Philosophie verbindet Zivilisationskritik mit dem philosophisch-ethischen Ziel, „auf jede Schicksalswendung gefasst zu sein". Hierzu bedarf es der „Autarkie" (Unabhängigkeit). Die wohl berühmteste Anekdote über ihn ist die, die erzählt, er habe Alexander dem Großen auf die Frage, ob er einen Wunsch habe, geantwortet: „Geh mir aus der Sonne".

---

[1] Marcus Tullius Cicero, Gespräche in Tusculum, München 1984, I, 104.

Literatur:

Heinrich Niehues-Pröbsting, *Der Kynismus des Diogenes und der Begriff des Zynismus*, München 1977, Frankfurt/M. 1988

Peter Sloterdijk, *Kritik der zynischen Vernunft*, 2 Bde. Frankfurt/M. 1983 (zeitweiliges „Kultbuch"; zu Diogenes 294 ff.)

Karl-Wilhelm Weeber, *Diogenes*. Die Gedanken und Taten des frechsten und ungewöhnlichsten aller Philosophen, München 2. Aufl. 2001 (didaktisch gute Darstellung)

Diogenes Laertius: Leben und Meinungen berühmter Philosophen (Auszug):
Über Diogenes von Sinope[2]

Diogenes, des Wechslers Hikesias Sohn, stammte aus Sinope. Diokles erzählt, sein Vater habe ein öffentliches Wechslergeschäft gehabt und sei wegen Falschmünzerei flüchtig geworden. Eubulides aber berichtet in seinem Buch über Diogenes, dieser sei selbst der Täter gewesen und sei mit seinem Vater in die Fremde gegangen. [...] Nach Athen gelangt, [...] ward er aufmerksam auf eine hin und herlaufende Maus, die weder eine Ruhestätte suchte noch die Dunkelheit mied, noch irgendwelches Verlangen zeigte nach sogenannten Leckerbissen. Das gab ihm einen Wink zur Abhilfe für seine dürftige Lage. Er war es nach einigen, der zuerst seinen Mantel durch Übereinanderschlagen gleichsam verdoppelte, um jedem Bedarf zu genügen und auch das Bett zu ersetzen. Auch rüstete er sich mit einem Ranzen aus, der seine Nahrung barg, und so war ihm jeder Ort recht zum Frühstück, zum Schlafen, zur Unterhaltung, kurz für alles. So pflegte er denn, mit seinem Finger auf die Säulenhalle des Zeus und auf das Zeughaus hinweisend, zu sagen, diese Bauten hätten die Athener ihm zur Wohnstätte errichtet. Nach einem Krankheitsanfall bediente er sich eines Stabes zur Stütze, den er dann aber gewohnheitsmäßig immer mit sich führte, nur in der Stadt nicht, wohl aber auf seinen Wanderungen, ebenso wie auch den Ranzen [...]

Und als er sah, dass Platon bei einem prunkvollen Mahle sich an die Oliven hielt, sagte er: „Wie? Erst macht der Weise die große Seereise nach Sizilien um der Tafelfreuden willen, und nun, da hier alles in Fülle zu haben ist, versagst du dir den Genuss?" worauf Platon erwiderte: „Glaube mir, bei den Göttern, Diogenes, auch dort habe ich mich meist an Oliven und dergleichen gehalten." – „Wozu also", fuhr Diogenes fort, „hattest du es nötig, nach Syrakus zu fahren? Gab es etwa damals in Attika keine Oliven?"

---

[2] Diogenes Laertius, Leben und Meinungen berühmter Philosophen. Übersetzt und erläutert von O. Apelt, 2 Bde. Leipzig 1921, Zitate Bd. 1, 267 ff.

[...]
Als er einmal ein Kind sah, das aus den Händen trank, riss er seinen Becher aus seinem Ranzen heraus und warf ihn weg mit den Worten: „Ein Kind ist mein Meister geworden in der Genügsamkeit." Auch seine Schüssel warf er weg, als er eine ähnliche Beobachtung an einem Knaben machte, der sein Geschirr zerbrochen hatte und nun seinen Linsenbrei in der Höhlung eines Brotstückes barg.
[...]
Als er im Kraneion [Vorstadt von Korinth mit Zypressenhain und Gymnasion] sich sonnte, trat Alexander an ihn heran und sagte: „Fordere, was du wünschest", worauf er antwortete: „Geh mir aus der Sonne."
[...]
Die Demagogen nannte er Volkslakaien, die Kränze Ruhmgeschwüre. Er zündete bei Tage ein Licht an und sagte: „Ich suche einen Menschen."
[...]
Er war auch bei den Athenern beliebt. Als ein junger Mensch sein Fass zertrümmert hatte, ließen sie diesem eine Tracht Prügel verabfolgen, ihn selbst aber beschenkten sie mit einem anderen Fass.
[...]
Als Platon sich über seine Ideen vernehmen ließ und von einer Tischheit und einer Becherheit redete, sagte er: „Was mich anlangt, Platon, so sehe ich wohl einen Tisch und einen Becher, aber eine Tischheit und Becherheit jetzt und nimmermehr." Darauf Platon: „Sehr begreiflich; denn Augen, mit denen man Becher und Tisch sieht, hast du allerdings; aber Verstand, mit dem man Tischheit und Becherheit beschaut, hast du nicht."
[...]
Als einer die Weihgeschenke in Samothrake anstaunte, sagte er: „Es wären deren noch weit mehr, wenn auch die nicht Geretteten solche Stiftungen machten."
[...]
Als Alexander einst bei einem Zusammentreffen zu ihm sagte: „Ich bin Alexander, der große König," sagte er: „Und ich bin Diogenes, der Hund."
[...]
Auf die Frage, welchen Gewinn ihm die Philosophie gebracht hätte, sagte er, wenn auch sonst nichts, so doch jedenfalls dies, auf jede Schicksalswendung gefasst zu sein. Gefragt nach seinem Heimatort, antwortete er: „Ich bin Weltbürger."
[...]
Einige berichten, er habe sterbend den Auftrag gegeben, ihn unbeerdigt hinzuwerfen zur Beute für jedes wilde Tier, oder man solle ihn in eine Grube werfen mit einer kleinen Schicht Staub darüber [...].

4. Augustinus und Thomas von Aquin

 *Aurelius Augustinus* (354-430), Rhetorikprofessor in Mailand, begann sein Leben in Thagaste im heutigen Algerien und beendete es im von den Vandalen belagerten Hippo Regius im heutigen Tunesien als Bischof dieser Stadt; er ist für die Kirchen- und Geistesgeschichte von gar nicht zu überschätzender Bedeutung. Zwei der wichtigsten unter seinen zahlreichen Schriften: *Confessiones* (*Bekenntnisse*, Darstellung seines inneren Werdegangs); *De civitate Dei* (*Vom Gottesstaat*).

Augustin war der Sohn eines römischen Verwaltungsbeamten, des Heiden Patricius, und der Christin Monica. Die heilige Monica hat ihn zunächst allerlei andere Wege als christliche gehen sehen, bevor sie, ihm nach Italien nachreisend, sich kurz vor ihrem Tod mit ihrem Sohn im Glauben einig wissen konnte. Augustin ist nämlich nicht von Anfang an Christ gewesen, sondern zuerst der Reihe nach Manichäer, Skeptiker, Neuplatoniker. In seiner Biographie gibt es einige Brüche, so sein Bekehrungserlebnis im Jahre 386 oder die Wendung von 397 hin zu einem zutiefst pessimistischen Menschenbild.

Den Ausgangspunkt des Augustinischen Philosophierens bildet einerseits der Rückbezug auf die, wie man heute sagen würde, „existentielle Innerlichkeit". Augustins berühmte Worte in diesem Zusammenhang sind: „Noli foras ire; in te ipsum redi: in interiore homine habitat veritas" („Wende dich nicht nach draußen, sondern kehre in dich selbst zurück: im inneren Menschen wohnt die Wahrheit").[1] Den anderen Pol bildet Gott. Welt und Leben, Kultur und Wissenschaft und auch Fragen der praktischen Philosophie werden vor dem Hintergrund dieser Perspektive behandelt und eingeschätzt. *Augustin* geht auch in seiner Einschätzung der Geschichte und des Politischen von der im *Alten* und *Neuen Testament* geoffenbarten und im Gegensatz zu den unwahren heidnischen allein wahren christlichen Religion aus, welche die Welt als Schöpfung aus dem Nichts, vorgenommen durch einen dieser Welt gegenüber transzendenten und souveränen Gott erweist. Dieser Gott ist zugleich für die Zukunft des Menschen in einem zugesagten ewigen Leben einzige Referenzinstanz. Dies impliziert eine in der griechisch-römischen Antike undenkbare Abhängigkeit der Welt und der menschlichen Angelegenheiten von diesem höchsten Wesen. Für *Augustin* ist der Mensch im Rahmen dieses Schöpfungs- und Erlösungsprozesses ein Bürger zweier Reiche, des himmlischen und des irdischen.

Die Einbettung der ethischen Reflexion in den vorgenannten Denkhorizont kommt im unten angefügten Textauszug deutlich zum Ausdruck. Sie betrifft sowohl die Fragen des moralisch richtigen Handelns, für das die biblischen Vorgaben Maßgabe sind, wie auch die Frage nach dem Glück. Mit Ironie und Sarkasmus geht der ehemalige Rhetoriklehrer gegen die philosophischen Weisheitslehren vor, so unter Verweis auf den Stier des Phalaris (ein eisernes Folterinstrument, in dem dieser sizilianische Gewaltherrscher seine Feinde zu Tode rösten ließ).

---

[1] De ver. rel. 39, 72. Vgl. hierzu St. Körner, Augustinus: Das Grund-Problem der Existenz, in: J. Speck (Hrsg.), Grundprobleme der großen Philosophen – Philosophie des Altertums und des Mittelalters, Göttingen 2. Aufl. 1978, 129-176.

Während der Textauszug *Augustin* also eher in Abwehr der antiken Glückslehren argumentieren lässt, hat im Hochmittelalter, bei allen Unterschieden auf Augustin aufbauend, die „Theologie des Glücks" des *Thomas v. Aquin* die Perspektive auf ein jenseitiges Heil deutlicher ausgezogen. Thomas (1225-1274), einer der bekanntesten mittelalterlichen Philosophen, stellt, während die antiken Philosophen vom Glück dieses Lebens handeln und namentlich Aristoteles die Frage der Unsterblichkeit „schlicht übergeht" und „dem Menschen keinerlei Hoffnung macht auf einen Zustand unbehinderter, ununterbrochener und unbegrenzter Kontemplation in einem anderen Leben", heraus, „dass der Mensch in einen Zustand ewiger Vollendung gelangen kann durch die endgültige Vereinigung mit Gott".[2]

Wenn die antiken Glückstheorien das Problem diskutieren, dass die Wechselfälle des Schicksals das irdische Glück zerstören können, verweist dies für *Thomas* in seiner Defizienz auf die biblische Zusage höchsten Glücks in der Erkenntnis Gottes im Jenseits. Während die antiken Theorien das Glück auf dem Wege einer Selbstgestaltung der Seele suchen, bleibt dieses bei *Augustin* und *Thomas* auf ein Anderes bezogen, dem die Seele alles verdankt. Menschliches Streben hat, obwohl eine gewisse „Glücksteilnahme" (W. Kluxen) auch in diesem Leben möglich ist, seine Erfüllung nur in der Transzendenz.

Literatur:

Kurt Flasch, *Augustinus. Einführung in sein Denken*, Stuttgart (Reclam) 1980 (Hochgelobte und einschlägige, historisch opulente, pointierte und kritische Gesamtdarstellung eines namhaften Mittelalterforschers)

Therese Fuhrer, *Augustinus,* Darmstadt (WBG) 2004 (gut gegliedert, gut orientierend)

Wilhelm Geerlings, *Augustinus,* Freiburg (Herder) 1999

Brief an Macedonius[3]

Niemand kann in Wahrheit der Freund eines Menschen sein, wenn er nicht schon zuvor ein Freund der Wahrheit selbst ist; und wenn er dies nicht ohne Eigennutz ist, so kann er es überhaupt auf keine Weise werden. Hierüber haben auch die Philosophen vieles gesprochen, aber bei ihnen wird die wahre Frömmigkeit, das heißt der wahrhafte Dienst des wahren Gottes, aus dem sich alle Pflichten eines guten Lebens ableiten lassen, nicht ge-

---

[2] Vgl. Maximilian Forschner, Über das Glück des Menschen: Aristoteles, Epikur, Stoa, Thomas von Aquin, Kant. Darmstadt 2. Aufl. 1994, 84 ff. Weitere Bild- und Text-Materialien zur philosophischen Epoche des Mittelalters und zu Thomas sind in dem bereits erwähnten Band: Faszination Denken. Eine Einführung in die Philosophie, München 2000, 70 ff. abgedruckt.
[3] Brief an Macedonius. Nach: Des hlg. Kirchenvaters Aurelius Augustinus ausgewählte Briefe Bd. 2, übers. von A. Hoffmann, München 1917. Bibliothek der Kirchenväter, Reihe 1, Bd. 30, 105 ff.

funden; und zwar, so weit ich es verstehe, aus keinem anderen Grunde, als weil sie das glückselige Leben sich gewissermaßen selbst zurechtzimmern wollen und glauben, es mehr finden als erbitten zu müssen, während doch Gott dessen Geber ist. Er, der seinen Geschöpfen, den guten wie den bösen, so große Wohltaten erweist wie das Dasein, das Dasein als Menschen, den Gebrauch der Sinne, die gesunden Kräfte, Überfluss an Gütern, wird den Guten sich selbst geben, damit sie glückselig seien, weil es auch seine Gabe ist, dass sie gut sind. Jene aber, die in diesem trübseligen Leben, in diesem sterblichen Leibe, unter dieser Last des verweslichen Fleisches die Urheber ihrer Glückseligkeit und gleichsam deren Schöpfer sein wollen – meinen sie doch, sie aus eigenen Kräften erlangen zu können und gleichsam schon zu besitzen, ohne sie von jener Tugendquelle zu erbitten und zu hoffen –, konnten von Gott nichts merken, da er dem Stolze widersteht. Daher sind sie einem höchst abgeschmackten Irrtum verfallen; da sie nämlich behaupten, dass sich der Weise auch im Stiere des Phalaris glückselig befinde, so sind sie zum Geständnisse gezwungen, dass man die Glückseligkeit bisweilen fliehen müsse. Denn wenn die Leiden des Körpers gar zu groß werden, dann geben jene Weisen nach und erklären, bei gar zu großen derartigen Beschwerden müsse man sich das Leben nehmen. Ich will hierbei nicht erwähnen, wie groß der Frevel ist, sich selbst, wenn man unschuldig ist, zu töten, da man nicht einmal einen Schuldigen töten darf [...] Aber gewiss muss man erwägen und nicht mit Stolz, sondern mit Nüchternheit beurteilen, inwiefern ein Leben glückselig sei, dessen sich der Weise nicht dadurch erfreut, dass er es erhält, sondern das er durch Selbstmord zu endigen sich gedrungen findet. [...]

Indessen besteht auch in diesem Leben die Tugend in nichts anderem als in der Liebe zu dem, was zu lieben ist. Dies auserwählen, ist Klugheit, sich davon durch keine Beschwerde abhalten lassen, ist Starkmut, keinem Sinnenreiz nachgeben, ist Mäßigkeit, keinem Stolze, ist Gerechtigkeit. Was anderes aber sollen wir uns als vorzüglichsten Gegenstand unserer Liebe auserwählen, wenn nicht das, was als das Beste gefunden wird? Das ist Gott, und wenn wir in der Liebe ihm etwas vorziehen oder gleichsetzen, so verstehen wir nicht, uns selbst zu lieben. [...]

Darum werden alle Guten und Heiligen, die auch in allen möglichen Qualen durch die göttliche Hilfe unterstützt werden, wegen der Hoffnung auf diese Vollendung „Selige" genannt, obwohl sie erst in dieser Vollendung selig sein werden. Denn wenn sie sich mit allen möglichen Tugenden auch immer in diesen Qualen und schrecklichen Schmerzen befänden, so könnte doch niemand mit gesunder Vernunft bezweifeln, dass sie unglücklich seien.

Die Frömmigkeit also, das heißt die wahre Anbetung des wahren Gottes, ist zu allem nützlich; sie bewahrt vor den Widerwärtigkeiten dieses Lebens, in dem wir nichts übles mehr erdulden und des höchsten und ewigen Gutes uns erfreuen. Dieses Heil noch vollkommener zu erlangen und mit aller Standhaftigkeit zu bewahren, dazu ermahne ich dich ebenso wie mich selbst.

5. Immanuel Kant

Immanuel Kant (1724-1804), der Königsberger Philosoph, vollzog jene berühmte „kritische Wendung", die in ihrer umstürzenden Bedeutung für die Geistesgeschichte mit der Bedeutung der französischen Revolution für die politische Geschichte verglichen worden ist. Kant fragt in grundsätzlicher Weise nach der *Bedingung der Möglichkeit* von Aussagen zur Beschaffenheit der Welt überhaupt, zu Gott und zum Jenseits und grenzt die Aussagemöglichkeiten dabei kritisch ein. Diese Frage nach „der Bedingung der Möglichkeit von" begründet die „Transzendentalphilosophie".

Auf seine theoretische Philosophie baut in mancher Hinsicht *Kants* praktische Philosophie auf. Hinter allen empirisch aufzuzeigenden Bedingtheiten in der Welt steht doch die Möglichkeit der Freiheit zum moralisch guten Handeln. „Gut", so macht *Kant* in der zur Einführung in seine Moralphilosophie überaus lesenswerten Schrift *Grundlegung zur Metaphysik der Sitten* (1785) nun deutlich, ist nur der moralisch gute Wille (Text 1).

Woran muss sich der gute Wille orientieren? An „Pflicht" und „Moralgesetz" (Text 3); der „Neigung" (Text 4) misstraut der Philosoph. Nur eine Handlung „aus Pflicht" nach dem Kategorischen Imperativ (Text 2), bewirkt durch die Vernunfteinsicht in das Moralgesetz, kann als moralisch gelten.

Berühmt sind *Friedrich Schillers* (1759-1805) vielzitierte bissige und kritische Distichen [Zweizeiler] hierzu:

„Gewissensscrupel.
Gerne dien ich den Freunden, doch thu ich es leider mit Neigung,
Und so wurmt es mir oft, dass ich nicht tugendhaft bin.
Decisum.
Da ist kein anderer Rath, du musst suchen, sie zu verachten,
Und mit Abscheu alsdann thun, wie die Pflicht dir gebeut".[1]

Kantforscher freilich können auf diesen von *Schiller* erhobenen Vorwurf einer gefühlsfeindlichen Ethik richtiggehend verärgert reagieren, wie die folgende Passage zeigt:

„Das ist dürftige Dichtung und noch dürftigere Kritik [...]. Es muss noch hinzugefügt werden, dass es nach Kants Ansicht ein Zeichen echter Güte ist, wenn wir unsere Pflicht mit fröhlichem Herzen tun. Er beklagt eine [...] mönchische Moralität der Selbstkasteiung. – Aus all dem ergibt sich klar, dass für ihn eine Handlung nicht aufhört, moralisch wertvoll zu sein, wenn sie von einem Vergnügen oder sogar von dem Wunsch nach Vergnügen begleitet ist; sie hört aber auf, moralischen Wert zu haben, wenn sie nur um des Vergnügens willen geschieht oder nur, um eine Neigung zu befriedigen".[2]

---

[1] Schillers Werke, Nationalausgabe, Bd. 1: Gedichte, Weimar 1943, 357.
[2] E. J. Paton, Der kategorische Imperativ. Eine Untersuchung über Kants Moralphilosophie, Berlin 1962, 41, 44. Als Disziplinierungsvorgang deuten denn auch Hartmut und Gernot Böhme die Ver-

Aus Furcht vor dessen wechselhaften Gestimmtheiten scheint *Kant* das „bloße" *Gefühl*, das keine Grundlage universaler Moral abzugeben geeignet ist, eindeutig abzuwerten: Gegenüber dem guten Willen, der wie ein „Juwel" glänze, spricht er von „pathologischer Liebe", „Hang der Empfindung", „schmelzender Teilnehmung" (Text 1). Man müsste freilich nur ein einziges Wort aus Schillers Versen ernst nehmen (nämlich „mit" statt „aus" Neigung), um die schroffe Entgegensetzung zu mildern: nur eigentliches Motiv darf die Neigung nicht sein. Der abschließende Passus bezieht sich auf das Problem der Lüge (Text 5), die unter keinen Umständen statthaft ist – Zeichen, welche konkreten Inhalte Kant mit der scheinbar bloßen Formel des Kategorischen Imperativs verbindet. Kant-Kommentatoren mögen deshalb auch dem seit *Hegel* erhobenen (vgl. Einleitung) Formalismuseinwand nicht stattgeben, wie folgendes Beispiel aus der Sekundärliteratur zeigt:

„Ein Kantianer könnte [...] nicht zugeben, dass zum Beispiel ein Moralgesetz, das Polygamie vorschreibt, und eines, das Monogamie anordnet, echte Alternativen wären in dem Sinne, dass jede der beiden unvereinbaren Maximen (die der Polygamie und die der Monogamie, aber nicht beide zusammen) Kants Prüfung standhalten und dass man ohne logische und moralische Absurdität wollen könnte, sie würden zum allgemeinen Gesetz. Er würde wohl daran festhalten müssen, dass entweder eine der Maximen unmoralisch sei, oder dass die beiden Maximen nicht wirklich unvereinbar wären, da wir, wenn wir sie sorgfältig untersuchten, finden würden, dass sie sich auf eine Zusammensetzung von sozialen Bedingungen bezögen, die in jedem Fall verschieden wäre".[3]

Literatur:

Otfried Höffe, *Immanuel Kant*, München (Beck´sche Reihe Denker), 4. Aufl. 1996 (grundlegende Darstellung eines namhaften Fachvertreters)

Ders., *Grundlegung zur Metaphysik der Sitten*. Ein kooperativer Kommentar, Frankfurt/M. 1989

Gerd Irrlitz, *Kant-Handbuch. Leben und Werk*, Stuttgart-Weimar (Metzler) 2002 (S. 277 ff. Darlegungen zur *Grundlegung zur Metaphysik der Sitten*; 306 ff. zur *Kritik der praktischen Vernunft*)

Friedrich Kaulbach, *Grundlegung zur Metaphysik der Sitten*. Interpretation und Kommentar, Frankfurt/M. 2. Aufl. 1996

Kirsten Schmidt – Klaus Steigleder – Burkhard Mojsisch (Hrsg.), *Die Aktualität der Philosophie Kants*. Bochumer Ringvorlesung Sommersemester 2004, Amsterdam 2005 (Bei-

---

nunftkritik; vgl. dies.: Das Andere der Vernunft. Zur Entwicklung von Rationalitätsstrukturen am Beispiel Kants, Frankfurt/M. 1983.
[3] St. Körner, Kant, Göttingen 1967, 116.

träge u. a. von Bernhard Milz zum Problem der Willensfreiheit, von Walter Schweidler zur Begründung der Menschenwürde und von Klaus Steigleder zu Kants Theorie der Handlungsnormen)

Klaus Steigleder, „Kant". In: M. Düwell – C. Hübenthal – M. Werner (Hrsg.), *Handbuch Ethik*, Stuttgart (Metzler), 2002, 128-139 (gut einführender Überblick zu Kants Moralphilosophie: Kant ist nicht einfach als „der Gesinnungsethiker" aufzufassen, Bedeutung des „unbedingten Sollens", Erklärungen zu den Formeln des Kategorischen Imperativs, zur Rechts- und Tugendlehre)

Ders., *Kants Moralphilosophie. Die Selbstbezüglichkeit reiner praktischer Vernunft*, Stuttgart 2002 (zu Steigleder vgl. auch den Beitrag des Autors in diesem Band)

Marcus Willaschek, *Praktische Vernunft*. Handlungstheorie und Moralbegründung bei Kant, (Metzler) Stuttgart – Weimar 1992 (vgl. auch Willascheks Beitrag in diesem Band).

1. Grundlegung zur Metaphysik der Sitten (Auszug:) Gut ist nur der gute Wille[4]

Es ist überall nichts in der Welt, ja überhaupt auch außer derselben zu denken möglich, was ohne Einschränkung für gut könnte gehalten werden, als allein ein *guter Wille*. Verstand, Witz, Urteilskraft, und wie die *Talente* des Geistes sonst heißen mögen, oder Mut, Entschlossenheit, Beharrlichkeit im Vorsatze, als Eigenschaften des *Temperaments,* sind ohne Zweifel in mancher Absicht gut und wünschenswert; aber sie können auch äußerst böse und schädlich werden, wenn der Wille, der von diesen Naturgaben Gebrauch machen soll und dessen eigentümliche Beschaffenheit darum *Charakter* heißt, nicht gut ist. Mit den *Glücksgaben* ist es eben so bewandt. Macht, Reichtum, Ehre, selbst Gesundheit, und das ganze Wohlbefinden und Zufriedenheit mit seinem Zustande, unter dem Namen der *Glückseligkeit*, machen Mut und hierdurch öfters auch Übermut, wo nicht ein guter Wille da ist, der den Einfluss derselben aufs Gemüt, und hiermit auch das ganze Prinzip zu handeln, berichtige und allgemein-zweckmäßig mache; ohne zu erwähnen, dass ein vernünftiger unparteiischer Zuschauer sogar am Anblicke eines ununterbrochenen Wohlergehens eines Wesens, das kein Zug eines reinen und guten Willens zieret, nimmermehr ein Wohlgefallen haben kann, und so der gute Wille die unerlässliche Bedingung selbst der Würdigkeit, glücklich zu sein, auszumachen scheint.

---

[4] 1. Kant´s gesammelte Schriften, hrsgg. von der Königl. Preuß. Akad. d. Wiss., Abtlg. Werke, Verlag von Georg Reimer, Bd. IV, 393-296; 2. A. a. O., 416; 421-424; 3. Schriften ... Bd. V, Verlag von Georg Reimer, 84 f.; 86 f. 4. Schriften ... Bd. IV, 398 f. 5. Schriften ... Bd. VIII, de Gruyter, Neudruck Berlin und Leipzig 1913, 426 f.

Einige Eigenschaften sind sogar diesem guten Willen selbst beförderlich und können sein Werk sehr erleichtern, haben aber dem ungeachtet keinen innern unbedingten Wert, sondern setzen immer noch einen guten Willen voraus, der die Hochschätzung, die man übrigens mit Recht für sie trägt, einschränkt, und es nicht erlaubt, sie für schlechthin gut zu halten. Mäßigung in Affekten und Leidenschaften, Selbstbeherrschung und nüchterne Überlegung sind nicht allein in vielerlei Absicht gut, sondern scheinen sogar einen Teil vom *inneren* Werte der Person auszumachen; allein es fehlt viel daran, um sie ohne Einschränkung für gut zu erklären (so unbedingt sie auch von den Alten gepriesen worden). Denn ohne Grundsätze eines guten Willens können sie höchst böse werden, und das kalte Blut eines Bösewichts macht ihn nicht allein weit gefährlicher, sondern auch unmittelbar in unsern Augen noch verabscheuungswürdiger, als er ohne dieses dafür würde gehalten werden.

Der gute Wille ist nicht durch das, was er bewirkt oder ausrichtet, nicht durch seine Tauglichkeit zu Erreichung irgend eines vorgesetzten Zweckes, sondern allein durch das Wollen, d. i. an sich, gut und, für sich selbst betrachtet, ohne Vergleich weit höher zu schätzen als alles, was durch ihn zu Gunsten irgend einer Neigung, ja wenn man will, der Summe aller Neigungen nur immer zu Stande gebracht werden könnte. [...]

Es liegt gleichwohl in dieser Idee von dem absoluten Werte des bloßen Willens, ohne einigen Nutzen bei Schätzung desselben in Anschlag zu bringen, etwas so Befremdliches, dass unerachtet aller Einstimmung selbst der gemeinen Vernunft mit derselben dennoch ein Verdacht entspringen muss, dass vielleicht bloß hochfliegende Phantasterei ingeheim zum Grunde liege, und die Natur in ihrer Absicht, warum sie unserm Willen Vernunft zur Regiererin beigelegt habe, falsch verstanden sein möge. Daher wollen wir diese Idee aus diesem Gesichtspunkte auf die Prüfung stellen.

In den Naturanlagen eines organisierten, d. i. zweckmäßig zum Leben eingerichteten, Wesens nehmen wir es als Grundsatz an, dass kein Werkzeug zu irgend einem Zwecke in demselben angetroffen werde, als was auch zu demselben das schicklichste und ihm am meisten angemessen ist. Wäre nun an einem Wesen, das Vernunft und einen Willen hat, seine *Erhaltung*, sein *Wohlergehen*, mit einem Worte seine *Glückseligkeit*, der eigentliche Zweck der Natur, so hätte sie ihre Veranstaltung dazu sehr schlecht getroffen, sich die Vernunft des Geschöpfs zur Ausrichterin dieser ihrer Absicht zu ersehen. Denn alle Handlungen, die es in dieser Absicht auszuüben hat, und die ganze Regel seines Verhaltens würden ihm weit genauer durch Instinkt vorgezeichnet und jener Zweck weit sicherer dadurch haben erhalten werden können, als es jemals durch Vernunft geschehen kann, und sollte diese ja obenein dem begünstigten Geschöpf erteilt worden sein, so würde sie ihm nur dazu haben dienen müssen, um über die glückliche Anlage seiner Natur Betrachtungen anzustellen, sie zu bewundern, sich ihrer zu erfreuen und der wohltätigen Ursache dafür dankbar zu sein; nicht aber, um sein Begehrungsvermögen jener schwachen und trüglichen Leitung zu unterwerfen und in der Naturabsicht zu pfuschen; mit einem Worte, sie würde verhütet haben, dass Vernunft nicht in *praktischen Gebrauch* ausschlüge und die Vermessenheit hätte, mit ihren schwachen Einsichten ihr selbst den Entwurf der Glückseligkeit und der Mittel dazu zu gelangen auszudenken; die Natur würde nicht allein die Wahl der Zwecke, sondern auch der Mittel selbst übernommen und beide mit weiser Vorsorge lediglich dem Instinkte anvertraut haben.

In der Tat finden wir auch, dass, je mehr eine kultivierte Vernunft sich mit der Absicht auf den Genuss des Lebens und der Glückseligkeit abgibt, desto weiter der Mensch von der wahren Zufriedenheit abkomme, woraus bei vielen und zwar den Versuchtesten im Gebrauche derselben, wenn sie nur aufrichtig genug sind, es zu gestehen, ein gewisser Grad von *Misologie*, d. i. Hass der Vernunft, entspringt, weil sie nach dem Überschlage alles Vorteils, den sie, ich will nicht sagen von der Erfindung aller Künste des gemeinen Luxus sondern von den Wissenschaften (die ihnen am Ende auch ein Luxus des Verstandes zu sein scheinen) ziehen, dennoch finden, dass sie sich in der Tat nur mehr Mühseligkeit auf den Hals gezogen, als an Glückseligkeit gewonnen haben und darüber endlich den gemeinern Schlag der Menschen, welcher der Leitung des bloßen Naturinstinkts näher ist, und der seiner Vernunft nicht viel Einfluss auf sein Tun und Lassen verstattet, eher beneiden als gering schätzen. Und so weit muss man gestehen, dass das Urteil derer, die die ruhmredige Hochpreisungen der Vorteile, die uns die Vernunft in Ansehung der Glückseligkeit und Zufriedenheit des Lebens verschaffen sollte, sehr mäßigen und sogar unter Null herabsetzen, keineswegs grämisch, oder gegen die Güte der Weltregierung undankbar sei, sondern dass diesen Urteilen insgeheim die Idee von einer andern und viel würdigern Absicht ihrer Existenz zum Grunde liege, zu welcher und nicht der Glückseligkeit die Vernunft ganz eigentlich bestimmt sei, und welcher darum als oberster Bedingung die Privatabsicht des Menschen größtenteils nachstehen muss!

Denn da die Vernunft dazu nicht tauglich genug ist, um den Willen in Ansehung der Gegenstände desselben und der Befriedigung aller unserer Bedürfnisse (die sie zum Teil selbst vervielfältigt) sicher zu leiten, als zu welchem Zwecke ein eingepflanzter Naturinstinkt viel gewisser geführt haben würde, gleichwohl aber uns Vernunft als praktisches Vermögen, d. i. als ein solches, das Einfluss auf den *Willen* haben soll, dennoch zugeteilt ist: So muss die wahre Bestimmung derselben sein, einen nicht etwa in anderer Absicht *als Mittel*, sondern *an sich selbst guten Willen* hervorzubringen, wozu schlechterdings Vernunft nötig war, wo anders die Natur überall in Austeilung ihrer Anlagen zweckmäßig zu Werke gegangen ist. Dieser Wille darf also zwar nicht das einzige und das ganze, aber er muss doch das höchste Gut und zu allem Übrigen, selbst allem Verlangen nach Glückseligkeit die Bedingung sein, in welchem Falle es sich mit der Weisheit der Natur gar wohl vereinigen lässt, wenn man wahrnimmt, dass die Kultur der Vernunft, die zur erstern und unbedingten Absicht erforderlich ist, die Erreichung der zweiten, die jederzeit bedingt ist, nämlich der Glückseligkeit, wenigstens in diesem Leben auf mancherlei Weise einschränke, ja sie selbst unter Nichts herabbringen könne, ohne dass die Natur darin unzweckmäßig verfahre, weil die Vernunft, die ihre höchste praktische Bestimmung in der Gründung eines guten Willens erkennt, bei Erreichung dieser Absicht nur einer Zufriedenheit nach ihrer eigenen Art, nämlich aus der Erfüllung eines Zwecks, den wiederum nur Vernunft bestimmt, fähig ist, sollte dieses auch mit manchem Abbruch, der den Zwecken der Neigung geschieht, verbunden sein.

2. Grundlegung zur Metaphysik der Sitten (Auszug:)
Der kategorische Imperativ

Endlich gibt es einen Imperativ [ein unbedingt gültiges sittliches Gebot], der, ohne irgend eine andere durch ein gewisses Verhalten zu erreichende Absicht als Bedingung zum Grunde zu legen, dieses Verhalten unmittelbar gebietet. Dieser Imperativ ist *kategorisch*. Er betrifft nicht die Materie der Handlung und das, was aus ihr erfolgen soll, sondern die Form und das Prinzip, woraus sie selbst folgt, und das Wesentlich-Gute derselben besteht in der Gesinnung, der Erfolg mag sein, welcher er wolle. Dieser Imperativ mag der *der Sittlichkeit* heißen. [...]

Der kategorische Imperativ ist also nur ein einziger, und zwar dieser: *handle nur nach derjenigen Maxime, durch die du zugleich wollen kannst, dass sie ein allgemeines Gesetz werde*. Wenn nun aus diesem einigen Imperativ alle Imperativen der Pflicht, als aus ihrem Prinzip, abgeleitet werden können, so werden wir, ob wir es gleich unausgemacht lassen, ob nicht überhaupt das, was man Pflicht nennt, ein leerer Begriff sei, doch wenigstens anzeigen können, was wir dadurch denken und was dieser Begriff sagen wolle.

Weil die Allgemeinheit des Gesetzes, wonach Wirkungen geschehen, dasjenige ausmacht, was eigentlich Natur im allgemeinsten Verstande (der Form nach), d. i. das Dasein der Dinge, heißt, so fern es nach allgemeinen Gesetzen bestimmt ist, so könnte der allgemeine Imperativ der Pflicht auch so lauten: *handle so, als ob die Maxime deiner Handlung durch deinen Willen zum allgemeinen Naturgesetze werden sollte*.

Nun wollen wir einige Pflichten herzählen, nach der gewöhnlichen Einteilung derselben, in Pflichten gegen uns selbst und gegen andere Menschen, in vollkommene und unvollkommene Pflichten.

1) Einer, der durch eine Reihe von Übeln, die bis zur Hoffnungslosigkeit angewachsen ist, einen Überdruss am Leben empfindet, ist noch so weit im Besitze seiner Vernunft, dass er sich selbst fragen kann, ob es auch nicht etwa der Pflicht gegen sich selbst zuwider sei, sich das Leben zu nehmen. Nun versucht er: ob die Maxime seiner Handlung wohl ein allgemeines Naturgesetz werden könne. Seine Maxime [persönlicher Grundsatz] aber ist: ich mache es mir aus Selbstliebe zum Prinzip, wenn das Leben bei seiner langem Frist mehr Übel droht, als es Annehmlichkeit verspricht, es mir abzukürzen. Es fragt sich nur noch, ob dieses Prinzip der Selbstliebe ein allgemeines Naturgesetz werden könne. Da sieht man aber bald, dass eine Natur, deren Gesetz es wäre, durch dieselbe Empfindung, deren Bestimmung es ist, zur Beförderung des Lebens anzutreiben, das Leben selbst zu zerstören, ihr selbst widersprechen und also nicht als Natur bestehen würde, mithin jene Maxime unmöglich als allgemeines Naturgesetz stattfinden könne, und folglich dem obersten Prinzip aller Pflicht gänzlich widerstreite.

2) Ein anderer sieht sich durch Not gedrungen, Geld zu borgen. Er weiß wohl, dass er nicht wird bezahlen können, sieht aber auch, dass ihm nichts geliehen werden wird, wenn er nicht festiglich verspricht, es zu einer bestimmten Zeit zu bezahlen. Er hat Lust, ein solches Versprechen zu tun; noch aber hat er so viel Gewissen, sich zu fragen: ist es nicht unerlaubt und pflichtwidrig, sich auf solche Art aus Not zu helfen? Gesetzt, er beschlösse es doch, so würde seine Maxime der Handlung so lauten: wenn ich mich in Geldnot zu

sein glaube, so will ich Geld borgen, und versprechen, es zu bezahlen, ob ich gleich weiß, es werde niemals geschehen. Nun ist dieses Prinzip der Selbstliebe, oder der eigenen Zuträglichkeit, mit meinem ganzen künftigen Wohlbefinden vielleicht wohl zu vereinigen, allein jetzt ist die Frage: ob es recht sei? Ich verwandle also die Zumutung der Selbstliebe in ein allgemeines Gesetz, und richte die Frage so ein: wie es dann stehen würde, wenn meine Maxime ein allgemeines Gesetz würde. Da sehe ich nun sogleich, dass sie niemals als allgemeines Naturgesetz gelten und mit sich selbst zusammenstimmen könne, sondern sich notwendig widersprechen müsse. Denn die Allgemeinheit eines Gesetzes, dass jeder, nachdem er in Not zu sein glaubt, versprechen könne, was ihm einfällt, mit dem Vorsatz, es nicht zu halten, würde das Versprechen und den Zweck, den man damit haben mag, selbst unmöglich machen, indem niemand glauben würde, dass ihm was versprochen sei, sondern über alle solche Äußerung, als eitles Vorgeben, lachen würde.

3) Ein dritter findet in sich ein Talent, welches vermittelst einiger Kultur ihn zu einem in allerlei Absicht brauchbaren Menschen machen könnte. Er sieht sich aber in bequemen Umständen, und zieht vor, lieber dem Vergnügen nachzuhängen, als sich mit Erweiterung und Verbesserung seiner glücklichen Naturanlagen zu bemühen. Noch fragt er aber: ob, außer der Übereinstimmung, die seine Maxime der Verwahrlosung seiner Naturgaben mit seinem Hange zur Ergötzlichkeit an sich hat, sie auch mit dem, was man Pflicht nennt, übereinstimme. Da sieht er nun, dass zwar eine Natur nach einem solchen allgemeinen Gesetze immer noch bestehen könne, obgleich der Mensch (so wie die Südsee-Einwohner) sein Talent rosten ließe, und sein Leben bloß auf Müßiggang, Ergötzlichkeit, Fortpflanzung, mit einem Wort, auf Genuss zu verwenden bedacht wäre; allein er kann unmöglich *wollen*, dass dieses ein allgemeines Naturgesetz werde, oder als ein solches in uns durch Naturinstinkt gelegt sei. Denn als ein vernünftiges Wesen will er notwendig, dass alle Vermögen in ihm entwickelt werden, weil sie ihm doch zu allerlei möglichen Absichten dienlich und gegeben sind.

4) Noch denkt ein *vierter*, dem es wohl geht, indessen er sieht, dass andere mit großenMühseligkeiten zu kämpfen haben (denen er auch wohl helfen könnte): was geht's mich an? mag doch ein jeder so glücklich sein, als es der Himmel will, oder er sich selbst machen kann, ich werde ihm nichts entziehen, ja nicht einmal beneiden; nur zu seinem Wohlbefinden, oder seinem Beistande in der Not, habe ich nicht Lust, etwas beizutragen! Nun könnte allerdings, wenn eine solche Denkungsart ein allgemeines Naturgesetz würde, das menschliche Geschlecht gar wohl bestehen, und ohne Zweifel noch besser, als wenn jedermann Von Teilnehmung und Wohlwollen schwatzt, auch sich beeifert, gelegentlich dergleichen auszuüben, dagegen aber auch, wo er nur kann, betrügt, das Recht der Menschen verkauft, oder ihm sonst Abbruch tut. Aber, obgleich es möglich ist, dass nach jener Maxime ein allgemeines Naturgesetz wohl bestehen könnte: so ist es doch unmöglich, zu *wollen*, dass ein solches Prinzip als Naturgesetz allenthalben gelte. Denn ein Wille, der dieses beschlösse, würde sich selbst widerstreiten, indem der Fälle sich doch manche ereignen können, wo er anderer Liebe und Teilnehmung bedarf, und wo er, durch ein solches aus seinem eigenen Willen entsprungenes Naturgesetz, sich selbst alle Hoffnung des Beistandes, den er sich wünscht, rauben würde.

Dieses sind nun einige von den vielen wirklichen oder wenigstens von uns dafür gehaltenen Pflichten, deren Abteilung aus dem einigen angeführten Prinzip klar in die Augen fällt. Man muss *wollen können*, dass eine Maxime unserer Handlung ein allgemeines Gesetz werde: dies ist der Kanon der moralischen Beurteilung derselben überhaupt. Einige Handlungen sind so beschaffen, dass ihre Maxime ohne Widerspruch nicht einmal als allgemeines Naturgesetz *gedacht* werden kann; weit gefehlt, dass man noch *wollen* könne, es *sollte* ein solches werden. Bei andern ist zwar jene innere Unmöglichkeit nicht anzutreffen, aber es ist doch unmöglich, zu *wollen*, dass ihre Maxime zur Allgemeinheit eines Naturgesetzes erhoben werde, weil ein solcher Wille sich selbst widersprechen würde. Man sieht leicht: dass die erstere der strengen oder engeren (unnachlasslichen) Pflicht, die zweite nur der weiteren (verdienstlichen) Pflicht widerstreite, und so alle Pflichten, was die Art der Verbindlichkeit (nicht das Objekt ihrer Handlung) betrifft, durch diese Beispiele in ihrer Abhängigkeit von dem einigen Prinzip vollständig aufgestellt worden.

Wenn wir nun auf uns selbst bei jeder Übertretung einer Pflicht Acht haben, so finden wir, dass wir wirklich nicht wollen, es solle unsere Maxime ein allgemeines Gesetz werden, denn das ist uns unmöglich, sondern das Gegenteil derselben soll vielmehr allgemein ein Gesetz bleiben; nur nehmen wir uns die Freiheit, für uns, oder (auch nur für dieses Mal) zum Vorteil unserer Neigung, davon eine *Ausnahme* zu machen. Folglich, wenn wir alles aus einem und demselben Gesichtspunkte, nämlich der Vernunft, erwögen, so würden wir einen Widerspruch in unserm eigenen Willen antreffen, nämlich, dass ein gewisses Prinzip objektiv als allgemeines Gesetz notwendig sei und doch subjektiv nicht allgemein gelten, sondern Ausnahmen verstatten sollte. Da wir aber einmal unsere Handlung aus dem Gesichtspunkte eines ganz der Vernunft gemäßen, dann aber auch eben dieselbe Handlung aus dem Gesichtspunkte eines durch Neigung affizierten [beeinflussten] Willens betrachten, so ist wirklich hier kein Widerspruch, wohl aber ein Widerstand der Neigung gegen die Vorschrift der Vernunft (*antagonismus*), wodurch die Allgemeinheit des Prinzips (*universalitas*) in eine bloße Gemeingültigkeit (*generalitas*) verwandelt wird, dadurch das praktische Vernunftprinzip mit der Maxime auf dem halben Wege zusammenkommen soll. Ob nun dieses gleich in unserm eigenen unparteiisch angestellten Urteile nicht gerechtfertigt werden kann, so beweiset es doch, dass wir die Gültigkeit des kategorischen Imperativs wirklich anerkennen, und uns (mit aller Achtung für denselben) nur einige, wie es uns scheint, unerhebliche und uns abgedrungene Ausnahmen erlauben.

3. Kritik der praktischen Vernunft (Auszug:) Die moralische Pflicht

Die sittliche Stufe, worauf der Mensch (aller unserer Einsicht nach auch jedes vernünftige Geschöpf) steht, ist Achtung fürs moralische Gesetz. Die Gesinnung, die ihm, dieses zu befolgen, obliegt, ist, es aus Pflicht, nicht aus freiwilliger Zuneigung und auch allenfalls unbefohlener von selbst gern unternommener Bestrebung zu befolgen, und sein moralischer Zustand, darin er jedes Mal sein kann, ist *Tugend*, d. i. moralische Gesinnung im *Kampfe*, und nicht *Heiligkeit* im vermeinten *Besitze* einer völligen *Reinigkeit* der Gesinnungen des Willens. Es ist lauter moralische Schwärmerei und Steigerung des Eigendünkels, wozu man die Gemüter durch Aufmunterung zu Handlungen, als edler, erhabener und großmütiger, stimmt, dadurch man sie in den Wahn versetzt, als wäre es nicht Pflicht, d. i. Achtung fürs Gesetz, dessen Joch (das gleichwohl, weil es uns Vernunft selbst auferlegt, sanft ist) sie, wenn gleich ungern, tragen *müssten*, was den Bestimmungsgrund ihrer Handlungen ausmachte, und welches sie immer noch demütigt, indem sie es befolgen (ihm *gehorchen*), sondern als ob jene Handlungen nicht aus Pflicht, sondern als barer Verdienst von ihnen erwartet würden. [...]

Pflicht! du erhabener großer Name, der du nichts Beliebiges, was Einschmeichelung bei sich führt, in dir fassest, sondern Unterwerfung verlangst, doch auch nichts drohest, was natürliche Abneigung im Gemüte erregte und schreckte, um den Willen zu bewegen, sondern bloß ein Gesetz aufstellst, welches von selbst im Gemüte Eingang findet, und doch sich selbst wider Willen Verehrung (wenn gleich nicht immer Befolgung) erwirbt, vor dem alle Neigungen verstummen, wenn sie gleich in Geheim ihm entgegen wirken, welches ist der deiner würdige Ursprung, und wo findet man die Wurzel deiner edlen Abkunft, welche alle Verwandtschaft mit Neigungen stolz ausschlägt, und von welcher Wurzel abzustammen die unnachlassliche Bedingung desjenigen Werts ist, den sich Menschen allein selbst geben können?

Es kann nichts Minderes sein, als was den Menschen über sich selbst (als einen Teil der Sinnenwelt) erhebt, was ihn an eine Ordnung der Dinge knüpft, die nur der Verstand denken kann, und die zugleich die ganze Sinnenwelt, mit ihr das empirisch-bestimmbare Dasein des Menschen in der Zeit und das Ganze aller Zwecke (welches allein solchen unbedingten praktischen Gesetzen, als das moralische, angemessen ist) unter sich hat. Es ist nichts anders als die *Persönlichkeit*, d. i. die Freiheit und Unabhängigkeit von dem Mechanism der ganzen Natur, doch zugleich als ein Vermögen eines Wesens betrachtet, welches eigentümlichen, nämlich von seiner eigenen Vernunft gegebenen reinen praktischen Gesetzen, die Person also, als zur Sinnenwelt gehörig, ihrer eigenen Persönlichkeit unterworfen ist, so fern sie zugleich zur intelligibelen Welt gehört; da es denn nicht zu verwundern ist, wenn der Mensch, als zu beiden Welten gehörig, sein eigenes Wesen, in Beziehung auf seine zweite und höchste Bestimmung, nicht anders, als mit Verehrung und die Gesetze derselben mit der höchsten Achtung betrachten muss.

4. Grundlegung zur Metaphysik der Sitten (Auszug:) Ein Handeln aus Neigung reicht unter moralischem Aspekt nicht aus

Gesetzt also, das Gemüt (eines) Menschenfreundes wäre vom eigenen Gram umwölkt, der alle Teilnehmung an anderer Schicksal auslöscht, er hätte immer noch Vermögen, andern Notleidenden wohl zu tun, aber fremde Not rührte ihn nicht, weil er mit seiner eignen genug beschäftigt wäre, und nun, da keine Neigung ihn mehr dazu anreizt, risse er sich doch aus dieser tödlichen Unempfindlichkeit heraus, und täte die Handlung ohne alle Neigung, lediglich aus Pflicht, alsdenn hat sie allererst ihren echten moralischen Wert. Noch mehr: wenn die Natur diesem oder jenem überhaupt wenig Sympathie ins Herz gelegt hätte, wenn er (übrigens ein ehrlicher Mann) von Temperament kalt und gleichgültig gegen die Leiden anderer wäre, vielleicht, weil er, selbst gegen seine eigene mit der besondern Gabe der Geduld und aushaltenden Stärke versehen, dergleichen bei jedem andern auch voraussetzt, oder gar fordert; wenn die Natur einen solchen Mann (welcher wahrlich nicht ihr schlechtestes Produkt sein würde) nicht eigentlich zum Menschenfreunde gebildet hätte, würde er denn nicht noch in sich einen Quell finden, sich selbst einen weit höhern Wert zu geben, als der eines gutartigen Temperaments sein mag? Allerdings! gerade da hebt der Wert des Charakters an, der moralisch und ohne alle Vergleichung der höchste ist, nämlich dass er wohl tue, nicht aus Neigung, sondern aus Pflicht. [...]

So sind ohne Zweifel auch die Schriftstellen [der Bibel] zu verstehen, darin geboten wird, seinen Nächsten, selbst unsern Feind, zu lieben. Denn Liebe als Neigung kann nicht geboten werden, aber Wohltun aus Pflicht, selbst, wenn dazu gleich gar keine Neigung treibt, ja gar natürliche und unbezwingliche Abneigung widersteht, ist *praktische* und nicht *pathologische* Liebe, die im Willen liegt und nicht im Hange der Empfindung, in Grundsätzen der Handlung und nicht schmelzender Teilnehmung; jene aber allein kann geboten werden.

5. Über ein vermeintliches Recht, aus Menschenliebe zu lügen (Auszug)

Die Lüge [...] schadet jederzeit einem Anderen, wenn nicht gleich einem anderen Menschen, doch der Menschheit überhaupt [...] Hast du nämlich einen eben jetzt mit Mordsucht Umgehenden *durch eine Lüge* an der Tat verhindert, so bist du für alle Folgen, die daraus entspringen möchten, auf rechtliche Art verantwortlich. Bist du aber strenge bei der Wahrheit geblieben, so kann dir die öffentliche Gerechtigkeit nichts anhaben; die unvorhergesehene Folge mag sein, welche sie wolle. Es ist doch möglich, dass, nachdem du dem Mörder auf die Frage, ob der von ihm Angefeindete zu Hause sei, ehrlicherweise mit Ja geantwortet hast, dieser doch unbemerkt ausgegangen ist und so [...] die Tat also nicht geschehen wäre; hast du aber gelogen und gesagt, er sei nicht zu Hause, und er ist auch wirklich (obzwar dir unbewusst) ausgegangen, wo denn der Mörder ihm im Weggehen begegnete und seine Tat an ihm verübte: so kannst du mit Recht als Urheber des Todes desselben angeklagt werden [...] Wer also *lügt*, so gutmütig er dabei auch gesinnt sein mag, muss die Folgen davon, selbst vor dem bürgerlichen Gerichtshofe, verantworten [...], weil Wahrhaftigkeit eine Pflicht ist [...], deren Gesetz, wenn man ihr auch nur die geringste Ausnahme einräumt, schwankend und unnütz gemacht wird.

6. Georg Wilhelm Friedrich Hegel

Georg Wilhelm Friedrich Hegel (1770-1831), eine der bedeutendsten Gestalten der Philosophiegeschichte, genoss ab 1788 zusammen mit Schelling und Hölderlin eine hochschulähnliche Ausbildung am „Tübinger Stift". 1793 wurde er Hauslehrer in Bern und Frankfurt, dann Redakteur in Bamberg. Von 1808-1815 war *Hegel* Rektor eines Gymnasiums in Nürnberg. Es folgten Berufungen nach Heidelberg 1816 und vor allem nach Berlin auf den dort seit dem Tode Fichtes vakanten philosophischen Lehrstuhl 1818.

Hegels wichtigste Schriften sind die *Phänomenologie des Geistes*, die *Wissenschaft der Logik*, die *Enzyklopädie der philosophischen Wissenschaften im Grundrisse*, schließlich die *Grundlinien der Philosophie des Rechts*. Hegels große Vorlesungen in Berlin sind weiterhin, in Wiederaufnahme bereits in Jena und Nürnberg abgehandelter Themen, die *Geschichte der Philosophie* und die *Ästhetik*, sowie neu die *Religionsphilosophie* (1821) und die *Philosophie der Weltgeschichte* (zuerst 1822/23).

Während *Kant*, mit einem späteren Schlagwort, dessen Referenzort vor allem der Name *Max Webers* bezeichnet, „gesinnungsethisch" argumentiert, markiert *Hegel* den Weg vom „subjektiven" zum „objektiven Idealismus". Für *Hegel* kann der Kantische „kategorische Imperativ" als letztlich subjektives und unbestimmbares Element keine relevanten Inhalte hervorbringen. *Hegel* transformiert darum die Ethik *Kants* in seine Rechtsphilosophie. Moralische Gehalte müssen letztlich, wenn sie eine Wahrheit beanspruchen wollen, substanziell und inhaltlich manifestiert werden. In einem realen Gemeinwesen müssen sie sich zu einem durchgesetzten Recht, zur Rechtsobjektivität entwickeln. Hieran ist auch *Hegels* Freiheitsbegriff geknüpft. Denn bei Erfüllung dieser Forderung bzw. Annahme bedarf es keiner besonderen Individuen und Taten mehr, vielmehr heißt Tugend dann letztlich, den Gesetzen zu gehorchen.

Literatur:

Walter Jaeschke, *Hegel-Handbuch. Leben – Werk – Schule,* (Metzler) Stuttgart-Weimar 2003 (zusammenfassendes Werk aus der Feder des Leiters des Bochumer Hegel-Archivs mit Informationen gemäß dem Untertitel; S. 364 ff. zur *Rechtsphilosophie*)

Thomas S. Hoffmann, *Hegel. Eine Propädeutik*, Wiesbaden 2003 (413 ff. zur Rechtsphil.)

Herbert Schnädelbach, *Hegel zur Einführung*, (Junius) Hamburg 1999 (Kritik an Hegel)

Ders. (Hrsg.), *Hegels Philosophie. Kommentare zu den Hauptwerken*, 3 Bde. Frankfurt/M. 2000. Bd. 1: Ludwig Siep, Der Weg zur Phänomenologie des Geistes; Bd. 2: H. Schnädelbach, Hegels praktische Philosophie; Bd. 3: Herrmann Drüe – Annemarie Gethmann-Siefert – Christa Hackenesch – Walter Jaeschke – Wolfgang Neuser – Herbert Schnädelbach: Hegels Enzyklopädie der philosophischen Wissenschaften

Ludwig Siep (Hrsg.), *G. W. F. Hegel, Grundlinien der Philosophie des Rechts* (Klassiker Auslegen), Berlin 1998 (Stand der Forschung; zu Siep vgl. in diesem Buch S. 33-35)

Volker Steenblock, *Hegel*. In ders.: Faszination Denken. (bsv) München 2000, 84-94 (erste didaktische Hinführung zu Hegels Philosophieren); ders.: *Wie vernünftig ist die Welt?* In: B. Kensmann – L. Siep (Hrsg.), Mehr Licht! Politisches Philosophieren, Münster 2003, 63-79.

Charles Taylor, *Hegel*, 3. Aufl. Frankfurt/M. 1997 (zu Taylor vgl. in diesem Buch S. 43 ff.)

Grundlinien der Philosophie des Rechts[1]

Vorrede

Man kann zwar von denen, die es am gründlichsten zu nehmen scheinen, hören, die Form sei etwas Äußeres und für die Sache Gleichgültiges, es komme nur auf diese an; man kann weiter das Geschäft des Schriftstellers, insbesondere des philosophischen, darein setzen, *Wahrheiten* zu entdecken, *Wahrheiten* zu sagen, *Wahrheiten* und richtige Begriffe zu verbreiten. Wenn man nun betrachtet, wie solches Geschäft wirklich betrieben zu werden pflegt, so sieht man einesteils denselben alten Kohl immer wieder aufkochen und nach allen Seiten hin ausgeben – ein Geschäft, das wohl auch sein Verdienst um die Bildung und Erweckung der Gemüter haben wird, wenn es gleich mehr als ein vielgeschäftiger Überfluss angesehen werden könnte, – „denn sie haben Moses und die Propheten, lass sie dieselbigen hören". Vornehmlich hat man vielfältige Gelegenheit, sich über den Ton und die Prätention, die sich dabei zu erkennen gibt, zu verwundern, nämlich als ob es der Welt nur noch an diesen eifrigen Verbreitern von Wahrheiten gefehlt hätte und als ob der aufgewärmte Kohl neue und unerhörte Wahrheiten brächte und vornehmlich immer in „jetziger Zeit" hauptsächlich zu beherzigen wäre. Andernteils aber sieht man, was von solchen Wahrheiten von der einen Seite her ausgegeben wird, durch eben dergleichen von andern Seiten her ausgespendete Wahrheiten verdrängt und weggeschwemmt werden. Was nun in diesem Gedränge von Wahrheiten weder Altes noch Neues, sondern Bleibendes sei, wie soll dieses aus diesen formlos hin- und hergehenden Betrachtungen sich herausheben – wie anders sich unterscheiden und bewähren als durch die Wissenschaft?

Ohnehin über *Recht, Sittlichkeit, Staat* ist die *Wahrheit* eben *so sehr alt, als in den öffentlichen Gesetzen, der öffentlichen Moral und Religion offen dargelegt und bekannt*.

---

[1] G. W. F. Hegel´s Werke. Vollständige Ausgabe durch einen Verein von Freunden des Verewigten, Achter Band: Grundlinien der Philosophie des Rechts oder Naturrecht und Staatswissenschaft im Grundrisse. Hrsg. von Eduard Gans, Berlin 2. Aufl. 1840. Verlag von Duncker und Humblot, 5-10, 18-20; 161-163; 172-174; 175; 178; 208-210.

Was bedarf diese Wahrheit weiter, insofern der denkende Geist sie in dieser nächsten Weise zu besitzen nicht zufrieden ist, als sie auch *zu begreifen* und dem schon an sich selbst vernünftigen Inhalt auch die vernünftige Form zu gewinnen, damit er für das freie Denken gerechtfertigt erscheine, welches nicht bei dem *Gegebenen*, es sei durch die äußere positive Autorität des Staats oder der Übereinstimmung der Menschen, oder durch die Autorität des inneren Gefühls und Herzens und das unmittelbar beistimmende Zeugnis des Geistes unterstützt, stehen bleibt, sondern von sich ausgeht und eben damit fordert, sich im Innersten mit der Wahrheit geeint zu wissen?

Das einfache Verhalten des unbefangenen Gemütes ist, sich mit zutrauensvoller Überzeugung an die öffentlich bekannte Wahrheit zu halten und auf diese feste Grundlage seine Handlungsweise und feste Stellung im Leben zu bauen. Gegen dieses einfache Verhalten tut sich etwa schon die vermeinte Schwierigkeit auf, wie aus den unendlich *verschiedenen Meinungen* sich das, was darin das allgemein Anerkannte und Gültige sei, unterscheiden und herausfinden lasse; und man kann diese Verlegenheit leicht für einen rechten und wahrhaften Ernst um die Sache nehmen. In der Tat sind aber die, welche sich auf diese Verlegenheit etwas zugute tun, in dem Falle, den Wald vor den Bäumen nicht zu sehen, und es ist nur die Verlegenheit und Schwierigkeit vorhanden, welche sie selbst veranstalten; Ja diese ihre Verlegenheit und Schwierigkeit ist vielmehr der Beweis, dass sie etwas anderes als das allgemein Anerkannte und Geltende, als die Substanz des Rechten und Sittlichen wollen. Denn ist es darum wahrhaft, und nicht um die *Eitelkeit* und *Besonderheit* des Meinens und Seins zu tun, so hielten sie sich an das substantielle Rechte, nämlich an die Gebote der Sittlichkeit und des Staats, und richteten ihr Leben danach ein. – Die weitere Schwierigkeit aber kommt von der Seite, dass der Mensch *denkt* und im Denken seine Freiheit und den Grund der Sittlichkeit sucht. Dieses Recht, so hoch, so göttlich es ist, wird aber in Unrecht verkehrt, wenn nur dies für Denken gilt und das Denken nur dann sich frei weiß, insofern es vom *Allgemein-Anerkannten und Gültigen abweiche* und sich etwas *Besonderes* zu erfinden gewusst habe.

Am festesten konnte in unserer Zeit die Vorstellung, als ob die Freiheit des Denkens und des Geistes überhaupt sich nur durch die Abweichung, ja Feindschaft gegen das öffentlich Anerkannte beweise, in *Beziehung auf den Staat* eingewurzelt (zu ergänzen: sein) und hiernach absonderlich eine Philosophie über den Staat wesentlich die Aufgabe zu haben scheinen, *auch* eine *Theorie* und eben eine neue und besondere zu erfinden und zu geben. Wenn man diese Vorstellung und das ihr gemäße Treiben sieht, so sollte man meinen, als ob noch kein Staat und Staatsverfassung in der Welt gewesen noch gegenwärtig vorhanden sei, sondern als ob man *jetzt* – und dies *Jetzt* dauert immer fort – ganz von vorne anzufangen und die sittliche Welt nur auf ein solches jetziges Ausdenken und Ergründen und Begründen gewartet habe. Von der *Natur* gibt man zu, dass die Philosophie sie zu erkennen habe, *wie sie ist,* dass der Stein der Weisen *irgendwo,* aber in der *Natur selbst* verborgen liege, dass sie in *sich vernünftig* sei und das Wissen diese in ihr gegenwärtige, *wirkliche* Vernunft, nicht die auf der Oberfläche sich zeigenden Gestaltungen und Zufälligkeiten, sondern ihre ewige Harmonie, aber als ihr *immanentes* Gesetz und Wesen zu erforschen und begreifend zu fassen habe. Die *sittliche* Welt dagegen, der Staat, sie, die Vernunft, wie sie sich im Elemente des Selbstbewusstseins verwirklicht, soll nicht des

Glücks genießen, dass es die Vernunft ist, welche in der Tat in diesem Elemente sich zur Kraft und Gewalt gebracht habe, darin behaupte und inwohne. Das geistige Universum soll vielmehr dem Zufall und der Willkür preisgegeben, es soll gottverlassen sein, so dass nach diesem Atheismus der sittlichen Welt das *Wahre sich außer* ihr befinde und zugleich, weil doch auch Vernunft darin sein soll, das Wahre nur ein Problem sei. Hierin aber liege die Berechtigung, ja die Verpflichtung für jedes Denken, auch seinen Anlauf zu nehmen, doch nicht um den Stein der Weisen *zu suchen*, denn durch das Philosophieren unserer Zeit ist das Suchen erspart und jeder gewiss, so wie er steht und geht, diesen Stein in seiner Gewalt zu haben. Nun geschieht es freilich, dass diejenigen, welche in dieser Wirklichkeit des Staats leben und ihr Wissen und Wollen darin befriedigt finden, – und deren sind viele, ja mehr als es meinen und wissen, denn *im Grunde* sind es alle, – dass also wenigstens diejenigen, welche mit Bewusstsein ihre Befriedigung im Staate haben, jener Anläufe und Versicherungen lachen und sie für ein bald lustigeres oder ernsteres, ergötzliches oder gefährliches, leeres Spiel nehmen. Jenes unruhige Treiben der Reflexion und Eitelkeit, sowie die Aufnahme und Begegnung, welche sie erfährt, wäre nun eine Sache für sich, die sich auf ihre Weise in sich entwickelt; aber es ist die *Philosophie* überhaupt, welche sich durch jenes Getriebe in mannigfaltige Verachtung und Misskredit gesetzt hat. Die schlimmste der Verachtungen ist diese, dass wie gesagt jeder, wie er so steht und geht, über die Philosophie überhaupt Bescheid zu wissen und abzusprechen imstande zu sein überzeugt ist. Keiner anderen Kunst und Wissenschaft wird diese letzte Verachtung bezeigt, zu meinen, dass man sie geradezu innehabe.

[...]

So soll denn diese Abhandlung, insofern sie die Staatswissenschaft enthält, nichts anderes sein, als der Versuch, *den Staat als ein in sich Vernünftiges zu begreifen* und *darzustellen*. Als philosophische Schrift muss sie am entferntesten davon sein, einen *Staat, wie er sein soll,* konstruieren zu sollen; die Belehrung, die in ihr liegen kann, kann nicht darauf gehen, den Staat zu belehren, wie er sein soll, sondern vielmehr, wie er, das sittliche Universum, erkannt werden soll.

Ιδου Ροδος, ιδου και το πηδημα.
Hic Rhodus, hic saltus.

Das, *was ist,* zu begreifen, ist die Aufgabe der Philosophie, denn das, *was ist,* ist die Vernunft. Was das Individuum betrifft, so ist ohnehin jedes ein *Sohn seiner Zeit,* so ist auch die Philosophie *ihre Zeit in Gedanken erfasst*. Es ist ebenso töricht zu wähnen, irgendeine Philosophie gehe über ihre gegenwärtige Welt hinaus, als, ein Individuum überspringe seine Zeit, springe über Rhodus hinaus. Geht seine Theorie in der Tat drüber hinaus, baut es sich eine Welt, *wie sie sein soll,* so existiert sie wohl, aber nur in seinem Meinen – einem weichen Elemente, dem sich alles Beliebige einbilden lässt. Mit weniger Veränderung würde jene Redensart lauten:

Hier ist die Rose, *hier* tanze.

Was zwischen der Vernunft als selbstbewusstem Geiste und der Vernunft als vorhandener Wirklichkeit liegt, was jene Vernunft von dieser scheidet und in ihr nicht die Befriedigung finden lässt, ist die Fessel irgendeines Abstraktums, das nicht zum Begriffe befreit ist. Die Vernunft als die Rose im Kreuze der Gegenwart zu erkennen und damit dieser sich zu erfreuen, diese vernünftige Einsicht ist die *Versöhnung* mit der Wirklichkeit, welche die Philosophie denen gewährt, an die einmal die innere Anforderung ergangen ist, zu *begreifen* und in dem, was substantiell ist, ebenso die subjektive Freiheit zu erhalten sowie mit der subjektiven Freiheit nicht in einem Besonderen und Zufälligen, sondern in dem, was an und für sich ist, zu stehen.

Dies ist es auch, was den konkreteren Sinn dessen ausmacht, was oben abstrakter als *Einheit der Form* und *des Inhalts* bezeichnet worden ist, denn die *Form* in ihrer konkretesten Bedeutung ist die Vernunft als begreifendes Erkennen, und der Inhalt die Vernunft als das substantielle Wesen der sittlichen wie der natürlichen Wirklichkeit; die bewusste Identität von beidem ist die philosophische Idee. – Es ist ein großer Eigensinn, der Eigensinn, der dem Menschen Ehre macht, nichts in der Gesinnung anerkennen zu wollen, was nicht durch den Gedanken gerechtfertigt ist, – und dieser Eigensinn ist das Charakteristische der neueren Zeit, ohnehin das eigentümliche Prinzip des Protestantismus. Was *Luther* als Glauben im Gefühl und im Zeugnis des Geistes begonnen, es ist dasselbe, was der weiterhin gereifte Geist im *Begriffe* zu fassen und so in der Gegenwart sich zu befreien und dadurch in ihr sich zu finden bestrebt ist. Wie es ein berühmtes Wort geworden ist, dass eine halbe Philosophie von Gott abführe – und es ist dieselbe Halbheit, die das Erkennen in eine *Annäherung* zur Wahrheit setzt –, die wahre Philosophie aber zu Gott führe, so ist es dasselbe mit dem Staate. So wie die Vernunft sich nicht mit der Annäherung, als welche weder kalt noch warm ist und darum ausgespien wird, begnügt, ebenso wenig begnügt sie sich mit der kalten Verzweiflung, die zugibt, dass es in dieser Zeitlichkeit wohl schlecht oder höchstens mittelmäßig zugehe, aber eben in ihr nichts Besseres zu haben und nur darum Frieden mit der Wirklichkeit zu halten sei; es ist ein wärmerer Friede mit ihr, den die Erkenntnis verschafft.

Um noch über das *Belehren*, wie die Welt sein soll, ein Wort zu sagen, so kommt dazu ohnehin die Philosophie immer zu spät. Als der *Gedanke* der Welt erscheint sie erst in der Zeit, nachdem die Wirklichkeit ihren Bildungsprozess vollendet und sich fertig gemacht hat. Dies, was der Begriff lehrt, zeigt notwendig ebenso die Geschichte, dass erst in der Reife der Wirklichkeit das Ideale dem Realen gegenüber erscheint und jenes sich dieselbe Welt, in ihrer Substanz erfasst, in Gestalt eines intellektuellen Reichs erbaut. Wenn die Philosophie ihr Grau in Grau malt, dann ist eine Gestalt des Lebens alt geworden, und mit Grau in Grau lässt sie sich nicht verjüngen, sondern nur erkennen; die Eule der Minerva beginnt erst mit der einbrechenden Dämmerung ihren Flug.

Doch es ist Zeit, dieses Vorwort zu schließen; als Vorwort kam ihm ohnehin nur zu, äußerlich und subjektiv von dem Standpunkt der Schrift, der es vorangeschickt ist, zu sprechen. Soll philosophisch von einem Inhalte gesprochen werden, so verträgt er nur eine wissenschaftliche, objektive Behandlung, wie denn auch dem Verfasser Widerrede anderer Art als eine wissenschaftliche Abhandlung der Sache selbst nur für ein subjektives Nachwort und beliebige Versicherung gelten und ihm gleichgültig sein muss.

Berlin, den 25. Juni 1820.

§ 124

Indem auch die subjektive *Befriedigung* des Individuums selbst (darunter die Anerkennung seiner in Ehre und Ruhm) in der Ausführung *an und für sich geltender* Zwecke enthalten ist, so ist beides, die Forderung, dass nur ein solcher als gewollt und erreicht erscheine, wie die Ansicht, als ob die objektiven und die subjektiven Zwecke einander im Wollen ausschließen, eine leere Behauptung des abstrakten Verstandes. Ja sie wird zu etwas Schlechtem, wenn sie darein übergeht, die subjektive Befriedigung, weil solche (wie immer in einem vollbrachten Werke) vorhanden, als die *wesentliche* Absicht des Handelnden und den objektiven Zweck als ein solches zu behaupten, das ihm nur ein Mittel zu jener gewesen sei. – Was das Subjekt ist, ist die Reihe seiner Handlungen. Sind diese eine Reihe wertloser Produktionen, so ist die Subjektivität des Wollens ebenso eine wertlose; ist dagegen die Reihe seiner Taten substantieller Natur, so ist es auch der innere Wille des Individuums.

Das Recht der *Besonderheit* des Subjekts, sich befriedigt zu finden, oder, was dasselbe ist, das Recht der *subjektiven Freiheit* macht den Wende- und Mittelpunkt in dem Unterschiede des *Altertums* und der *modernen* Zeit. Dies Recht in seiner Unendlichkeit ist im Christentum ausgesprochen und zum allgemeinen wirklichen Prinzip einer neuen Form der Welt gemacht worden. Zu dessen näheren Gestaltungen gehören die Liebe, das Romantische, der Zweck der ewigen Seligkeit des Individuums usf., – alsdann die Moralität und das Gewissen, ferner die anderen Formen, die teils im folgenden als Prinzip der bürgerlichen Gesellschaft und als Momente der politischen Verfassung sich hervortun werden, teils aber überhaupt in der Geschichte, insbesondere in der Geschichte der Kunst, der Wissenschaften und der Philosophie auftreten. – Dies Prinzip der Besonderheit ist nun allerdings ein Moment des Gegensatzes und zunächst wenigstens *ebenso wohl* identisch mit dem Allgemeinen als unterschieden von ihm. Die abstrakte Reflexion fixiert aber dies Moment in seinem Unterschiede und Entgegensetzung gegen das Allgemeine und bringt so eine Ansicht der Moralität hervor, dass diese nur als feindseliger Kampf gegen die eigene Befriedigung perenniere – die Forderung

„mit Abscheu zu tun, was die Pflicht gebeut."

Eben dieser Verstand bringt diejenige psychologische Ansicht der Geschichte hervor, welche alle großen Taten und Individuen damit klein zu machen und herabzuwürdigen versteht, dass sie Neigungen und Leidenschaften, die aus der substantiellen Wirksamkeit gleichfalls ihre Befriedigung fanden, sowie Ruhm und Ehre und andere Folgen, überhaupt die besondere Seite, welche er vorher zu etwas für sich Schlechtem dekretierte, zur Hauptabsicht und wirkenden Triebfeder der Handlungen umschafft; – er versichert, weil große Handlungen und die Wirksamkeit, die in einer Reihe solcher Handlungen bestand, Großes in der Welt hervorgebracht und für das *handelnde Individuum* die Folge der Macht, der Ehre und des Ruhms gehabt, so gehöre nicht jenes Große, sondern nur dies Besondere und Äußerliche, das davon auf das Individuum fiel, diesem an; weil dies Besondere Folge, so sei es darum auch als Zweck, und zwar selbst als einziger Zweck gewesen. – Solche Reflexion hält sich an das Subjektive der großen Individuen, als in welchem sie selbst steht, und *übersieht* in dieser selbstgemachten Eitelkeit das Substantielle derselben; – es ist die Ansicht „der psychologischen Kammerdiener, für welche es keine Helden gibt, nicht weil diese keine Helden, sondern weil jene nur die Kammerdiener sind".

§ 135

Diese Bestimmungen sind aber in der Bestimmung der Pflicht selbst nicht enthalten, sondern indem beide bedingt und beschränkt sind, führen sie eben damit den Übergang in die höhere Sphäre des *Unbedingten*, der Pflicht, herbei. Der Pflicht selbst, insofern sie im moralischen Selbstbewusstsein das Wesentliche oder Allgemeine desselben ist, wie es sich innerhalb seiner auf sich nur bezieht, bleibt damit nur die abstrakte Allgemeinheit, (sie) hat die inhaltslose Identität oder das abstrakte Positive, das Bestimmungslose zu ihrer Bestimmung.

So wesentlich es ist, die reine unbedingte Selbstbestimmung des Willens als die Wurzel der Pflicht herauszuheben, wie denn die Erkenntnis des Willens erst durch die *Kantische* Philosophie ihren festen Grund und Ausgangspunkt durch den Gedanken seiner unendlichen Autonomie gewonnen hat [...], so sehr setzt die Festhaltung des bloß moralischen Standpunkts, der nicht in den Begriff der Sittlichkeit übergeht, diesen Gewinn zu einem *leeren Formalismus* und die moralische Wissenschaft zu einer Rednerei von *der Pflicht um der Pflicht* willen herunter. Von diesem Standpunkt aus ist keine immanente Pflichtenlehre möglich; man kann *von außen* her wohl einen Stoff hereinnehmen und dadurch auf *besondere* Pflichten kommen, aber aus jener Bestimmung der Pflicht, als dem *Mangel des Widerspruchs, der formellen Übereinstimmung mit sich*, welche nichts anderes ist als die Festsetzung der abstrakten Unbestimmtheit, kann nicht zur Bestimmung von besonderen Pflichten übergegangen werden, noch wenn ein solcher besonderer Inhalt für das Handeln zur Betrachtung kommt, liegt ein Kriterium in jenem Prinzip, ob er eine Pflicht sei oder nicht. Im Gegenteil kann alle unrechtliche und unmoralische Handlungsweise auf diese Weise gerechtfertigt werden. – Die weitere *Kantische* Form, die Fähigkeit einer Handlung, als *allgemeine* Maxime vorgestellt zu werden, führt zwar die konkretere Vorstellung eines Zustandes herbei, aber enthält für sich kein weiteres Prinzip als jenen Mangel des Widerspruchs und die formelle Identität. – Dass kein Eigentum statt findet, enthält für sich ebenso wenig einen Widerspruch, als dass dieses oder jenes einzelne Volk, Familie usf. nicht existiere oder dass überhaupt *keine Menschen leben*. Wenn es sonst für sich fest und vorausgesetzt ist, dass Eigentum und Menschenleben sein und respektiert werden soll, dann ist es ein Widerspruch, einen Diebstahl oder Mord zu begehen; ein Widerspruch kann sich nur mit etwas ergeben, das ist, mit einem Inhalt, der als festes Prinzip zum Voraus zugrunde liegt. In Beziehung auf ein solches ist erst eine Handlung entweder damit übereinstimmend oder im Widerspruch. Aber die Pflicht, welche nur als solche, nicht um eines Inhalts willen, gewollt werden soll, die *formelle Identität* ist eben dies, allen Inhalt und Bestimmung auszuschließen.

§ 137

Das wahrhafte Gewissen ist die Gesinnung, das, was *an und* für sich gut ist, zu wollen; es hat daher feste Grundsätze, und zwar sind ihm diese die für sich objektiven Bestimmungen und Pflichten. Von diesem seinem Inhalte, der Wahrheit, unterschieden, ist es nur die *formelle Seite* der Tätigkeit des Willens, der als *dieser* keinen eigentümlichen Inhalt hat. Aber das objektive System dieser Grundsätze und Pflichten und die Vereinigung des subjektiven Wissens mit demselben ist erst auf dem Standpunkte der Sittlichkeit vorhanden. Hier auf dem formellen Standpunkte der Moralität ist das Gewissen ohne diesen objektiven Inhalt, so für sich die unendliche formelle Gewissheit seiner selbst, die eben darum zugleich als die Gewissheit dieses Subjekts ist.

Das *Gewissen* drückt die absolute Berechtigung des subjektiven Selbstbewusstseins aus, nämlich in sich und aus sich selbst zu wissen, was Recht und Pflicht ist, und nichts anzuerkennen, als was es so als das Gute weiß, zugleich in der Behauptung, dass, was es so weiß und will, in *Wahrheit* Recht und Pflicht ist. Das Gewissen ist als diese Einheit des subjektiven Wissens und dessen, was an und für sich ist, ein Heiligtum, welches anzutasten Frevel wäre. Ob aber das Gewissen eines *bestimmten Individuums* dieser Idee des Gewissens gemäß ist, ob das, was *es für gut hält* oder ausgibt, auch wirklich gut ist, dies erkennt sich allein aus dem *Inhalt* dieses Gutseinsollenden. Was Recht und Pflicht ist, ist *als das* an und für sich Vernünftige der Willensbestimmungen wesentlich weder das *besondere* Eigentum eines Individuums noch in der Form von Empfindung oder sonst einem einzelnen, d. i. sinnlichen Wissen, sondern wesentlich von *allgemeinen*, gedachten Bestimmungen, d. i. in der Form von *Gesetzen* und *Grundsätzen*. Das Gewissen ist daher diesem Urteil unterworfen, ob es *wahrhaft* ist oder nicht, und seine Berufung nur auf sein *Selbst* ist unmittelbar dem entgegen, was es sein will, die Regel einer vernünftigen, an und für sich gültigen allgemeinen Handlungsweise. Der Staat kann deswegen das Gewissen in seiner eigentümlichen Form, d. i. als *subjektives Wissen* nicht anerkennen, sowenig als in der Wissenschaft die subjektive *Meinung*, die *Versicherung* und *Berufung* auf eine subjektive Meinung, eine Gültigkeit hat. Was im wahrhaften Gewissen nicht unterschieden ist, ist aber unterscheidbar, und es ist die bestimmende Subjektivität des Wissens und Wollens, welche sich von dem wahrhaften Inhalte trennen, sich für sich setzen und denselben zu einer *Form* und Schein herabsetzen kann. Die Zweideutigkeit in Ansehung des Gewissens liegt daher darin, dass es in der Bedeutung jener Identität des subjektiven Wissens und Wollens und des wahrhaften Guten vorausgesetzt und so als ein Heiliges behauptet und anerkannt wird und ebenso als die nur subjektive Reflexion des Selbstbewusstseins in sich doch auf die Berechtigung Anspruch macht, welche jener Identität selbst nur vermöge ihres an und für sich gültigen vernünftigen Inhalts zukommt. In den moralischen Standpunkt, wie er in dieser Abhandlung von dem sittlichen unterschieden wird, fällt nur das formelle Gewissen; das wahrhafte ist nur erwähnt worden, um seinen Unterschied anzugeben und das mögliche Missverständnis zu beseitigen, als ob hier, wo nur das formelle Gewissen betrachtet wird, von dem wahrhaften die Rede wäre, welches in der in der Folge erst vorkommenden sittlichen Gesinnung enthalten ist. Das religiöse Gewissen gehört aber überhaupt nicht in diesen Kreis.

§ 138

Diese Subjektivität, als die abstrakte Selbstbestimmung und reine Gewissheit nur ihrer selbst, *verflüchtigt* ebenso alle *Bestimmtheit* des Rechts, der Pflicht und des Daseins in sich, als sie die *urteilende* Macht ist, für einen Inhalt nur aus sich zu bestimmen, was gut ist, und zugleich die Macht, welcher das zuerst nur vorgestellte und sein *sollende* Gute eine *Wirklichkeit* verdankt.

Das Selbstbewusstsein, das überhaupt zu dieser absoluten Reflexion in sich gekommen ist, weiß sich in ihr als ein solches, dem alle vorhandene und gegebene Bestimmung nichts anhaben kann noch soll. Als allgemeinere Gestaltung in der Geschichte (bei Sokrates, den Stoikern usf.) erscheint die Richtung, nach innen in sich zu suchen und aus sich zu wissen und zu bestimmen, was recht und gut ist, in Epochen, wo das, was als das Rechte und Gute in der Wirklichkeit und Sitte gilt, den besseren Willen nicht befriedigen kann; wenn die vorhandene Welt der Freiheit ihm ungetreu geworden, findet er sich in den geltenden Pflichten nicht mehr und muss die in der Wirklichkeit verlorene Harmonie nur in der ideellen Innerlichkeit zu gewinnen suchen. Indem so das Selbstbewusstsein sein formelles Recht erfasst und erworben (hat), kommt es nun darauf an, wie der Inhalt beschaffen ist, den es sich gibt.

§ 149

Als *Beschränkung* kann die bindende Pflicht nur gegen die unbestimmte Subjektivität oder abstrakte Freiheit und gegen die Triebe des natürlichen oder des sein unbestimmtes Gute aus seiner Willkür bestimmenden moralischen Willens erscheinen. Das Individuum hat aber in der Pflicht vielmehr seine Befreiung, teils von der Abhängigkeit, in der es in dem bloßen Naturtriebe steht, sowie von der Gedrücktheit, in der es als subjektive Besonderheit in den moralischen Reflexionen des Sollens und Mögens ist, teils von der unbestimmten Subjektivität, die nicht zum Dasein und der objektiven Bestimmtheit des Handelns kommt und *in sich* und als eine Unwirklichkeit bleibt. In der Pflicht befreit das Individuum sich zur substantiellen Freiheit.

§ 150

Das Sittliche, insofern es sich an dem individuellen durch die Natur bestimmten Charakter als solchem reflektiert, ist die *Tugend*, die, insofern sie nichts zeigt als die einfache Angemessenheit des Individuums an die Pflichten der Verhältnisse, denen es angehört, *Rechtschaffenheit* ist.

Was der Mensch tun müsse, *welches* die Pflichten sind, die er zu erfüllen hat, um tugendhaft zu sein, ist in einem sittlichen Gemeinwesen leicht zu sagen, – es ist nichts anderes von ihm zu tun, als was ihm in seinen Verhältnissen vorgezeichnet, ausgesprochen und bekannt ist. Die Rechtschaffenheit ist das Allgemeine, was an ihn teils rechtlich, teils sittlich gefordert werden kann. Sie erscheint aber für den moralischen Standpunkt leicht als etwas Untergeordneteres, über das man an sich und andere noch mehr fordern müsse; denn die Sucht, etwas *Besonderes* zu sein, genügt sich nicht mit dem, was das An- und Fürsichseiende und Allgemeine ist; sie findet erst in einer Ausnahme das Bewusstsein der Eigentümlichkeit. – Die *verschiedenen Seiten* der Rechtschaffenheit können ebensogut auch *Tugenden* genannt werden, weil sie eben so sehr Eigentum – obwohl in der Vergleichung mit anderen nicht besonderes – des *Individuums* sind. Das Reden aber von der Tugend grenzt leicht an leere Deklamation, weil damit nur von einem Abstrakten und Unbestimmten gesprochen wird, so wie auch solche Rede mit ihren Gründen und Darstellungen sich an das Individuum als an eine Willkür und subjektives Belieben wendet. Unter einem vorhandenen sittlichen Zustande, dessen Verhältnisse vollständig entwickelt und verwirklicht sind, hat die eigentliche Tugend nur in außerordentlichen Umständen und Kollisionen jener Verhältnisse ihre Stelle und Wirklichkeit; – in wahrhaften *Kollisionen*, denn die moralische Reflexion kann sich allenthalben Kollisionen erschaffen und sich das Bewusstsein von etwas Besonderem und von gebrachten *Opfern* geben. Im ungebildeten Zustande der Gesellschaft und des Gemeinwesens kommt deswegen mehr die Form der Tugend als solcher vor, weil hier das Sittliche und dessen Verwirklichung mehr ein individuelles Belieben und eine eigentümliche geniale Natur des Individuums ist, wie denn die Alten besonders von Herkules die Tugend prädiziert [hergeleitet] haben. Auch in den alten Staaten, weil in ihnen die Sittlichkeit nicht zu diesem freien System einer selbständigen Entwicklung und Objektivität gediehen war, musste es die eigentümliche Genialität der Individuen sein, welche diesen Mangel ersetze.

7. Arthur Schopenhauer

Arthur Schopenhauer (1788-1860) war der Sohn eines begüterten Danziger Kaufmanns und konnte so, nachdem er zunächst Privatdozent in Berlin gewesen war, von ererbtem väterlichen Vermögen als Privatgelehrter in Frankfurt leben. Eine Daguerrotypie von 1854 zeigt den spöttischen, schwarzgalligen Alten (hiernach auch die Karikatur). Beim Anblick elender Sträflinge in Toulon gewann Schopenhauer die Überzeugung, dass das Leben doch sozusagen „überhaupt so" sei: „Die Welt ist eben die Hölle", so schrieb er später im Paragraphen 156 der *Parerga und Paralipomena*, „und die Menschen sind einerseits die gequälten Seelen und andererseits die Teufel darin."

Geprägt vielleicht von familiären psychischen Determinanten (der depressiven Lebensangst des Vaters, der selbstbewussten Mutter Johanna, Schriftstellerin, die in ihrem Weimarer Salon auch jenes unstandesgemäße Mädchen Christiane Vulpius, die spätere Frau *Goethe*, empfing und mit der der Sohn sich später überwarf), geprägt auch von enttäuschtem Ehrgeiz (da die Welt erst spät sein Genie zu würdigen wusste) und als erbitterter Gegner *Hegels* (dieser sei ein „Zusammenschmierer sinnleerer, rasender Wortgeflechte, wie man sie bis dahin nur in Tollhäusern vernommen" habe), sieht *Schopenhauer* die Welt und die Menschen nicht von einem höheren Plan, sondern von einem blinden, irrationalen, ziellosen und in den Individuen gegen sich selber wütenden „Willen" beherrscht.

Dieser „Wille" ist der Schlüssel für *Schopenhauers* Interpretation der Gesamtwirklichkeit; er hat, von *Kant* her gedacht, geradezu den Status eines „Dinges an sich": außerhalb von Raum und Zeit, „hinter" aller Kausalität, Empirie und Fachwissenschaft stehend, treibt er uns unvermeidlich an. Er ist darum kein Objekt unter Objekten und „empirisch" nicht zu therapieren. Diesem „Willen", den man z. B. in der Sexualität sich äußern sehen kann, in der wir das Elend fortsetzen statt die Gattung durch Askese selbst auszulöschen, kann man nicht befehlen. Eine Hypertrophie dieses Willens hat nämlich quasi als „Unfall" Geist, Bewusstsein und Genie ermöglicht, die sich dem Willen gegenüberstellen und ihn negieren können.

Die Kunst, vor allem die Musik, erfährt in der Philosophie *Schopenhauers* dadurch eine besondere Würdigung, dass sie, wenn auch nur, wie er sagt, „auf Augenblicke", den Willen still stellen und damit das Leben erträglich machen kann. Weil die Kunst in Produktion wie Rezeption nur befristet vom Willen zum Leben und damit vom Leiden befreien kann, bleibt sie in aber in *Schopenhauers* Weltsicht doch ein Vorletztes:

Das vierte Buch seiner Schrift über *Die Welt als Wille und Vorstellung* behandelt das ethische Thema als das letzte unter dem Titel: „Bei erreichter Selbsterkenntnis, Bejahung und Verneinung des Willens zum Leben". Einigen wenigen, den angesprochenen „Heiligen", gelingt nämlich die Überwindung des Willens zum Leben. Für sie gilt, in einer berühmt gewordenen Formulierung zum Abschluss des vierten Buches:

> „Wir bekennen es vielmehr frei: was nach gänzlicher Aufhebung des Willens übrig bleibt, ist für alle die, welche noch des Willens voll sind, allerdings nichts. Aber auch umgekehrt ist denen, in welchen der Wille sich gewendet und verneint hat, diese unsere so sehr reale Welt mit allen ihren Sonnen und Milchstraßen – nichts".[1]

Literatur:

Walter Abendroth, *Schopenhauer*, Reinbek bei Hamburg 1967 u.ö.

Dieter Birnbacher, *Schopenhauer und das ethische Problem des Selbstmords.* In: Schopenhauer-Jahrbuch 66 (1985), 115-130

Ders. (Hrsg.), *Schopenhauer in der Philosophie der Gegenwart.* Würzburg: Königshausen & Neumann 1996 (Beiträge zur Philosophie Schopenhauers Bd. 1)

Ders., *Arthur Schopenhauer. Wille und Weltverneinung.* In: M. Fleischer – J. Hennigfeld (Hrsg.). Philosophen des 19. Jahrhunderts. Eine Einführung. Darmstadt 1998, 123-143 (Sehr empfehlenswerte Einführung in einem zur Philosophiegeschichte des 19. Jahrhunderts überhaupt empfehlenswerten Buch; weitere Artikel über die auch im vorliegenden Band vertretenen Autoren Hegel, Nietzsche und Dilthey)

Rüdiger Safranski, *Schopenhauer und die wilden Jahre der Philosophie*, Reinbek 1990 (in seiner Darstellungsweise hochgelobtes, spannendes Buch)

Alfred Schmidt, *Idee und Weltwille*. Schopenhauer als Kritiker Hegels, München 1988

Volker Steenblock, *Gewalt und Leiden in der Geschichte.* In: Philosophie. Beiträge zur Unterrichtspraxis 25 (1991), 70-80 (Argumente und Gegenargumente zum Pessimismus)

Parerga und Paralipomena (Auszug)[2]

§ 142

Die *Zeit*, die *Vergänglichkeit* aller Dinge in ihr und mittelst ihrer ist bloß die Form, unter welcher dem Willen zum Leben, der als Ding an sich unvergänglich ist, die *Nichtigkeit* jenes Strebens sich offenbart.

---

[1] Für weitere Texte und Bildmaterialien zu Schopenhauer vgl. wiederum: Volker Steenblock, *Faszination Denken*, (bsv) München 2000, 95 ff.

[2] Nachträge zur Lehre von der Nichtigkeit des Daseins/Nachträge zur Lehre vom Leiden in der Welt. (Parerga und Paralipomena II), Angabe in Paragraphen. Arthur Schopenhauers sämtliche Werke, hrsgg. von Paul Deussen, München 1911-1927 Bd. 5, 1913, S. 308 ff. und [187 f.]. Text leicht überarbeitet, ohne Zwischenmarkierungen und nicht immer in Wiedergabe der vollen Paragraphenlänge.

Diese Nichtigkeit findet ihren Ausdruck an der ganzen Form des Daseins, an der Unendlichkeit der Zeit und des Raums, gegenüber der Endlichkeit des Individuums in beiden; an der dauerlosen Gegenwart als der alleinigen Daseinsweise der Wirklichkeit; an der Abhängigkeit und Relativität aller Dinge, am steten Werden ohne Sein, am steten Wünschen ohne Befriedigung; an der steten Hemmung des Sterbens, durch die das Leben besteht, bis dasselbe ein Mal überwunden wird. Die Zeit ist das, vermöge dessen alles jeden Augenblick unter unseren Händen zu nichts wird; – wodurch es allen wahren Wert verliert.

§ 144

Unser Dasein hat keinen Grund und Boden, darauf es fußte, als die dahinschwindende Gegenwart. Daher hat es wesentlich die beständige *Bewegung* zur Form, ohne Möglichkeit der von uns stets angestrebten Ruhe. Es gleicht dem Laufe eines bergab Rennenden, der, wenn er stillstehn wollte, fallen müsste und nur durch Weiterrennen sich auf den Beinen erhält – ebenfalls der auf der Fingerspitze balancierten Stange – wie auch dem Planeten, der in seine Sonne fallen würde, sobald er aufhörte, unaufhaltsam vorwärts zu eilen. – Also Unruhe ist der Typus des Daseins.

In einer solchen Welt, wo keine Stabilität irgendeiner Art, kein dauernder Zustand möglich, sondern alles in rastlosem Wirbel und Wechsel begriffen ist, alles eilt, fliegt, sich auf dem Seile durch stetes Schreiten und Bewegen aufrecht erhält, – lässt Glückseligkeit sich nicht einmal denken. Sie kann nicht wohnen, wo Plato's „beständiges Werden und nie Sein" allein stattfindet. Zuvörderst: keiner ist glücklich, sondern strebt sein Leben lang nach einem vermeintlichen Glücke, welches er selten erreicht und auch dann nur, um enttäuscht zu werden: in der Regel aber läuft zuletzt jeder schiffbrüchig und entmastet in den Hafen ein. Dann aber ist es auch einerlei, ob er glücklich oder unglücklich gewesen, in einem Leben, welches bloß aus dauerloser Gegenwart bestanden hat und jetzt zu Ende ist.

§ 146

Versucht man, die Gesamtheit der Menschenwelt in *einem* Blick zusammenzufassen; so erblickt man überall einen rastlosen Kampf, ein gewaltiges Ringen mit Anstrengung aller Körper- und Geisteskräfte um Leben und Dasein, drohenden und jeden Augenblick treffenden Gefahren und Übeln aller Art gegenüber. – Und betrachtet man dann den Preis, dem alles dieses gilt, das Dasein und Leben selbst, so findet man einige Zwischenräume schmerzloser Existenz, auf welche sogleich die Langeweile Angriff macht und welche neue Not schnell beendigt. – Dass hinter der *Not* sogleich die *Langeweile* liegt, welche sogar die klügeren Tiere befällt, ist eine Folge davon, dass das Leben keinen *wahren echten Gehalt* hat, sondern bloß durch Bedürfnis und Illusion in *Bewegung* erhalten wird: sobald aber diese stockt, tritt die gänzliche Kahlheit und Leere des Daseins zutage.

§ 149

Wie der Bach keine Strudel macht, solange er auf keine Hindernisse trifft, so bringt die menschliche wie die tierische Natur es mit sich, dass wir alles, was unserm Willen gemäß geht, nicht recht merken und innewerden. Sollen wir es merken, so muss es nicht sogleich unserm Willen gemäß gegangen sein, sondern irgendeinen Anstoß gefunden haben. – Hingegen alles, was unserm Willen sich entgegenstellt, ihn durchkreuzt, ihm widerstrebt, also alles Unangenehme und Schmerzliche empfinden wir unmittelbar, sogleich und sehr deutlich. Wie wir die Gesundheit unsers ganzen Leibes *nicht fühlen,* sondern nur die kleine Stelle, wo uns der Schuh drückt; so denken wir auch nicht an unsere gesamten vollkommen wohlgehenden Angelegenheiten, sondern an irgend eine unbedeutende Kleinigkeit, die uns verdrießt.– Hierauf beruht die von mir öfter hervorgehobene Negativität des Wohlseins und Glücks im Gegensatz der Positivität des Schmerzes.

Ich kenne demnach keine größere Absurdität als die der meisten metaphysischen Systeme, welche das Übel für etwas Negatives erklären; während es gerade das Positive, das sich selbst fühlbar machende ist; hingegen das Gute, d. h. alles Glück und alle Befriedigung ist das Negative, nämlich das bloße Aufheben des Wunsches und Endigen einer Pein.

§ 153

Wegen der oben in Erinnerung gebrachten Negativität des Wohlseins und Genusses im Gegensatz der Positivität des Schmerzes ist das Glück eines gegebenen Lebenslaufes nicht nach dessen Freuden und Genüssen abzuschätzen, sondern nach der Abwesenheit der Leiden als des Positiven. Dann aber erscheint das Los der Tiere erträglicher als das des Menschen. Wir wollen beide etwas näher betrachten.

So mannigfaltig auch die Formen sind, unter denen das Glück und Unglück des Menschen sich darstellt und ihn zum Verfolgen oder Fliehen anregt; so ist doch die materielle Basis von dem allen der körperliche Genuss oder Schmerz. Diese Basis ist sehr schmal: es ist Gesundheit, Nahrung, Schutz vor Nässe und Kälte und Geschlechtsbefriedigung; oder aber der Mangel an diesen Dingen. Folglich hat der Mensch an realem physischem Genusse nicht mehr denn das Tier; als etwa nur, insofern sein höher potenziertes Nervensystem die Empfindung jedes Genusses, jedoch auch die jedes Schmerzes steigert. Allein, wie sehr viel stärker sind die Affekte, welche in ihm erregt werden, als die des Tieres! Wie ungleich tiefer und heftiger wird sein Gemüt bewegt! – um zuletzt doch nur dasselbe Resultat zu erlangen: Gesundheit, Nahrung, Bedeckung usw. [...]

Zu bewundern ist es inzwischen, wie mittelst der Zutat des Denkens, welches dem Tiere abgeht, auf derselben schmalen Basis der Leiden und Freuden, die auch das Tier hat, das so hohe und weitläufige Gebäude des Menschenglückes und Unglücks sich erhebt, in Beziehung auf welches sein Gemüt so starken Affekten, Leidenschaften und Erschütterungen preisgegeben ist, dass das Gepräge derselben in bleibenden Zügen auf seinem Gesichte lesbar wird; während doch am Ende und im Realen es sich nur um dieselben Dinge handelt, die auch das Tier erlangt, und zwar mit unvergleichlich geringerem Aufwande von Affekten und Qualen. Durch dieses alles aber wächst im Menschen das Maß des Schmerzes viel mehr als das des Genusses und wird nun noch speziell dadurch gar sehr vergrößert, dass er vom Tode wirklich *weiß;* während das Tier diesen nur instinktiv flieht, ohne ihn eigentlich zu kennen und daher ohne jemals ihn wirklich ins Auge zu fassen wie der Mensch, der diesen Prospekt [Ausblick] stets vor sich hat. Wenn nun also auch nur wenige Tiere natürlichen Todes sterben, die meisten aber nur so viel Zeit gewinnen, ihr Geschlecht fortzupflanzen und dann, wenn nicht schon froher, die Beute eines andern werden, der Mensch allein hingegen es dahin gebracht hat, dass in seinem Geschlechte der sogenannte natürliche Tod zur Regel geworden ist, die inzwischen beträchtliche Ausnahmen leidet; so bleiben aus obigem Grunde die Tiere doch im Vorteil. überdies aber erreicht er sein wirklich natürliches Lebensziel ebenso selten wie jene; weil die Widernatürlichkeit seiner Lebensweise, nebst seinen Anstrengungen und Leidenschaften, und die durch alles dieses entstandene Degeneration der Rasse ihn selten dahin gelangen lässt.

[Die Tiere sind viel mehr als wir durch das bloße Dasein befriedigt; die Pflanze ist es ganz und gar, der Mensch je nach dem Grade seiner Stumpfheit. Dementsprechend enthält das Leben des Tieres weniger Leiden, aber auch weniger Freuden als das menschliche. Dies beruht zunächst darauf, dass es einerseits von der *Sorge und Besorgnis,* nebst ihrer Qual, frei bleibt, andererseits aber auch die eigentliche *Hoffnung* entbehrt und daher jener Antizipation einer freudigen Zukunft durch die Gedanken, nebst der diese begleitenden von der Einbildungskraft hin- zugegebenen beseligenden Phantasmagorie, dieser Quelle unserer meisten und größten Freuden und Genüsse, nicht teilhaft wird, folglich in diesem Sinne hoffnungslos ist: beides, weil sein Bewusstsein auf das Anschauliche und dadurch auf die Gegenwart beschränkt ist; daher es nur in Beziehung auf Gegenstände, die in dieser bereits anschaulich vorliegen, ein mithin äußerst kurz angebundenes Fürchten und Hoffen kennt, während das menschliche einen Gesichtskreis hat, der das ganze Leben umfasst, ja darüber hinausgeht. -Aber eben infolge hiervon erscheinen die Tiere, mit uns verglichen, in *einem* Betracht wirklich weise, nämlich im ruhigen, ungetrübten Genusse der Gegenwart – das Tier ist die verkörperte Gegenwart: die augenscheinliche Gemütsruhe, deren es dadurch teilhaft ist, beschämt oft unsern durch Gedanken und Sorgen häufig unruhigen und unzufriedenen Zustand. Und sogar die in Rede stehenden Freuden der Hoffnung und Antizipation haben wir nicht unentgeltlich. Was nämlich einer durch das Hoffen und Erwarten einer Befriedigung zum voraus genießt, geht nachher, als vom wirklichen Genuss derselben vorweggenommen, von diesem ab, indem die Sache selbst dann um so weniger befriedigt. Das Tier hingegen bleibt, wie vom Vorgenuss, so auch von dieser Deduktion vom Genusse frei und genießt so nach das Gegenwärtige und Reale selbst ganz und unvermindert. Und ebenfalls drücken auch die übel auf dasselbe bloß mit ihrer wirklichen und eigenen Schwere, während uns das Fürchten und Vorhersehn, η προσδοκια των κακων (die Angst vor dem Übel), diese oft verzehnfacht].

§ 154

Hat sich uns nun im obigen ergeben, dass die erhöhte Erkenntniskraft es ist, welche das Leben des Menschen schmerzensreicher macht als das des Tieres; so können wir dieses auf ein allgemeineres Gesetz zurückführen und dadurch einen viel weiteren Überblick erlangen. Erkenntnis ist an sich selbst stets schmerzlos. Der Schmerz trifft allein den *Wil-*

len und besteht in der Hemmung, Hinderung, Durchkreuzung desselben: dennoch ist dazu erfordert, dass diese Hemmung von der Erkenntnis begleitet sei. Wie nämlich das Licht den Raum nur dann erhellt, wann Gegenstände da sind, es zurückzuwerfen; wie der Ton der Resonanz bedarf und der Schall überhaupt nur dadurch, dass die Wellen der vibrierenden Luft sich an harten Körpern brechen, weit hörbar wird; daher er auf isolierten Bergspitzen auffallend schwach ausfällt, ja schon ein Gesang im Freien wenig Wirkung tut – ebenso nun muss die Hemmung des *Willens,* um als Schmerz empfunden zu werden, von der *Erkenntnis,* welcher doch an sich selbst aller Schmerz fremd ist, begleitet sein.

§ 155

In früher Jugend sitzen wir vor unserm bevorstehenden Lebenslauf wie die Kinder vor dem Theatervorhang in froher und gespannter Erwartung der Dinge, die da kommen sollen – ein Glück, dass wir nicht wissen, was wirklich kommen wird! Denn wer es weiß, dem können zuzeiten die Kinder vorkommen wie unschuldige Delinquenten, die zwar nicht zum Tode, hingegen zum Leben verurteilt sind, jedoch den Inhalt ihres Urteils noch nicht vernommen haben. – Nichtsdestoweniger wünscht jeder sich ein hohes Alter, also einen Zustand, darin es heißt: „Es ist heute schlecht und wird nun täglich schlechter werden – bis das Schlimmste kommt."

§ 156

Wenn man, soweit es annäherungsweise möglich ist, die Summe von Not, Schmerz und Leiden jeder Art sich vorstellt, welche die Sonne in ihrem Laufe bescheint; so wird man einräumen, dass es viel besser wäre, wenn sie auf der Erde sowenig wie auf dem Monde hätte das Phänomen des Lebens hervorrufen können, sondern, wie auf diesem, so auch auf jener die Oberfläche sich noch im kristallinischen Zustande befände. –

Man kann auch unser Leben auffassen als eine unnützerweise störende Episode in der seligen Ruhe des Nichts. Jedenfalls wird selbst der, dem es darin erträglich ergangen, je länger er lebt, desto deutlicher inne, da es im ganzen „a disappointment, nay, a cheat" [eine Enttäuschung, sogar eine Täuschung] ist oder, deutsch zu reden, den Charakter einer großen Mystifikation, nicht zu sagen: einer Prellerei trägt. –

Wenn zwei Jugendfreunde nach der Trennung eines ganzen Menschenalters sich als Greise wiedersehn, so ist das vorherrschende Gefühl, welches ihr eigener Anblick, weil an ihn sich die Erinnerung früherer Zeit knüpft, gegenseitig erregt, das des gänzlichen *Disappointment über das ganze Leben,* als welches ehemals im rosigen Morgenlichte der Jugend so schön vor ihnen lag, so viel versprach und so wenig gehalten hat. Dies Gefühl herrscht bei ihrem Wiedersehn so entschieden vor, dass sie gar nicht einmal nötig erachten, es mit Worten auszudrücken, sondern, es gegenseitig stillschweigend voraussetzend, auf dieser Grundlage weitersprechen.

Wer zwei oder gar drei Generationen des Menschengeschlechts erlebt, dem wird zumute wie dem Zuschauer der Vorstellungen der Gaukler aller Art in Buden während der

Messe, wenn er sitzen bleibt und eine solche Vorstellung zwei- oder dreimal hintereinander wiederholen sieht: die Sachen waren nämlich nur auf *eine* Vorstellung berechnet, machen daher keine Wirkung mehr, nachdem die Täuschung und die Neuheit verschwunden ist.

Man möchte toll werden, wenn man die überschwänglichen Anstalten betrachtet, die zahllosen flammenden Fixsterne im unendlichen Raum, die nichts weiter zu tun haben, als Welten zu beleuchten, die der Schauplatz der Not und des Jammers sind und im glücklichsten Fall nichts abwerfen als Langeweile – wenigstens nach dem uns bekannten Probestück zu urteilen. – Sehr zu *beneiden* ist niemand, sehr zu *beklagen* unzählige. – Das Leben ist ein Pensum zum Abarbeiten: in diesem Sinne ist defunctus [tot] ein schöner Ausdruck. –

Man denke sich einmal, dass der Zeugungsakt weder ein Bedürfnis noch von Wollust begleitet, sondern eine Sache der reinen, vernünftigen Überlegung wäre: könnte wohl dann das Menschengeschlecht noch bestehn? Würde nicht vielmehr jeder soviel Mitleid mit der kommenden Generation gehabt haben, dass er ihr die Last des Daseins lieber erspart oder wenigstens es nicht hätte auf sich nehmen mögen, sie kaltblütig ihr aufzulegen? –

Die Welt ist eben *die Hölle,* und die Menschen sind einerseits die gequälten Seelen und andererseits die Teufel darin.

Da werde ich wohl wieder vernehmen müssen, meine Philosophie sei trostlos – eben nur weil ich nach der Wahrheit rede, die Leute aber hören wollen, Gott der Herr habe alles wohlgemacht. Geht in die Kirche und lasst die Philosophen in Ruhe! Wenigstens verlangt nicht, dass sie ihre Lehren eurer Abrichtung gemäß einrichten sollen: das tun die Lumpe, die Philosophaster; bei denen könnt ihr euch Lehren nach Belieben bestellen. [...]

Überhaupt aber schreiet gegen eine solche Ansicht der Welt als des gelungenen Werkes eines allweisen, allgütigen und dabei allmächtigen Wesens zu laut einerseits das Elend, dessen sie voll ist, und andererseits die augenfällige Unvollkommenheit und selbst burleske Verzerrung der vollendetsten ihrer Erscheinungen, der menschlichen. [...] In der Tat ist die Oberzeugung, dass die Welt, also auch der Mensch etwas ist, das eigentlich nicht sein sollte, geeignet, uns mit Nachsicht gegeneinander zu erfüllen: denn was kann man von Wesen unter solchem Prädikament [im Vorhinein erfolgende Hinweisung (auf eine Sache)] erwarten? – Ja, von diesem Gesichtspunkt aus könnte man auf den Gedanken kommen, dass die eigentlich passende Anrede zwischen Mensch und Mensch statt „Monsieur", „Sir" usw. sein möchte „Leidensgefährte, soci malorum, compagnon de miseres, my fellow-sufferer". So seltsam dies klingen mag, so entspricht es doch der Sache, wirft auf den andern das richtigste Licht und erinnert an das Nötigste: an die Toleranz, Geduld, Schonung und Nächstenliebe, deren jeder bedarf und die daher auch jeder schuldig ist.

8. Friedrich Nietzsche

Friedrich Nietzsche (1844-1900) gilt als „Erdbeben" und umstrittenstes philosophisches Ereignis des 19. Jahrhunderts. Er entstammte einem protestantischen Pfarrhaus in Röcken in Sachsen. In Bonn und Leipzig studierte er klassische Philologie, war von 1869 bis 1879 (unorthodoxer) Professor dieses Faches in Basel und lebte danach vor allem in Italien (bis zum Ausbruch seiner Geisteskrankheit 1889). Nietzsche starb im Jahre 1900 nach Jahren geistiger Umnachtung in der Klassikerstadt Weimar.

Nietzsche schrieb in geschliffenen Formulierungen und Aphorismen, Metaphern und Bildern und mit dichterischer Kraft. Als „Philosoph mit dem Hammer" kritisierte er die zweitausendjährigen europäischen Moralvorstellungen, die durch Platon, Judentum und Christentum geschaffen wurden (Text 1). In den 1930er Jahren ist Nietzsche darum nationalsozialistisch vereinnahmt worden, obwohl er, der alle „Herdenmoral" verachtet hat, mit den Erscheinungen dieser Zeit schwerlich in eins zu setzen ist.

Die „Überwindung der Moral" im *Nietzsche*schen Sinne (Text 2) erweist sich als ebenso schwieriges wie doppeldeutiges Unternehmen, ist der Mensch doch vom Grunde seines Wesens auf eine solche Sinnbildung aus (Text 3).

Die Schrift *Über Wahrheit und Lüge im außermoralischen Sinne* stellt bis heute eine der glänzendsten erkenntnistheoretischen Schriften der Philosophiegeschichte überhaupt dar. Die „Wahrheit", weit davon entfernt, in einem letztlich einfachen und abgesicherten Grundverhältnis zu erscheinen, erweist sich als ein Produkt komplexester und äußerst ambivalenter Prozesse (Text 4).

Mit dem Konstrukt des „Übermenschen" (Text 5), der nicht mehr in undurchschauten Traditionen verharrt, hat *Nietzsche* einen der bis heute umstrittensten Beiträge zur Philosophie geleistet. Der „Übermensch" setzt selbst Werte und sieht nach dem „Tode Gottes" dem letzten Gedanken ins Auge: dem des „amor fati", des Ja-Sagens zur ewigen Wiederkehr des Schicksals. So plädiert *Nietzsche* schließlich am Ende „für das Ideal des übermütigsten lebendigsten und weltbejahendsten Menschen, der sich nicht nur mit dem, was war und ist, abgefunden und vertragen gelernt hat, sondern es, *so wie es war und ist*, wieder haben will, in alle Ewigkeit hinaus, unersättlich da capo rufend, nicht nur zu sich, sondern zum ganzen Stücke und Schauspiele".[1]

Literatur:

Curt Paul Janz: *Friedrich Nietzsche*. Biographie, München 1978, 1993

Volker Gerhardt, *Friedrich Nietzsche*. (Beck´sche Reihe Denker), München 1992

---

[1] Jenseits von Gut und Böse § 56, Werke Bd. VII, Leipzig 1903, 80.

1. Zur Genealogie der Moral I, § 7[2]

Man wird bereits erraten haben, wie leicht sich die priesterliche Wertungs-Weise von der ritterlich-aristokratischen abzweigen und dann zu deren Gegensatz fortentwickeln kann; wozu es insonderheit jedes Mal einen Anstoß gibt, wenn die Priesterkaste und die Kriegerkaste einander eifersüchtig entgegentreten und über den Preis miteinander nicht einig werden wollen. Die ritterlich-aristokratischen Werturteile haben zu ihrer Voraussetzung eine mächtige Leiblichkeit, eine blühende, reiche, selbst überschäumende Gesundheit, samt dem, was deren Erhaltung bedingt, Krieg, Abenteuer, Jagd, Tanz, Kampfspiele und alles überhaupt, was starkes, freies, frohgemutes Handeln in sich schließt. Die priesterlich-vornehme Wertungs-Weise hat – wir sahen es – andre Voraussetzungen: schlimm genug für sie, wenn es sich um Krieg handelt! Die Priester sind, wie bekannt, die *bösesten Feinde* – weshalb doch? Weil sie die ohnmächtigsten sind. Aus der Ohnmacht wächst bei ihnen der Hass ins Ungeheure und Unheimliche, ins Geistigste und Giftigste. Die ganz großen Hasser in der Weltgeschichte sind immer Priester gewesen, auch die geistreichsten Hasser – gegen den Geist der priesterlichen Rache kommt überhaupt aller übrige Geist kaum in Betracht. Die menschliche Geschichte wäre eine gar zu dumme Sache ohne den Geist, der von den Ohnmächtigen her in sie gekommen ist – nehmen wir sofort das größte Beispiel. Alles, was auf Erden gegen „die Vornehmen", „die Gewaltigen", „die Herren", „die Machthaber" getan worden ist, ist nicht der Rede wert im Vergleich mit dem, was die *Juden* gegen sie getan haben; die Juden, jenes priesterliche Volk, das sich an seinen Feinden und Überwältigern zuletzt nur durch eine radikale Umwertung von deren Werten, also durch einen Akt der *geistigsten Rache* Genugtuung zu schaffen wusste. So allein war es eben einem priesterlichen Volke gemäß, dem Volke der zurückgetretensten priesterlichen Rachsucht. Die Juden sind es gewesen, die gegen die aristokratische Wertgleichung (gut = vornehm = mächtig = schön = glücklich = gottgeliebt) mit einer furchteinflößenden Folgerichtigkeit die Umkehrung gewagt und mit den Zähnen des abgründlichsten Hasses (des Hasses der Ohnmacht) festgehalten haben, nämlich „die Elenden sind allein die Guten, die Armen, Ohnmächtigen, Niedrigen sind allein die Guten, die Leidenden, Entbehrenden, Kranken, Hässlichen sind auch die einzig Frommen, die einzig Gottseligen, für sie allein gibt es Seligkeit – dagegen ihr, ihr Vornehmen und Gewaltigen, ihr seid in alle Ewigkeit die Bösen, die Grausamen, die Lüsternen, die Unersättlichen, die Gottlosen, ihr werdet auch ewig die Unseligen, Verfluchten und Verdammten sein!"... Man weiß, *wer* die Erbschaft dieser jüdischen Umwertung gemacht hat ... Ich erinnere in Betreff der ungeheuren und über alle Maßen verhängnisvollen Initiative, welche die Juden mit dieser grundsätz-

---

[2] Friedrich Nietzsche Werke, Leipzig 1893 ff.: 1. Zur Genealogie der Moral I, § 7 = Bd. VII (1903), 312 f. – 2. Jenseits von Gut und Böse, § 32 = Bd. VII (1903), 51-53. – 3. Zur Genealogie der Moral III, § 28 = Bd. VII, 482-84. – 4. Über Wahrheit und Lüge im außermoralischen Sinne = Bd. X, (1903), 189-196. 5. – Also sprach Zarathustra, Vorrede 3 = Bd. VI (1893), 8-11. Schreibweisen den heutigen angepasst.

lichsten aller Kriegserklärungen gegeben haben, an den Satz, auf den ich bei einer andren Gelegenheit gekommen bin („Jenseits von Gut und Böse" [...]) – dass nämlich mit den Juden der *Sklavenaufstand in der Moral* beginnt: jener Aufstand, welcher eine zweitausendjährige Geschichte hinter sich hat und der uns heute nur deshalb aus den Augen gerückt ist, weil er – siegreich gewesen ist ...

2. Jenseits von Gut und Böse, § 32

Die längste Zeit der menschlichen Geschichte hindurch – man nennt sie die prähistorische Zeit – wurde der Wert oder der Unwert einer Handlung aus ihren Folgen abgeleitet: die Handlung an sich kam dabei ebenso wenig als ihre Herkunft in Betracht, sondern ungefähr so, wie heute noch in China eine Auszeichnung oder Schande vom Kinde auf die Eltern zurückgreift, so war es die rückwirkende Kraft des Erfolgs oder Misserfolgs, welche den Menschen anleitete, gut oder schlecht von einer Handlung zu denken. Nennen wir diese Periode die *vormoralische* Periode der Menschheit: der Imperativ „erkenne dich selbst!" war damals noch unbekannt. In den letzten zehn Jahrtausenden ist man hingegen auf einigen großen Flächen der Erde Schritt für Schritt so weit gekommen, nicht mehr die Folgen, sondern die Herkunft der Handlung über ihren Wert entscheiden zu lassen: ein großes Ereignis als Ganzes, eine erhebliche Verfeinerung des Blicks und Maßstabs, die unbewusste Nachwirkung von der Herrschaft aristokratischer Werte und des Glaubens an „Herkunft", das Abzeichen einer Periode, welche man im engern Sinne als die *moralische* bezeichnen darf: der erste Versuch zur Selbst-Erkenntnis ist damit gemacht. Statt der Folgen die Herkunft: welche Umkehrung der Perspektive! Und sicherlich eine erst nach langen Kämpfen und Schwankungen erreichte Umkehrung! Freilich: ein verhängnisvoller neuer Aberglaube, eine eigentümliche Engigkeit der Interpretation kam eben damit zur Herrschaft: man interpretierte die Herkunft einer Handlung im allerbestimmtesten Sinne als Herkunft aus einer *Absicht*, man wurde eins im Glauben daran, dass der Wert einer Handlung im Werte ihrer Absicht gelegen sei. Die Absicht als die ganze Herkunft und Vorgeschichte einer Handlung: unter diesem Vorurteile ist fast bis auf die neuste Zeit auf Erden moralisch gelobt, getadelt, gerichtet, auch philosophiert worden.– Sollten wir aber heute nicht bei der Notwendigkeit angelangt sein, uns nochmals über eine Umkehrung und Grundverschiebung der Werte schlüssig zu machen, dank einer nochmaligen Selbstbesinnung und Vertiefung des Menschen, – sollten wir nicht an der Schwelle einer Periode stehn, welche, negativ, zunächst als die *außermoralische* zu bezeichnen wäre: heute, wo wenigstens unter uns Immoralisten der Verdacht sich regt, dass gerade in dem, was *nichtabsichtlich* an einer Handlung ist, ihr entscheidender Wert belegen sei, und dass alle ihre Absichtlichkeit, alles, was von ihr gesehn, gewusst, „bewusst" werden kann, noch zu ihrer Oberfläche und Haut gehöre welche, wie jede Haut, etwas verrät, aber noch mehr verbirgt? Kurz, wir glauben, dass die Absicht nur ein Zeichen und Symptom ist, das erst der Auslegung bedarf, dazu ein Zeichen, das zu vielerlei und folglich für sich allein fast nichts bedeutet, – dass Moral, im bisherigen Sinne, also Absichten-Moral, ein Vorurteil gewesen ist, eine Voreiligkeit, eine Vorläufigkeit vielleicht, ein Ding etwa vom Range der Astrologie und Alchimie, aber jedenfalls etwas, das überwunden werden muss. Die Überwindung der Moral, in einem gewissen Verstande sogar die Selbstüberwindung der Moral: mag das der Name für jene lange geheime Arbeit sein, welche den feinsten und redlichsten, auch den boshaftesten Gewissen von heute, als lebendigen Probiersteinen der Seele, vorbehalten blieb. –

3. Zur Genealogie der Moral III, § 28

Sieht man vom asketischen Ideale ab: so hatte der Mensch, das *Tier* Mensch bisher keinen Sinn. Sein Dasein auf Erden enthielt kein Ziel; „wozu Mensch überhaupt?" – war eine Frage ohne Antwort; der *Wille* für Mensch und Erde fehlte; hinter jedem großen Menschen-Schicksale klang als Refrain ein noch größeres „Umsonst!" Das eben bedeutet das asketische Ideal: dass etwas *fehlte*, dass eine ungeheure Lücke den Menschen umstand – er wusste sich selbst nicht zu rechtfertigen, zu erklären, zu bejahen, er *litt* am Probleme seines Sinns. Er litt auch sonst, er war in der Hauptsache ein *krankhaftes* Tier: aber *nicht* das Leiden selbst war sein Problem, sondern dass die Antwort fehlte für den Schrei der Frage „*wozu* leiden?" Der Mensch, das tapferste und leidgewohnteste Tier, verneint an sich *nicht* das Leiden; *er will* es, er sucht es selbst auf, vorausgesetzt, dass man ihm einen Sinn dafür aufzeigt, ein *Dazu* des Leidens. Die Sinnlosigkeit des Leidens, *nicht* das Leiden, war der Fluch, der bisher über der Menschheit ausgebreitet lag – *und das asketische Ideal bot ihr einen Sinn!* Es war bisher der einzige Sinn; irgendein Sinn ist besser als gar kein Sinn; das asketische Ideal war in jedem Betracht das „*faute de mieux*" par excellence [„mangels des Besten" schlechthin], das es bisher gab. In ihm war das Leiden ausgelegt; die ungeheure Leere schien ausgefüllt; die Tür schloss sich vor allem selbstmörderischen Nihilismus zu. Die Auslegung – es ist kein Zweifel – brachte neues Leiden mit sich, tieferes, innerlicheres, giftigeres, am Leben nagenderes: sie brachte alles Leiden unter die Perspektive der Schuld ... Aber trotz alledem – der Mensch war damit *gerettet*, er hatte einen *Sinn*, er war fürderhin nicht mehr wie ein Blatt im Winde, ein Spielball des Unsinns, des „Ohne-Sinns", er konnte nunmehr etwas wollen – gleichgültig zunächst, wohin, wozu, womit er wollte: *der Wille selbst war gerettet.* Man kann sich schlechterdings nicht verbergen, was eigentlich jenes ganze Wollen ausdrückt, das vom asketischen Ideale her seine Richtung bekommen hat: dieser Hass gegen das Menschliche, mehr noch gegen das Tierische, mehr noch gegen das Stoffliche, dieser Abscheu vor den Sinnen, vor der Vernunft selbst, die Furcht vor dem Glück und der Schönheit, dieses Verlangen hinweg aus allem Schein, Wechsel, Werden, Tod, Wunsch, Verlangen selbst – das alles bedeutet, wagen wir es, dies zu begreifen, einen *Willen zum Nichts*, einen Widerwillen gegen das Leben, eine Auflehnung gegen die grundsätzlichsten Voraussetzungen des Lebens, aber es ist und bleibt ein Wille! ... Und, um es noch zum Schluss zu sagen, was ich anfangs sagte: lieber will noch der Mensch das *Nichts* wollen, als nicht wollen ...

4. Über Wahrheit und Lüge im außermoralischen Sinne (1873)

In irgendeinem abgelegenen Winkel des in zahllosen Sonnensystemen flimmernd ausgegossenen Weltalls gab es einmal ein Gestirn, auf dem kluge Tiere das Erkennen erfanden. Es war die hochmütigste und verlogenste Minute der „Weltgeschichte"; aber doch nur eine Minute. Nach wenigen Atemzügen der Natur erstarrte das Gestirn, und die klugen Tiere mussten sterben. – So könnte jemand eine Fabel erfinden und würde doch nicht genügend illustriert haben, wie kläglich, wie schattenhaft und flüchtig, wie zwecklos und beliebig sich der menschliche Intellekt innerhalb der Natur ausnimmt. Es gab Ewigkeiten, in denen er nicht war; wenn es wieder mit ihm vorbei ist, wird sich nichts begeben haben. Denn es gibt für jenen Intellekt keine weitere Mission, die über das Menschenleben hinausführte. Sondern menschlich ist er, und nur sein Besitzer und Erzeuger nimmt ihn so pathetisch, als ob die Angeln der Welt sich in ihm drehten. Könnten wir uns aber mit der Mücke verständigen, so würden wir vernehmen, dass auch sie mit diesem Pathos durch die Luft schwimmt und in sich das fliegende Zentrum dieser Welt fühlt. Es ist nichts so verwerflich und gering in der Natur, was nicht durch einen kleinen Anhauch jener Kraft des Erkennens sofort wie ein Schlauch aufgeschwellt würde; und wie jeder Lastträger seinen Bewunderer haben will, so meint gar der stolzeste Mensch, der Philosoph, von allen Seiten die Augen des Weltalls teleskopisch auf sein Handeln und Denken gerichtet zu sehen.

Es ist merkwürdig, dass dies der Intellekt zustande bringt, er, der doch gerade nur als Hilfsmittel den unglücklichsten, delikatesten, vergänglichsten Wesen beigegeben ist, um sie eine Minute im Dasein festzuhalten, aus dem sie sonst, ohne jene Beigabe, so schnell wie Lessings Sohn zu flüchten allen Grund hätten. Jener mit dem Erkennen und Empfinden verbundene Hochmut, verblendende Nebel über die Augen und Sinne der Menschen legend, täuscht sich also über den Wert des Daseins, dadurch, dass er über das Erkennen selbst die schmeichelhafteste Wertschätzung in sich trägt. Seine allgemeinste Wirkung ist Täuschung – aber auch die einzelnsten Wirkungen tragen etwas von gleichem Charakter an sich.

Der Intellekt als Mittel zur Erhaltung des Individuums entfaltet seine Hauptkräfte in der Verstellung; denn diese ist das Mittel, durch das die schwächeren, weniger robusten Individuen sich erhalten, als welchen einen Kampf um die Existenz mit Hörnern oder scharfem Raubtier-Gebiss zu führen versagt ist. Im Menschen kommt diese Verstellungskunst auf ihren Gipfel: hier ist die Täuschung, das Schmeicheln, Lügen und Trügen, das Hinter-dem-Rücken-Reden, das Repräsentieren, das im erborgten Glanze leben, das Maskiertsein, die verhüllende Konvention, das Bühnenspiel vor anderen und vor sich selbst, kurz das fortwährende Herumflattern um die eine Flamme Eitelkeit so sehr die Regel und das Gesetz, dass fast nichts unbegreiflicher ist, als wie unter den Menschen ein ehrlicher und reiner Trieb zur Wahrheit aufkommen konnte. Sie sind tief eingetaucht in Illusionen und Traumbilder, ihr Auge gleitet nur auf der Oberfläche der Dinge herum und sieht „Formen", ihre Empfindung führt nirgends in die Wahrheit, sondern begnügt sich, Reize zu empfangen und gleichsam ein tastendes Spiel auf dem Rücken der Dinge zu spielen. Dazu lässt sich der Mensch nachts ein Leben hindurch im Traume belügen, ohne dass sein moralisches Gefühl dies je zu verhindern suchte: während es Menschen geben soll, die durch starken Willen das Schnarchen beseitigt haben. Was weiß der Mensch eigentlich von sich selbst! Ja, vermöchte er auch nur sich einmal vollständig, hingelegt wie in einen erleuchteten Glaskasten, zu perzipieren? Verschweigt die Natur ihm nicht das allermeiste, selbst über seinen Körper, um ihn, abseits von den Windungen der Gedärme, dem raschen Fluss der Blutströme, den verwickelten Fasererzitterungen, in ein stolzes gauklerisches Bewusstsein zu bannen und einzuschließen! Sie warf den Schlüssel weg: und wehe der verhängnisvollen Neubegier, die durch eine Spalte einmal aus dem Bewusstseinszimmer heraus und hinab zu sehen vermöchte und die jetzt ahnte, dass auf dem Erbarmungslosen, dem Gierigen, dem Unersättlichen, dem Mörderischen der Mensch ruht in der Gleichgültigkeit seines Nichtwissens und gleichsam auf dem Rücken eines Tigers in Träumen hängend. Woher, in aller Welt, bei dieser Konstellation der Trieb zur Wahrheit!

Soweit das Individuum sich gegenüber andern Individuen erhalten will, benutzt es in einem natürlichen Zustand der Dinge den Intellekt zumeist nur zur Verstellung: weil aber der Mensch zugleich aus Not und Langeweile gesellschaftlich und herdenweise existieren will, braucht er einen Friedensschluss und trachtet danach, dass wenigstens das allergrößte *bellum omnium contra omnes* [Krieg eines jeden gegen jeden] aus seiner Welt verschwinde. Dieser Friedensschluss bringt etwas mit sich, was wie der erste Schritt zur Erlangung jenes rätselhaften Wahrheitstriebes aussieht. Jetzt wird nämlich das fixiert, was von nun an „Wahrheit" sein soll, das heißt, es wird eine gleichmäßig gültige und verbindliche Bezeichnung der Dinge erfunden, und die Gesetzgebung der Sprache gibt auch die ersten Gesetze der Wahrheit: denn es entsteht hier zum ersten Male der Kontrast von Wahrheit und Lüge. Der Lügner gebraucht die gültigen Bezeichnungen, die Worte, um das Unwirkliche als wirklich erscheinen zu machen; er sagt zum Beispiel: „Ich bin reich", während für seinen Zustand gerade „arm" die richtige Bezeichnung wäre. Er missbraucht die festen Konventionen durch beliebige Vertauschungen oder gar Umkehrungen der Namen. Wenn er dies in eigennütziger und übrigens Schaden bringender Weise tut, so wird ihm die Gesellschaft nicht mehr trauen und ihn dadurch von sich ausschließen. Die Menschen fliehen dabei das Betrogenwerden nicht so sehr als das Beschädigtwerden durch Betrug: sie hassen, auch auf dieser Stufe, im Grunde nicht die Täuschung, sondern die schlimmen, feindseligen Folgen gewisser Gattungen von Täuschungen. In einem ähnlichen beschränkten Sinne will der Mensch auch nur die Wahrheit: er begehrt die angenehmen, Leben erhaltenden Folgen der Wahrheit, gegen die reine folgenlose Erkenntnis ist er gleichgültig, gegen die vielleicht schädlichen und zerstörenden Wahrheiten sogar feindlich gestimmt. Und überdies: wie steht es mit jenen Konventionen der Sprache? Sind sie vielleicht Erzeugnisse der Erkenntnis, des Wahrheitssinnes, decken sich die Bezeichnungen und die Dinge? Ist die Sprache der adäquate Ausdruck aller Realitäten?

Nur durch die Vergesslichkeit kann der Mensch je dazu kommen zu wähnen, er besitze eine „Wahrheit" in dem eben bezeichneten Grade. Wenn er sich nicht Sprachbildner ganz unfasslich und ganz und gar nicht erstrebenswert. Er bezeichnet nur die Relationen der Dinge zu den Menschen und nimmt zu deren Ausdruck die kühnsten Metaphern zu Hilfe. Ein Nervenreiz, zuerst übertragen in ein Bild! Erste Metapher. Das Bild wird nachgeformt in einem Laut! Zweite Metapher. Und jedes Mal vollständiges Überspringen der Sphäre, mitten hinein in eine ganz andre und neue. Man kann sich einen Menschen denken, der ganz taub ist und nie eine Empfindung des Tones und der Musik gehabt hat: wie dieser etwa die Chladnischen [E. Chladni (1756-1827), dt. Physiker u. Akustiker] Klangfiguren im Sande anstaunt, ihre Ursachen im Erzittern der Saite findet und nun darauf schwören wird, jetzt müsse es wissen, was die Menschen den „Ton" nennen, so geht es uns allen mit der Sprache. Wir glauben etwas von den Dingen selbst zu wissen, wenn wir von Bäumen, Farben, Schnee und Blumen reden, und besitzen doch nichts als Metaphern der Dinge, die den ursprünglichen Wesenheiten ganz und gar nicht entsprechen. Wie der Ton als Sandfigur, so nimmt sich das rätselhafte X des Dings an sich einmal als Nervenreiz, dann als Bild, endlich als Laut aus. Logisch geht es also jedenfalls nicht bei der Entstehung der Sprache zu, und das ganze Material, worin und womit später der Mensch der Wahrheit, der Forscher, der Philosoph arbeitet und baut, stammt, wenn nicht aus Wolkenkukuksheim, so doch jedenfalls nicht aus dem Wesen der Dinge. [...]

Was ist also Wahrheit? Ein bewegliches Heer von Metaphern, Metonymien [Ersetzung eines Wortes durch einen verwandten Begriff], Anthropomorphismen [Vermenschlichungen], kurz eine Summe von menschlichen Relationen, die, poetisch und rhetorisch gesteigert, übertragen, geschmückt wurden und die nach langem Gebrauch einem Volke fest, kanonisch und verbindlich dünken: die Wahrheiten sind Illusionen, von denen man vergessen hat, dass sie welche sind, Metaphern, die abgenutzt und sinnlich kraftlos geworden sind, Münzen, die ihr Bild verloren haben und nun als Metall, nicht mehr als Münzen, in Betracht kommen.

5. Ich lehre euch den Übermenschen

Als Zarathustra in die nächste Stadt kam, die an den Wäldern liegt, fand er daselbst viel Volk versammelt auf dem Markte: Denn es war verheißen worden, dass man einen Seiltänzer sehen solle. Und Zarathustra sprach also zum Volke:
Ich lehre euch den Übermenschen. Der Mensch ist etwas, das überwunden werden soll. Was habt ihr getan, ihn zu überwinden?
Alle Wesen bisher schufen etwas über sich hinaus: Und ihr wollt die Ebbe dieser großen Flut sein und lieber noch zum Tiere zurückgehn, als den Menschen überwinden?
Was ist der Affe für den Menschen? Ein Gelächter oder eine schmerzliche Scham. Und eben das soll der Mensch für den Übermenschen sein: ein Gelächter oder eine schmerzliche Scham.
Ihr habt den Weg vom Wurme zum Menschen gemacht, und vieles ist in euch noch Wurm. Einst wart ihr Affen, und auch jetzt noch ist der Mensch mehr Affe, als irgend ein Affe.
Wer aber der Weiseste von euch ist, der ist auch nur ein Zwiespalt und Zwitter von Pflanze und von Gespenst. Aber heiße ich euch zu Gespenstern oder Pflanzen werden?
Seht, ich lehre euch den Übermenschen!
Der Übermensch ist der Sinn der Erde. Euer Wille sage: Der Übermensch sei der Sinn der Erde!

Ich beschwöre euch, meine Brüder, *bleibt der Erde treu* und glaubt denen nicht, welche euch von überirdischen Hoffnungen reden! Giftmischer sind es, ob sie es wissen oder nicht.

Verächter des Lebens sind es, Absterbende und selber Vergiftete, deren die Erde müde ist: So mögen sie dahinfahren!

Einst war der Frevel an Gott der größte Frevel, aber Gott starb, und damit starben auch diese Frevelhaften. An der Erde zu freveln, ist jetzt das Furchtbarste, und die Eingeweide des Unerforschlichen höher zu achten als den Sinn der Erde!

Einst blickte die Seele verächtlich auf den Leib: Und damals war diese Verachtung das Höchste – sie wollte ihn mager, grässlich, verhungert. So dachte sie ihm und der Erde zu entschlüpfen.

O diese Seele war selber noch mager, grässlich und verhungert: Und Grausamkeit war die Wollust dieser Seele!

Aber auch ihr noch, meine Brüder, sprecht mir: Was kündet euer Leib von eurer Seele? Ist eure Seele nicht Armut und Schmutz und ein erbärmliches Behagen?

Wahrlich, ein schmutziger Strom ist der Mensch. Man muss schon ein Meer sein, um einen schmutzigen Strom aufnehmen zu können, ohne unrein zu werden.

Seht, ich lehre euch den Übermenschen: Der ist dies Meer, in ihm kann eure große Verachtung untergehn.

Was ist das Größte, das ihr erleben könnt? Das ist die Stunde der großen Verachtung. Die Stunde, in der euch auch euer Glück zum Ekel wird und ebenso eure Vernunft und eure Tugend.

Die Stunde, wo ihr sagt: „Was liegt an meinem Glücke! Es ist Armut und Schmutz und ein erbärmliches Behagen. Aber mein Glück sollte das Dasein selber rechtfertigen!"

Die Stunde, wo ihr sagt: „Was liegt an meiner Vernunft! Begehrt sie nach Wissen wie der Löwe nach seiner Nahrung? Sie ist Armut und Schmutz und ein erbärmliches Behagen!"

Die Stunde, wo ihr sagt: „Was liegt an meiner Tugend! Noch hat sie mich nicht rasen gemacht. Wie müde bin ich meines Guten und meines Bösen! Alles das ist Armut und Schmutz und ein erbärmliches Behagen!"

Die Stunde, wo ihr sagt: „Was liegt an meiner Gerechtigkeit! Ich sehe nicht, dass ich Glut und Kohle wäre. Aber der Gerechte ist Glut und Kohle!"

Die Stunde, wo ihr sagt: „Was liegt an meinem Mitleiden! Ist nicht Mitleid das Kreuz, an das der genagelt wird, der die Menschen liebt? Aber mein Mitleiden ist keine Kreuzigung."

Spracht ihr schon so? Schriet ihr schon so? Ach, dass ich euch schon so schreien gehört hätte!

Nicht eure Sünde – eure Genügsamkeit schreit gen Himmel, euer Geiz selbst in eurer Sünde schreit gen Himmel!

Wo ist doch der Blitz, der euch mit seiner Zunge lecke? Wo ist der Wahnsinn, mit dem ihr geimpft werden müsstet?

Seht, ich lehre euch den Übermenschen: Der ist dieser Blitz, der ist dieser Wahnsinn!

– Als Zarathustra so gesprochen hatte, schrie einer aus dem Volke: „Wir hörten nun genug von dem Seiltänzer; nun lasst uns ihn auch sehen!" Und alles Volk lachte über Zarathustra. Der Seiltänzer aber, welcher glaubte, dass das Wort ihm gälte, machte sich an sein Werk.

9. Wilhelm Dilthey

Wilhelm Dilthey wurde 1833 in Biebrich bei Wiesbaden geboren und starb 1911 in Seis bei Bozen. Er war seit 1866 Professor in Basel, Kiel und Breslau, ab 1882 in Berlin. Ursprünglich von der Theologie ausgehend, wandte er sich schließlich der gesamten abendländischen Geistesgeschichte zu.

So hat man ihn lange gesehen: als den überaus gelehrten Historiker und vielseitigen Forscher auf den Gebieten der allgemeinen Geschichte, Religion, Philosophie und Literatur. Diltheys Wirkung und sein Einfluss bis heute sind aber noch aus anderen Gründen kaum zu überschätzen. Dilthey war einer der Hauptvertreter des „Historismus", d. h. er fasste die menschlich-geschichtliche Welt als historische auf und lehnte die überzeitliche Geltung von Normen und Weltanschauungen ab. Philosophisch ist Dilthey vom historischen Bewusstsein geprägt. Hatte noch Kant den erkenntnistheoretischen Standpunkt gemäß der Logik seines Ansatzes allen historischen Kontexten enthoben, so strebte Dilthey – statt einer *Kritik der reinen Vernunft* – eine „Kritik der historischen Vernunft" an. Je mehr man aber nun den vormals abstrakten Referenzort der Erkenntnis empirisch und historisch „ausweitete", um so mehr geriet der Transzendentalismus überhaupt ins Wanken. Indem der Historismus die Historizität auch des Phänomens „Vernunft" aufwies, lag es nahe, diese auf ihre konkreten historischen, nicht mehr transzendentalphilosophisch gedachten Bedingungsfaktoren hin zu untersuchen. Damit aber wäre Ansatz einer Grundlegung aller Erkenntnis an die Wandlungen und Widersprüchlichkeiten der Geschichte preisgegeben. Dies bedeutet, dass es keinen sicheren Punkt mehr gibt, von dem aus man Denksysteme mit überhistorischer Gültigkeit formulieren könnte.

In sehr prägnanter Form wird das kritische Potential des Historismus in dieser Hinsicht in Diltheys berühmten Ausführungen „Über den Widerstreit der Systeme" ausgespielt. Das historische Bewusstsein erhebt Protest, wenn etwas als in objektiver Überzeitlichkeit „ewig" und unüberholbar, ein für allemal gültig vorgestellt wird, was doch immer nur das Ergebnis unseres Arbeitens in der historischen Immanenz ist und diesen Stempel unablöslich mit sich führt. Jede Denkformation mit Universalanspruch gerät in dem Moment in das Schussfeld der Kritik, in dem historisch andere benennbar oder in der Gegenwart konkurrierende Systeme auszumachen sind, und sich deutlich machen läßt, dass auch jede beide umgreifende Metatheorie, die zwischen ihnen entscheiden könnte, mit dem Erscheinen neuer Metatheorien diesem Argument noch unterliegt. Auf diese Weise wird, wie man gesagt hat, „historistische Aufklärung" geleistet. Die Historisten haben ihre Einsichten als eine der größten Revolutionen, die das abendländische Denken erlebt hat, und die geschichtliche Weltanschauung überhaupt als „Befreierin des menschlichen Geistes von der letzten Kette, die Naturwissenschaften und Philosophie noch nicht zerrissen haben", mit Recht gefeiert (V, 9).[1]

---

[1] W. Dilthey, Gesammelte Schriften, Leipzig, später Stuttgart 1914 ff. (Zitiert mit römischer Band- und arabischer Seitenzahl).

Aber dieser Historismus hat auch eine fatale und gefährliche, weithin kritisierte Seite. Dem historischen Relativismus kann nämlich „Allesverstehen" zu einem „Alles-Verzeihen" werden. Dilthey selbst hat die Probleme einer Beliebigkeit verschiedenster Auffassungen, über deren Geltung man nicht mehr entscheiden kann, durchaus gesehen: „aber wo sind die Mittel, die Anarchie der Überzeugungen, die hereinzubrechen droht, zu überwinden?", so fragte er sich (V, 9).

Dilthey bestand aber darauf, dass der radikale Pluralismus und das historische Bewusstsein nicht orientierungslos machen; sie sollen schon „zu einer Kraft werden, das Künftige zu gestalten" (VIII, 204). Man kann zeigen, dass „Relativismus" und Normenanarchismus keine notwenige Konsequenz des historischen Bewusstseins darstellen, bedeutet doch die historische Bedingtheit aller Erkenntnis noch lange nicht, dass alle Ansichten „gleich gut" sind.

Literatur:

Volker Steenblock, *Wilhelm Dilthey: Über den Widerstreit der Systeme* („Philosophische Meisterstücke"). In: Zeitschrift für Didaktik der Philosophie und Ethik 19 (1997), 287-291; auch in: E. Nordhofen – E. Martens – J. Siebert (Hrsg.): *Philosophische Meisterstücke* (Reclam), Stuttgart 1998, 129-140

Über den Widerstreit der Systeme[2]

Unter den Gründen, welche dem Skeptizismus immer von neuem Nahrung geben, ist einer der wirksamsten die Anarchie der philosophischen Systeme. Zwischen dem geschichtlichen Bewusstsein von der grenzenlosen Mannigfaltigkeit derselben und dem Anspruch eines jeden von ihnen auf Allgemeingültigkeit besteht ein Widerspruch, welcher viel stärker als jede systematische Beweisführung den skeptischen Geist unterstützt. Grenzenlos, chaotisch liegt die Mannigfaltigkeit der philosophischen Systeme hinter uns und breitet sich um uns aus. In jeder Zeit, seitdem sie sind, haben sie einander ausgeschlossen und bekämpft. Und keine Hoffnung zeigt sich, dass eine Entscheidung unter ihnen herbeigeführt werden könnte. [...]

Wir blicken zurück auf ein unermessliches Trümmerfeld religiöser Traditionen, metaphysischer Behauptungen, demonstrierter Systeme: Möglichkeiten aller Art, den Zusammenhang der Dinge wissenschaftlich zu begründen, dichterisch darzustellen oder religiös zu verkünden, hat der Menschengeist durch viele Jahrhunderte versucht und durchgeprobt, und die methodische, kritische Geschichtsforschung erforscht jedes Bruchstück, jeden Rest dieser langen Arbeit unseres Geschlechts. Eins dieser Systeme schließt das ande-

---

[2] W. Dilthey, Gesammelte Schriften Bd. VIII, 1931, 75 ff.

re aus, eins widerlegt das andere, keines vermag sich zu beweisen: Nichts von der friedlichen Unterhaltung auf Raffaels Schule von Athen, welche der Ausdruck der eklektischen Tendenz jener Tage war, finden wir in den Quellen der Geschichte. So ist der Widerspruch zwischen dem zunehmenden geschichtlichen Bewusstsein und dem Anspruch der Philosophien auf Allgemeingültigkeit immer härter geworden, immer allgemeiner die Stimmung einer vergnüglichen Neubegier philosophischen Systemen gegenüber, welches Publikum es wohl um sich zu sammeln und wie lange es dasselbe wohl festzuhalten vermöge. [...]

Viel tiefer aber als die skeptischen Schlüsse aus der Gegensätzlichkeit menschlicher Meinungen reichen die Zweifel, welche aus der fortschreitenden Ausbildung des geschichtlichen Bewusstseins erwachsen sind. [...]

Die Entwicklungslehre, die so entstand, ist notwendig verbunden mit der Erkenntnis von der Relativität jeder geschichtlichen Lebensform. Vor dem Blick, der die Erde und alle Vergangenheiten umspannt, schwindet die absolute Gültigkeit irgendeiner einzelnen Form von Leben, Verfassung, Religion oder Philosophie. –

So zerstört die Ausbildung des geschichtlichen Bewusstseins gründlicher noch als der Überblick über den Streit der Systeme den Glauben an die Allgemeingültigkeit irgendeiner der Philosophien, welche den Weltzusammenhang in zwingender Weise durch einen Zusammenhang von Begriffen auszusprechen unternommen haben. Die Philosophie muss nicht in der Welt, sondern in dem Menschen den inneren Zusammenhang ihrer Erkenntnisse suchen. Das von den Menschen gelebte System – das zu verstehen ist der Wille des heutigen Menschen. Die Mannigfaltigkeit der Systeme, welche den Weltzusammenhang zu erfassen strebten, steht nun mit dem Leben in offenbarem Zusammenhang; sie ist einer der wichtigsten und belehrendsten Schöpfungen desselben, und so wird dieselbe Ausbildung des geschichtlichen Bewusstseins, welche ein so zerstörendes Werk an den großen Systemen getan hat, uns hilfreich sein müssen, den harten Widerspruch zwischen dem Anspruch auf Allgemeingültigkeit in jedem philosophischen System und der historischen Anarchie dieser Systeme aufzuheben.

10. Max Weber

Max Weber (1864-1920), Soziologe und liberaler Sozialpolitiker, Professor in Heidelberg und einer der bedeutendsten deutschen Gelehrten seiner Zeit und bis heute überhaupt, hat in seinem vielzitierten Programmaufsatz über *Die „Objektivität" sozialwissenschaftlicher und sozialpolitischer Erkenntnis* (1904) jene berühmte Forderung nach „Wertfreiheit" der Wissenschaft aufgestellt, für die er vor allem bekannt geworden ist.

Weber will zeigen, dass wissenschaftliche Erkenntnisse politische und normative Entscheidungen nicht direkt legitimieren können. Wissenschaft gibt hilfreiche, sachlich-technische Hinweise, mit welchen Mitteln und welchen Konsequenzen Handlungen erfolgen können. Man kann auf diese Weise Handlungen rational überprüfen – man kann sie aber nicht deduzieren. Folglich sollte kein Wissenschaftler lösen zu können vorgeben, was er als Wissenschaftler nicht lösen kann: grundsätzliche Sinnfragen, Normen und Wertentscheidungen. Im folgend abgedruckten Textauszug heißt es zum Schluss: „Eine empirische Wissenschaft vermag niemanden zu lehren, was er soll, sondern nur, was er kann und – unter Umständen – was er will". In der Rezeptionsgeschichte hat dieser Aspekt eine immense Wirkung entfaltet.

Hat *Weber* damit zunächst das Anliegen vertreten, einen „Kurzschluss" zwischen Ethik und Politik auf der einen und Wissenschaft auf der anderen Seite zu vermeiden, geht auf ihn zweitens das nicht minder berühmte Begriffspaar von „Gesinnungs"- und „Verantwortungsethik" zurück. Den Sinn der Wissenschaft sieht *Weber* darin, dass sie den Einzelnen fähig machen sollte, sich über die Umstände seines Handelns rational Rechenschaft zu geben – nicht darin, Werte zu setzen und damit die Normen dieses Handelns hervorzubringen. Diese Prüfung sollte nach seinem eigenen Lebensideal so streng wie die Hingabe an die eigenen Ideale ernsthaft sein.

Max Webers Blick auf ethische Fragen ist im Rahmen seiner Analyse und Deutung der abendländischen Kultur und ihrer alle Lebensumstände bestimmenden „ratio" zu betrachten. Diesen spezifisch gearteten „Rationalismus" der okzidentalen Kultur sieht *Weber* auf ganzer kultureller Breite in Wissenschaft, Verwaltung und Staatsorganisation, Recht und Kunst, vor allem aber in der Wirtschaft, im Kapitalismus, am Werk. Entstanden ist er, in berühmtem Widerspruch zu *Marxens* Versuch, die Religion ökonomisch zu deduzieren, vor allem aus „dem Geist der christlichen Askese". Im Zuge dieses von ihm konstatierten abendländischen Rationalisierungsprozesses scheint *Weber* bereits wesentlich weiter zu sehen als der bis zum 20. Jahrhundert und länger kaum von Zweifeln getrübte Wissenschaftsglaube, wenn er die bürgerlichen und liberalen Ideale, denen er sich verbunden fühlte, durch einen universalen Transformationsprozess als gefährdet betrachtet, der durch das Zusammenwirken zweier Faktoren die abendländische Zivilisation ergriffen habe: durch den Siegeszug der rationalen Wissenschaft.

> In Verbindung damit steht die ebenso abstoßende wie faszinierende „unwiderstehliche() Gewalt, mit der der Kapitalismus, als eine schlechthin revolutionäre Gewalt, alle traditionalen gesellschaftlichen Ordnungen unwiderruflich zerstörte und rationale Interaktionssysteme an deren Stelle setzte, die einerseits ungeheure wirtschaftliche und gesellschaftliche Kräfte freisetzten, andererseits bürokratische Strukturen produzierten, die ihm die Vorboten einer ‚neuen Hörigkeit der Zukunft' zu sein schienen".[1] Freilich bleibt *Weber* beim Fatalismus eines Freiheits-, Sinn- und Subjektverlustes nicht stehen. „Es ist" zwar „das Schicksal unserer Zeit, mit der ihr eigenen Rationalisierung und Intellektualisierung, vor allem: Entzauberung der Welt, dass gerade die letzten und sublimsten Werte zurückgetreten sind aus der Öffentlichkeit", und Weber stimmt auch mit dem Szenario des Historismus vom Widerstreit und daraus resultierenden Pluralismus letzter Sinngebungen dahingehend überein, dass „die verschiedenen Wertordnungen der Welt in unlöslichem Kampf miteinander stehen". Doch folgert *Weber* die Notwendigkeit, dass wir „an unsere Arbeit gehen und der ‚Forderung des Tages' gerecht werden – menschlich sowohl wie beruflich".[2]

Literatur:

Volker Heins, *Max Weber zur Einführung,* (Junius) Hamburg 1990

Joachim Radkau, *Max Weber. Die Leidenschaft des Denkens,* München 2005 (genaue Biographie)

1. Möglichkeiten und Grenzen der Wissenschaft im Umgang mit Normen[3]

Wir sind der Meinung, dass es niemals Aufgabe einer Erfahrungswissenschaft sein kann, bindende Normen und Ideale zu ermitteln, um daraus für die Praxis Rezepte ableiten zu können.

---

[1] W. J. Mommsen, Max Weber. Gesellschaft, Politik und Geschichte, Frankfurt/M. 1974, 10, 33.
[2] Max Weber, Wissenschaft als Beruf, in: Gesammelte Aufsätze zur Wissenschaftslehre a. a. O., 582-613, 603, 612 f.
[3] 1. Max Weber, Die „Objektivität" sozialwissenschaftlicher und sozialpolitischer Erkenntnis. In: Archiv für Sozialwissenschaft und Sozialpolitik 19 (1904), 22-87. Auch in: Gesammelte Aufsätze zur Wissenschaftslehre, hrsgg. von Joh. Winckelmann, Tübingen 1922 u. ö., 146-214, 149 ff.– 2. Ders., Politik als Beruf, München und Leipzig 1919. Auch in: Gesammelte politische Schriften, München 1921, 505-560, 552 f.

Was folgt aber aus diesem Satz? Keineswegs, dass Werturteile deshalb, weil sie in letzter Instanz auf bestimmten Idealen fußen und daher „subjektiven" Ursprungs sind, der wissenschaftlichen Diskussion überhaupt *entzogen* seien [...]

Die Kritik macht vor den Werturteilen nicht Halt. Die Frage ist vielmehr: Was *bedeutet* und bezweckt wissenschaftliche Kritik von Idealen und Werturteilen? Sie erfordert eine etwas eingehendere Betrachtung.

Jede denkende Besinnung auf die letzten Elemente sinnvollen menschlichen Handels ist zunächst gebunden an die Kategorien „Zweck" und „Mittel". Wir wollen etwas in concreto entweder „um seines eigenen Wertes willen" oder als Mittel im Dienste des in letzter Linie Gewollten. Der wissenschaftlichen Betrachtung zugänglich ist nun zunächst unbedingt die Frage der Geeignetheit der Mittel bei gegebenem Zwecke. Da wir (innerhalb der jeweiligen Grenzen unseres Wissens) gültig festzustellen vermögen, *welche* Mittel zu einem vorgestellten Zwecke überhaupt zu führen geeignet oder ungeeignet sind, so können wir auf diesem Wege die Chancen, mit bestimmten zur Verfügung stehenden Mitteln einen bestimmten Zweck überhaupt zu erreichen, abwägen und mithin indirekt die Zwecksetzung selbst, auf Grund der jeweiligen historischen Situation, als praktisch sinnvoll oder aber als nach Lage der gegebenen Verhältnisse sinnlos kritisieren. Wir können weiter, *wenn* die Möglichkeit einer Erreichung eines vorgestellten Zweckes gegeben erscheint, natürlich immer innerhalb der Grenzen unseres jeweiligen Wissens, die *Folgen* feststellen, welche die Anwendung der erforderlichen Mittel *neben* der eventuellen Erreichung des beabsichtigten Zweckes, infolge des Allzusammenhanges alles Geschehens, haben würde. Wir bieten alsdann dem Handelnden die Möglichkeit der Abwägung dieser ungewollten gegen die gewollten Folgen seines Handelns und damit die Antwort auf seine Frage: Was „*kostet*" die Erreichung des gewollten Zweckes in Gestalt der voraussichtlich eintretenden Verletzung *anderer* Werte? Da in der großen Überzahl aller Fälle jeder erstrebte Zweck in diesem Zwecke etwas „kostet" oder doch kosten kann, so kann an der Abwägung von Zweck und Folgen des Handelns gegeneinander keine Selbstbesinnung verantwortlich handelnder Menschen vorbeigehen, und sie zu ermöglichen, ist eine der wesentlichsten Funktionen der *technischen* Kritik, welche wir bisher betrachtet haben. Jene Abwägung selbst nun aber zur Entscheidung zu bringen, ist freilich *nicht* mehr eine mögliche Aufgabe der Wissenschaft, sondern des wollenden Menschen: er wägt und wählt nach seinem eigenen Gewissen und seiner persönlichen Weltanschauung zwischen den Werten, um die es sich handelt. Die Wissenschaft kann ihm zu dem *Bewusstsein* verhelfen, dass *alles* Handeln, und natürlich auch, je nach den Umständen, das *Nicht*-Handeln, in seinen Konsequenzen eine *Parteinahme* zugunsten bestimmter Werte bedeutet, und damit – was heute so besonders gern verkannt wird – regelmäßig *gegen andere*. Die Wahl zu treffen, ist seine Sache.

Was wir ihm für diesen Entschluss nun noch weiter bieten können ist: *Kenntnis* der *Bedeutung* des Gewollten selbst. Wir können ihn die Zwecke nach Zusammenhang und Bedeutung kennen lehren, die er will, und zwischen denen er wählt, zunächst durch Aufzeigung und logisch zusammenhängende Entwicklung der „Ideen", die dem konkreten Zweck zugrunde liegen oder liegen können. Denn es ist selbstverständlich eine der wesentlichsten Aufgaben einer jeden Wissenschaft vom menschlichen Kulturleben, diese „Ideen", für welche teils wirklich, teils vermeintlich gekämpft worden ist und gekämpft wird, dem geistigen Verständnis zu erschließen. Das überschreitet nicht die Grenzen der Wissenschaft, welche „denkende Ordnung der empirischen Wirklichkeit" erstrebt. [...]

Aber die wissenschaftliche Behandlung der Werturteile möchte nun weiter die gewollten Zwecke und die ihnen zugrunde liegenden Ideale nicht nur verstehen und nacherleben lassen, sondern vor allem auch kritisch „beurteilen" lehren. *Diese* Kritik freilich kann nur dialektischen Charakter haben., d. h. sie kann nur eine formal-logische Beurteilung des in den geschichtlich gegebenen Werturteilen und Ideen vorliegenden Materials, eine Prüfung der Ideale an dem Postulat [Forderung] der inneren *Widerspruchslosigkeit* des Gewollten sein. Sie kann, indem sie sich diesen Zweck setzt, dem Wollenden verhelfen zur Selbstbesinnung auf diejenigen letzten Axiome, welche den Inhalt seines Wollens zugrunde liegen, auf die letzten Wertmaßstäbe, von denen er unbewusst ausgeht oder – um konsequent zu sein – ausgehen müsste. Diese letzten Maßstäbe, welche sich in dem konkreten Werturteil manifestieren, zum *Bewusstsein* zu bringen, ist nun allerdings das letzte, was sie, ohne den Boden der Spekulationen zu betreten, leisten kann. Ob sich das urteilende Subjekt zu diesen letzten Maßstäben bekennen *soll*, ist seine persönliche Angelegenheit und eine Frage seines Wollens und Gewissens, nicht des Erfahrungswissens.

Eine empirische Wissenschaft vermag niemanden zu lehren, was er soll, sondern nur, was er kann und – unter Umständen – was er *will*.

2. Gesinnungsethik und Verantwortungsethik

Wir müssen uns klarmachen, dass alles ethisch orientierte Handeln unter *zwei* voneinander grundverschiedenen, unaustragbar grundsätzlichen Maximen [persönlichen Grundsätzen] stehen kann: es kann „gesinnungsethisch" oder „verantwortungsethisch" orientiert sein. Nicht dass Gesinnungsethik mit Verantwortungslosigkeit und Verantwortungsethik mit Gesinnungslosigkeit identisch wäre, davon ist natürlich keine Rede. Aber es ist ein abgrundtiefer Gegensatz, ob man unter der gesinnungsethischen Maxime handelt – religiös geredet: „Der Christ tut recht und stellt den Erfolg Gott anheim" –, *oder* unter der verantwortungsethischen: dass man für die (voraussehbaren) *Folgen* seines Handelns aufzukommen hat.

III. Aktuelle Diskussionen

11. Volker Steenblock

Volker Steenblock (geb. 1958), Studium der Philosophie, Geschichte und Germanistik in Münster und Bochum. Unterrichts- und Lehrtätigkeit in Gesamtschule und Gymnasium, Erwachsenenbildung und Universität in Saarbrücken, Bochum, Hamburg und Münster, hier bis 2003 Leiter der *Gemeinsamen Arbeitsstelle „Praktische Philosophie" der Bezirksregierung Münster und der Westfälischen Wilhelms-Universität Münster.*

Seit 2003 Professor für Philosophie unter besonderer Berücksichtigung der Philosophiedidaktik und der Kulturphilosophie an der Ruhr-Universität Bochum. Mitherausgeber der „Zeitschrift für Didaktik der Philosophie und Ethik", Mitbegründer des „Forums für Didaktik der Philosophie und Ethik"; Tätigkeiten in der Lehrerfortbildung (Zertifikats- und Studienkurse „Praktische Philosophie" im Auftrag der Bezirksregierung Münster von 1997-2005).

Veröffentlichungen u. a.: *Transformationen des Historismus*, (Fink) München 1990; *Theorie der Kulturellen Bildung. Zur Philosophie und Didaktik der Geisteswissenschaften*, (Fink) München 1999; *Arbeit am Logos. Aufstieg und Krise der wissenschaftlichen Vernunft*, (LIT) Münster 2000; *Philosophische Bildung*, (LIT) Münster 3. Aufl. 2007; *Kleine Philosophiegeschichte*, (Reclam) Stuttgart 2001; Hrsg.: *Theoretische Philosophie (Praxishandbuch Philosophie/Ethik)*, (Siebert) Hannover 2. Aufl. 2006; *Die Großen Themen der Philosophie. Eine Anstiftung zum Weiterdenken*, (Wissenschaftliche Buchgesellschaft) Darmstadt 2003; *Kultur oder: Die Abenteuer der Vernunft im Zeitalter des Pop*, (Reclam) Leipzig 2004; *Sokrates und Co. Ein Treffen mit den Denkern der Antike*, (Wissenschaftliche Buchgesellschaft) Darmstadt 2005.

Weitere Herausgaben von Arbeitsbüchern und Textsammlungen, Aufsätze zu den Hauptarbeitsgebieten Kultur- und Geschichtsphilosophie; Theorie der Geisteswissenschaften; Philosophie der Bildung und Philosophiedidaktik.

Der folgende Beitrag überlegt, welche Zusammenhänge es zwischen den Entwicklungslinien einer theoretischen Vernunft und der Reflexion über *praktische* Ziele und Zwecke geben kann. Für eine solche letztliche *Kohärenz* beider Seiten der Vernunft (und auch für deren kulturelle Situierung) stehen im Deutschen mit guten Gründen – so die These – Begriff und Konzept der *Bildung*.

Dies bedeutet für jeden Einzelnen aber zugleich: Die Wertebildung in einer Gesellschaft ist angesichts wissenschaftlich-technischer Umwälzungen keine Sache nur der Experten und Eliten, sondern die *Angelegenheit eines jeden*. Wo Wissen ist, muss Bildung werden.

Wo Wissen ist, muss *Bildung* werden.
Von der Teilbarkeit und Unteilbarkeit des Λόγος in eine theoretische und eine praktische Vernunft

> „Je edler ein Ding in seiner Vollkommenheit, sagt ein hebräischer Schriftsteller, desto grässlicher in seiner Verwesung. Ein verfaultes Holz ist so scheußlich nicht als eine verwesete Blume; diese nicht so ekelhaft als ein verfaultes Tier; und dieses so grässlich nicht als der Mensch in seiner Verwesung. So auch mit Kultur und Aufklärung. Je edler in ihrer Blüte: desto abscheulicher in ihrer Verwesung und Verderbtheit".[1]

„Als kosmisches Prinzip" hieß *Vernunft* – das ist der sozusagen selbstreflexiv gewordene Verstand, also ein noch über sich selbst aufgeklärtes Denken, das dem griechischen „Lógos"/Λόγος [Wort, Rede, Sinn] entspricht – ursprünglich, „dass die ganze Welt von Vernünftigkeit durchdrungen ist; die Welt ist keine chaotische Anhäufung, sondern ein geordnetes Ganzes, welches durch den alles beherrschenden Geist hervorgebracht wurde. Als Prinzip des Denkens im Menschen besitzt der Logos sowohl epistemologische [erkenntnistheoretische] als auch ethische Bedeutung. Er bezeichnet die eigentümliche Weise, in welcher der Mensch zur Wahrheit kommt, nämlich mittels eines im Nacheinander ablaufenden diskursiven Prozesses. Andererseits bildet der Logos den Maßstab des ethischen Verhaltens: Alle irrationalen Bewegungen im Menschen müssen überwunden oder doch der Vernunft unterworfen werden".[2]

Zwischen der hier angesprochenen Bedeutung des Logos und den wechselvollen Abenteuern der Vernunft seither – nicht zuletzt denen in unserem Zeitalter des Populären[3] – liegen Welten. Und doch erscheint es gegenwärtig dringlicher denn je, die *Verbindungen von Theorie und Praxis* und damit auch den Gedanken einer bei aller nötigen Differenzierung letztlich anzunehmenden Unteilbarkeit der Vernunft zu diskutieren. Hängen Erkenntnis und Weltwissen einerseits, die Reflexionsgehalte, die mit unserem praktischen Sich-Orientieren verbunden sind, andererseits überhaupt (noch) miteinander zusammen?

Die folgende Betrachtung ruft – erstens – in einer knappen Skizze einige Ansätze einer ungeteilten bzw. unteilbaren Vernunft aus der philosophischen Tradition auf. Sie geht sodann – zweitens – auf die dann doch erfolgten Prozesse der Professionalisierung als Differenzierung des Logos in (unter anderem, zumindest) eine „theoretische" und eine „praktische Vernunft" ein. Die folgende Betrachtung handelt schließlich – drittens – von der gleichwohl fortbestehenden Verwiesenheit ihrer Differenzierungsformen aufeinander. Die Anwendungsformen des szientifischen Wissenszugriffs als der avanciertesten Erscheinungsform theoretischer Vernunft, insbesondere die spektakulären Aussichten einer bio-

---

[1] Moses Mendelssohn, Über die Frage: was heißt aufklären? In: E. Bahr (Hrsg.), Was ist Aufklärung? (Reclam) Stuttgart 1977, 7.
[2] J. A. Bühner – G. Verbeke, „Logos" in: J. Ritter – K. Gründer (Hrsg.), Historisches Wörterbuch der Philosophie Bd. 5, Basel-Stuttgart 1984, 491-502, 498.
[3] Vgl. hierzu mein Bändchen: Kultur oder Die Abenteuer der Vernunft im Zeitalter des Pop, Reclam (Leipzig) 2004.

technischen Macht des Menschen über sich selbst, müssen mehr denn je institutionell kontrolliert und kulturell verantwortet werden. So sehr es hierzu *sozialer und politischer Formen auf den verschiedensten Ebenen* bedarf, so sehr müssen die in ihnen zu findenden Regelungen von lebendigen individuellen wie kollektiven Diskussionen gespeist werden. Hierfür sind Bildungsprozesse unabdingbar, in die die Gehalte praktischer Vernunft einfließen.

1. Ansätze der unteilbaren Vernunft

Die historische Skala der Einteilungen der *Philosophie*, die wir einmal als die kulturelle Statthalterin der Vernunft und des Denkens ansehen wollen, beginnt bei *Aristoteles* und in der *Stoá* mit ihrer Unterteilung in Logik, Ethik und Physik. Für Aristoteles ergibt sich in seiner „Metaphysik" das folgende triadische [dreifache] Wissenschaftsschema: Es gibt *theoretische Wissenschaften*, denen es um Erkennen, „episteme" geht, nämlich Metaphysik als „erste Wissenschaft", Physik und Mathematik. Dann gibt es *praktische Wissenschaften* (Ziel: „phronesis", d. i. praktische Klugheit, Handeln): Ethik, Ökonomik (als Lehre von der Hausverwaltung), Politik; schließlich gibt es poietische Wissenschaften (von „poiein" = herstellen, machen): Poetik, Téchne. An anderer Stelle differenziert Aristoteles zwischen theoretischer Vernunft (nous theoretikos) und praktischer Vernunft (nous praktikos): letztere unterscheidet sich von der theoretischen durch den Zweck.[4] Der auf Zwecke gehenden praktischen Vernunft steht hier das auf die Suche nach Gründen ausgerichtete theoretische Erkennen gegenüber. Der berühmte erste Satz der aristotelischen „Metaphysik": „Alle Menschen streben von Natur aus nach Wissen" (I, 1) formuliert ein allgemeines Programm menschlicher Weltauffassung und Kultur und ist so von einer überaus weitreichenden Bedeutung. Er ist zugleich der Eingangssatz einer ganz bestimmten, lange geltenden, aber auch massiv kritisierten und heute völlig an den Rand gedrängten Auffassungsweise dessen, was theoretische Erkenntnis denn sei, nämlich vor allem ontologische Prinzipiensuche in einem mit Philosophie als Metaphysik von *Aristoteles* bis *Hegel* weitgehend analogen Sinne. Ihr ging es um ewige und unveränderliche Strukturen, um ein „Wesensallgemeines, das durch Vernunfteinsicht und begriffliche Fassung klar und deutlich expliziert wird und in dem die Wahrheit aller abgeleiteten Aussagen gründet".[5]

Reicht das differenzierte Wissensspektrum des *Aristoteles* vom metaphysischen und theologischen Wissen über das Wissen, das die Einzelwissenschaften und „technai" in Erfahrung bringen, bis zum praktischen Wissen der Ethik, bei dem man keine so sehr hohen Exaktheits- und Sicherheitsansprüche stellen kann, so hatte *Platons* Erkenntnisreflexion unter „Erkenntnis" die Frage nach „der" – auch praktisch relevanten – unwandelbaren Wahrheit verstanden, die man sozusagen erlangt oder verfehlt und die die Ethik auf eine der irdisch wandelbaren Unordnung entzogenen Ebene gründen. An der Ideenwelt muss

---

[4] De an. 433 a.
[5] H. M. Baumgartner, „Wissenschaft", in: ders. – H. Krings – C. Wild (Hrsg.): Handbuch philosophischer Grundbegriffe Bd. 3, München 1973, 1740-1764, 1743.

sich auch das sittliche Handeln ausrichten. Theoretische Erkenntnis im höchsten Sinne ist ebenso zugleich praktisch relevant wie von ihrem Status her überzeitlich. Dass Erkenntnis etwas historisch sich „Aufarbeitendes" sein könnte, dass wir eine überhistorische Ebene außerhalb unserer kulturellen Entwicklung nicht erlangen können – diese mehr als zwei Jahrtausende später erhobenen Einwände geraten noch nicht in den Blick.

Dies gilt durchaus auch noch für die Entwicklung des meist akademisch verorteten menschlichen Denkens Folgezeit. Zwar folgt der theologischen Inszenierung der Vernunft im europäischen Mittelalter eine Phase ihrer Kritik, ja womöglich gar Verendlichung und Depotenzierung, doch gelangt noch bei *Georg Wilhelm Friedrich Hegel* die alte Königsdisziplin der „Metaphysik" wieder an die Spitze eines Systemgedankens, der wiederum Ansprüche erhebt, die sich denen der Theologie parallelisieren lassen – sie sogar letztlich überbieten –, und der zugleich Natur wie Geist und noch alle Differenzierung des letzteren: Geschichte, Kunst, Religion und Philosophie als Entäußerung und Vollzug „göttlichen Selbstbewusstseins" ebenso in ein Gesamtkonzept integriert wie in diese „ungeheuerliche" (Weischedel) Bildungsbewegung noch die des menschlichen Geistes. *Hegel* erhebt damit für seine Philosophie Ansprüche, die noch einmal *Kants* zwischenzeitlich angemahnte Begrenzungen aufzuheben suchen. Sucht *Hegel* die christliche Lehre von Schöpfung und Erlösung philosophisch zum Drama einer dialektischen Selbstrealisierung des Göttlichen umzuformulieren, so garantiert die Systemgestalt seines Denkens dabei die *Einheit* der Philosophie womöglich noch nachhaltiger als die Hierarchisierung auf eine „erste Philosophie" hin bei *Aristoteles* oder die durch Verschmelzung philosophischer Elemente mit der Religion des Christentums entstandene Theologie des europäischen Mittelalters.

Über den Anspruch *Hegels*, solche systemischen Gesamtzusammenhänge zu konstruieren, spottet freilich bereits im Fortgang des 19. Jahrhunderts *Heinrich Heine* im „Buch der Lieder":

„Zu fragmentarisch ist Welt und Leben!
Ich will mich zum deutschen Professor begeben,
Der weiß das Leben zusammenzusetzen,
Und er macht ein verständlich System daraus;
mit seinen Nachtmützen und Schlafrockfetzen
Stopft er die Lücken des Weltenbaus".[6]

Was *Heine* meint: Die angestrebte Versöhnung gelingt nicht wirklich, sondern nur im Reich der Begriffe (und auch dort offenbar nicht plausibel), in einem peiorativen [abwertenden] Sinne nur „theoretisch", aber nicht „praktisch" bzw. gar politisch (wie dann bei *Marx*). Gegen den Anspruch der Metaphysik *Hegels* gehen schon innerhalb des „theoretischen Sektors" die Wissenschaftstheorien der Natur- und Geisteswissenschaften im 18. und 19. Jahrhundert vor. Die metaphysischen Ansprüche der Vernunft bei *Hegel* relativieren sich (wie noch der Erkenntnisstandpunkt *Kants,* von dem aus dieser sie kritisiert hat).

---

[6] H. Heine, Werke (Tempel Klassiker), Berlin und Darmstadt o. J., 108.

Wenn auch unter ganz und gar anderen Voraussetzungen und in einer signifikant differierenden Ausprägung: Ein Theorieverständnis, das eben keine „bloß" theoretische Philosophie zulassen möchte, findet sich in bedeutsamer Form bei *Marx* und in dessen Tradition wieder. Das gilt prominent noch für die Auseinandersetzung zwischen „kritischer" und szientischer Theorie bei *Max Horkheimer* (1895-1973). Dieser hat gemäß seiner Selbst-Definition „auf den Unterschied zweier Erkenntnisweisen hingewiesen; die eine wurde im Discours de la méthode begründet, die andere in der Marxschen Kritik der politischen Ökonomie". Dabei zeichnet sich die „Kritische Theorie der Gesellschaft" vor der auf *Descartes* zurückgehenden „traditionellen" durch Folgendes aus: Die „traditionelle" Theorie trennt nach Horkheimer zu Unrecht theoretische und praktische Einstellung, liefert sich so in praktisch-politischer Hinsicht den jeweils Herrschenden aus und ist aufgrund dieses Mankos durch eine neue Art von Theoriebildung zu ersetzen. Traditionelle Theorie definiert sich über eine illusionslose, objektivierende, distanzierende Grundhaltung. Dies führt zur „Einebnung der gesamten Praxis gegenüber dem Erkennen"; „auch als Handelnde gelten die Menschen in der Wissenschaft nur als Tatsachen und Gegenstände. Der Gelehrte ist objektiv genug, sich als Element vorzustellen". Hier werde eine Einstellung, die sich an einem bestimmten Gegenstand etabliert hat, unberechtigterweise auf einen anderen übertragen: „Derselbe begriffliche Apparat, der zur Bestimmung der toten Natur bereitsteht, dient auch zum Einordnen der lebendigen".[7] Indem das objektivierende Denken auf den möglichen Anspruch verzichtet, im selben Akt „zugleich kritisch und zielsetzend zu sein", liefere es sich in der Konsequenz dann schnell auch jedem herrschenden Unrecht aus: „Das Bekenntnis, dass man [...] sich an die Tatsachen halten solle, der Vorsatz der Wissenschaft, keinen wesentlichen Unterschied zu machen zwischen der Verschwörung brutaler Machthaber gegen jede menschliche Aspiration [Anspruch] auf Glück und Freiheit und andererseits dem Kampfe dagegen, diese ganze Philosophie, die beides bloß auf den abstrakten Begriff des Gegebenen bringt und diese Haltung auch noch als Objektivität verherrlicht, ist auch den übelsten Gewalten noch willkommen".

Solcher bloß kalkulatorischer Vernunft müsse ein Denken von auch normativer Qualität entgegengesetzt werden; hierfür steht über Jahrzehnte der Begriff einer „kritischen Theorie". Jene, die gegen eine letztliche Vermittlung von Theorie und Praxis im Sinne der Kritischen Theorie argumentieren, wollen, um die Kritik in *Adornos* Worten zusammenzufassen, „Vernunft bloß in ihrer partikularisierten [vereinzelten] Gestalt" wahrhaben.

Noch der gegenüber Traditionsphilosophie wie gegenüber dekonstruktivistischer Theorieakrobatik als Verteidigerin der Aufklärung und des „Projektes der Moderne" auftretenden *Diskurstheorie* von *Habermas* – entwickelt in, wie man das genannt hat, „Konsonanz" [Übereinstimmung] mit *Karl-Otto Apel* – liegt eine zugleich eminent praktische Zielsetzung zugrunde. Schon in den Anfängen geht es auch *Habermas* um die „Schwierigkeiten, Theorie und Praxis zu vermitteln", soll das Interesse an Erkenntnis mit dem an Mündigkeit zur Deckung kommen. In großem Gang wird dies dargestellt in dem einschlägig relevanten Text der Frankfurter Antrittsvorlesung über „Erkenntnis und Interesse". Hat für

---

[7] M. Horkheimer, Traditionelle und Kritische Theorie (Nachtrag) in ders.: Kritische Theorie, hrsgg. v. A. Schmidt, Frankfurt/M. 1968, Bd. II, 138, Folgezitat 192.

den traditionellen Theoriebegriff der klassischen Philosophie, so wird uns hier entwickelt, Erkenntnis in der Annäherung an eine an sich seiende, vorstrukturierte Wirklichkeit bestanden, so bezog diese antike Auffassung von Wirklichkeit als geordnetem Kosmos auch die Ordnung der Menschenwelt, sozusagen also den Bereich der Ethik, mit ein. Wissenschaft schloss sich also an einen emphatischen [nachdrücklichen] Begriff des Seienden an, der ihre Praxisrelevanz implizierte; auf diese Weise konnte sie ihre Bedeutsamkeit für das Handeln dem Anspruch nach vereinbaren mit dem theoretischen Ethos der Welterfassung. Mit dieser Ontologie [Lehre vom Sein] haben die empirisch-analytischen Wissenschaften das theoretische Ethos gemein, lediglich die *Praxisrelevanz*, der Glaube an einen aufweisbaren „Wertehimmel", ist aufgegeben worden. Dieses Fehlen einer Bedeutsamkeit für das Leben hat bereits *Edmund Husserl* im Versuch einer Restitution des alten Theoriebegriffs kritisiert. Für *Habermas* sind zwar beide Positionen einem objektivistischen Schein verfallen, dennoch gilt die „Einsicht, dass die Wahrheit von Aussagen in letzter Instanz an die Intention des wahren Lebens gebunden ist", weiter.[8] Ihr soll nunmehr die normative Kommunikationstheorie gerecht werden, der zufolge die menschliche Vernunft, bei aller Distanzierung älterer substanzieller Vernunftbegriffe, es aus der Logik ihrer kommunikativen Verfassung heraus vermöge, überhistorisch gedachte Bedingungen „wahren" Lebens letztlich doch namhaft zu machen. Obwohl auch *Habermas* betont hat, dass es die Aufgabe der Philosophie sei, die „semantischen Potentiale der durch Aufklärung erschütterten Traditionen zu erschließen und zu bewahren", liegt der Schwerpunkt seiner nicht „nur theoretischen" Philosophie eindeutig in diesem prospektiv-normativen Gestus, mittels Sprechakttheorie, Theorie sozialer Evolution und all der anderen mit immensen Rezeptionskapazitäten aufgearbeiteten sozialwissenschaftlichen, philosophischen und weiteren Theoreme in theoretischem Vorgriff Strukturen des Wahren gleichsam prozedural herbeizuziehen.

Zustimmung wie Einwände sind bekannt, nur eine Linie sei hier verfolgt. Mag *Habermas* auch einen Begriff „geschichtlich situierter Vernunft" beanspruchen – die Philosophie der Vernunft geriet doch unter den Druck eines die Historizität der menschlichen Angelegenheiten betonenden Denkens, das die Vernunft nicht nur in jedem ihrer Vertreter, sondern auch insgesamt als Inbegriff der Leistungen und der Grenzen kultureller Arbeit erweisen will. Die Geschichte arbeitet offensichtlich nicht die Bahn eines ideell vorab bereits ansteuerbaren Eigentlichen ab. Eher erscheint sie als der Wandel selbst, als die immer wieder neue und andere Situation, die jeweilige und konkrete Lösungen erfordert. Rationalität wäre demnach keine abstrakte, sondern eine der jeweiligen Praxis selbst konstitutiv eingeschriebene Struktur. Sie wäre kein Unbedingtes, kein „Immer schon" und kein „Vorab". Dies bedeutet für die Vernunft in der Geschichte keine Beliebigkeit. Sie kann wachsen, Standards setzen, Errungenschaften ausprägen, Evidenzen [einleuchtende Erkenntnisse] erzeugen: Wie wichtig und wirksam können ihre Erkenntnisse als Kulturprodukte werden, wie großartig und unbezweifelbar erscheinen sie uns mit allem Recht.

---

[8] J. Habermas, Technik und Wissenschaft als Ideologie, Frankfurt/M. 1968, 146 ff. Vgl. ders., Theorie des Kommunikativen Handelns, 2 Bde. Frankfurt/M. 1981; Die Einheit der Vernunft in der Vielheit ihrer Stimmen, in ders.: Nachmetaphysisches Denken, Frankfurt/M. 1988.

Das Bemühen um ihre Vernunft führen die Verhältnisse in ihrer kulturellen Arbeit gleichwohl immer mit sich.

2. Professionalisierung als Differenzierung: Theoretische und praktische Vernunft

Welche Gründe aber auch immer die Schwierigkeiten der vorstehend genannten, Theorie und Praxis integrativ behandelnden Vernunftkonzepte bewirken: an einer faktischen Zweiteilung der Vernunft in Kulturprozessen gibt es offensichtlich wenig zu deuten. Sie ist in ihrer Erfolgsgeschichte auch nicht zu bestreiten. Die szientisch ausgeprägte „instrumentelle Vernunft", indem sie die Welt vornehmlich als Gegenstand technischer Zurichtung wahrnimmt, wird, freigesetzt von allem Bemühen, sie in welcher Variante auch immer in ein Gesamtkonzept „der" Vernunft zu integrieren, zur treibenden Kraft der menschlichen Geschichte – im Modus einer mittlerweile geradezu schon als exponentiell wahrgenommenen Zeitkurve.[9] „Erst seit 200 Jahren findet nämlich jene Beschleunigung statt, welche wir als postchristliche, technisch-industriell bedingte, spezifisch geschichtszeitliche Beschleunigung kennen gelernt haben. Seitdem wird unsere Lebenswelt technisch-industriell überformt, so dass die Frage nach weiterer Beschleunigung zur Frage unserer Zukunft schlechthin geworden ist".[10] Die Vorteile und Errungenschaften dieser Entwicklung, die unsere Gegenwart prägen, sind zweifellos evident [völlig klar]; sie sind in ihrem Gewicht wahrzunehmen, auch wenn sie hier nicht Thema sind. Längst der räsonierenden [sich wortreich äußernden] Philosophie entbunden, wenn denn diese zu ihren Erzeugern gehört, befeuert die neuzeitlich und modern professionalisierte wissenschaftliche Vernunft die gesamte Entwicklung der menschlichen Zivilisation.

Aber es gibt auch eine Schattenseite. Auf dieser Schattenseite wird die sogenannte „Globalisierung" zum Schlagwort für ein viel beklagtes Defizit an praktisch-politischer Steuerung in einer Entwicklung, als deren „Motor" die avancierte szienitifische [wissenschaftliche] Variante der „theoretischen" Vernunft gilt. Nach dem Ende des einstmaligen Versuches, moderne Gesellschaften zentral zu dirigieren, scheint dies auch für derzeitige politische Systeme zu gelten. Im Hintergrund steht freilich gar die befürchtete Unmöglichkeit, in unserer „dermaßen ungezügelten Welt" den „Dschagannath-Wagen" der Moderne für „uns" „im Sinne der gesamten Menschheit" überhaupt noch steuerbar zu denken.[11]

Die theoretische Vernunft wissenschaftlichen Zuschnitts hat sich in der Form des zweckrational ausgerichteten Komplexes von Wissenschaft und Technik konstitutiv mitbeteiligt an den Erfolgen wie an den ökologischen und sozialen Krisen des zu Ende gegangenen 20. Jahrhunderts, die vielleicht nur Vorboten dessen sind, was für das 21. Jahrhun-

---

[9] Vgl. hierzu meinen Versuch, einen Überblick zu gewinnen: Arbeit am Logos. Aufstieg und Krise der wissenschaftlichen Vernunft, Münster 2000.
[10] R. Koselleck, Zeitschichten, Frankfurt/M. 2000, 201.
[11] A. Giddens, Konsequenzen der Moderne (Consequences of Modernity), Frankfurt/M. 1995, 187 ff.

dert zu erwarten ist. Es kommt, so wird befürchtet, zu einem Verschwinden der Zwecke angesichts einer wuchernden instrumentellen Vernunft. „Wissenschaft" scheint, statt vor allem die Werkzeuge eines legitimen Kampfes um ein Überleben in der Natur und ein besseres Leben von ihren Früchten bereitzustellen, nunmehr für nicht wenige Beobachter in die Entfesselung eines mit geradezu apokalyptischen Befürchtungen begleiteten Zivilisationsprozesses verwickelt. Wissenschaftliche Vernunft zu entwickeln, heißt für den Menschen in dieser Sicht zugleich, einen Tiger zu reiten. Die wissenschaftlich-technische Revolution setzt zivilisatorische Prozesse in Gang, denen wir viel verdanken, die aber auch eine Lawine ausgelöst haben, deren mitreißender Kraft wir heute mehr denn je ausgesetzt sind. Globale Probleme, „Grenzen des Wachstums" und deren Widerhall in den theoretischen Produktionen der Philosophie und Wissenschaftstheorie bezeichnen eine *Krise der wissenschaftlichen Vernunft*. Es zeigen sich Grenzen der Wissenschaftsanwendung, ohne dass die gleichsam „praktischen" Hoffnungen, die einmal mit der rechten Art, Wissenschaft zu betreiben, verbunden worden waren, richtig eingelöst worden wären. Der der Natur entrissene Reichtum ist nicht allen zugleich zugute gekommen, er hat die Utopie einer gerechteren Gesellschaft nicht erfüllt und gesellschaftliche Probleme nicht eo ipso gelöst, sondern, auch wenn in einigen Gesellschaften das Lebensniveau heute für historisch beispiellos viele Menschen beispiellos hoch ist, den Wohlstand weltweit ungleich verteilt. Dieser Widerspruch aber ist geeignet, auf die Notwendigkeit einer Geltendmachung der Intentionen menschlichen Lebens überhaupt zurückzuweisen. Je mehr ein noch so bewundernswertes technisches Können sich ökonomisch inszeniert und auftürmt, um so mehr drohen die kulturellen Verhältnisse ohne eine solche Geltendmachung im Sinne des Eingangszitates „grässlich" zu werden.

Die Situation der dadurch angesprochenen praktischen Vernunft freilich erscheint gegenüber den Abenteuern, Leistungen und Verhängnissen der theoretischen Vernunft in Wissenschaft und Technik ihrerseits zutiefst widersprüchlich.

Einerseits kann gegenüber ihrer zeitweisen Denunziation im Sinne „strikter Wissenschaftlichkeit" inzwischen als Stand vieler Debatten und Stellungnahmen gelten: Praktische und selbst metaphysische Interessen sind nicht, wie es Positivismus und Neopositivismus eine Zeitlang wollten, in per se gleichsam „weniger vernünftigen" Diskursen zu Hause. Die ausschließliche Geltung eines „Physikalismus als Theorieideal" ist Geschichte, die Suggestion, dass eine letztlich physikalistische oder biologische Reduktion allein sinnvoll bzw. vernünftig und wissenschaftlich sei und der Rest „Gefühl" oder überhaupt etwas, worüber man dann eben schweigen muss, diese Suggestion kann als obsolet gelten. Ist zwar der Grad der Exaktheit und Beweisbarkeit dessen, was als naturwissenschaftliche Vernunft auftreten kann, signifikant höher, so wird „Vernunft" in einem umfassenden, ja eigentlichen Sinne sich letztlich auch in Zielen und Zwecken ausweisen müssen. Der deutsche Begriff der „Vernunft" selbst impliziert eine gewisse Tendenz zu Konnotationen wie „sinnvolle Zwecke" und „vernünftige Absicht".[12]

Andererseits wirken die Reflexionsverhältnisse „praktischer" Vernunft ihrerseits schwerlich zielbestimmend, wenn sie in die Bedingungen des technisch-ökonomischen Prozedierens nur noch reagierend eingelassen sind. Zwar ist die pragmatisch-(rest-)dezisionistisch gespeiste Einsicht der Ritter-Schule bei *Hermann Lübbe* und *Odo Marquard*, der zufolge „die Notwendigkeit zu handeln stets weiter reicht als das Wissen, durch das wir die Rationalität unseres Handelns zu sichern hoffen",[13] gegenüber den stets schon akademisch (geschweige denn gesellschaftlich) umstritten gebliebenen Versuchen ethischer Letztbegründung kaum zu bestreiten. Daraus kann aber nicht folgen, dass die Initiative der praktischen Vernunft an die entfesselten Sachzwänge der Moderne sozusagen von vornherein schon preisgegeben wird, denen gegenüber manche immer noch (oder aufgrund der bundesrepublikanischen Erfolgsgeschichte wieder) ein kryptogeschichtsphilosophisches Restvertrauen aufzubringen scheinen. Hier wirkt sich in einer stärkeren Ausrichtung auf die Tradition ein gewisser „Modernitätskonservatismus" aus, der bei aller Einsicht in die Ambivalenz der Modernitäts- und Emanzipationsprozesse (und freilich ohne sich auf den Vorwurf einer Verabschiedung der Aufklärung einzulassen) „aristotelisch und hegelianisch auch für die Moderne die Vermutung der Vernünftigkeit des Bestehenden gelten lässt" (*Ulrich Dierse*).

So irreversibel und unvermeidlich die in diesem zweiten Abschnitt angesprochenen Prozesse ihrer Differenzierung und Professionalisierung im Rückblick auch erscheinen müssen – für das *Verhältnis* von theoretischer und praktischer Vernunft stellt sich am Ende wenig Evidenz ein. Sind sie überhaupt noch – und wenn ja, wie? – aufeinander beziehbar?

3. Anwältin der Einheit der Vernunft und Aufgabe eines Jeden: Bildung

Für eine Gesellschaft, die in Grundzügen ihrer Verhältnisse nicht zum bloßen Sekundärphänomen technisch-ökonomischer Zustände werden will, wird das Bemühen um eine wirklich praktische Vernunft in angemessenen Institutionalisierungen wichtiger denn je. Ein Zusammenwirken politischer Kultur und moralischer Verantwortung Zug um Zug mit der wissenschaftlich-technischen Entwicklung und eine entsprechende Vervollständigung unserer „Arbeit am Logos" im Sinne praktischer Intentionen stellen mehr denn je eine unabdingbare Aufgabe dar. Solche Debatten führen zu helfen und ein Impetus, sie immer wieder zu provozieren, müssen einen Begriff von Vernunft bezeichnen, der verwiesen

---

[12] Die Professionalisierungen der Praktischen Philosophie als Reflexionsform in Lehrstühlen, Instituten, Forschungsprojekten und Kommissionen und ihre akademische, universitäre Präsenz etc. sind evident und hier nicht weiter aufzuführen.
[13] H. Lübbe, Philosophie nach der Aufklärung. Von der Notwendigkeit pragmatischer Vernunft, Düsseldorf 1980, 8. Vgl. ders., Modernisierung und Folgelasten. Trends kultureller und politischer Evolution, Berlin 1997.

bleibt auf eine Mitverantwortung für die Gestaltung des sozialen und kulturellen Lebens. Umgekehrt dankte die Vernunft praktisch ab, die in dieser Situation nicht mehr aus humaner und kultureller Kompetenz heraus Stellung nehmen und handelnd tätig werden wollte. Einer Mitwirkungskompetenz, die menschlichen Verhältnisse einzurichten und zu beurteilen, kann sie nicht entsagen. Wie engagiert und wie nachhaltig eine philosophische und gesellschaftliche Reflexion von Zielen und Zwecken das „Machen des Machbaren" begleiten, und, womöglich, zunehmend steuern kann: hiervon wird abhängen, ob, inwiefern und inwieweit unsere Lebensverhältnisse noch das *Produkt menschlicher Arbeit und Kooperation* sein werden. Hieran wird sich entscheiden, was das menschliche Projekt angesichts von Natur, Technik und Ökonomie werden kann. Für eine solche letztliche Kohärenz der Vernunft stehen im Deutschen mit guten Gründen Begriff und Konzept der *Bildung*.

„What the hell is Bildung", so erzählt der Erziehungswissenschaftler Dieter Lenzen, habe man ihn in den USA gefragt. Der Rekurs auf Bildung mag hier in der Tat zunächst verwundern. Dennoch ist es die Kraft von Bildungsprozessen, die, wenn überhaupt, Theorie und Praxis einander vielleicht wieder anzunähern verspricht. Mit dem eingangs wiedergegebenen Zitat des deutschen und jüdischen Aufklärers Moses Mendelssohn[14] gilt nämlich: So erfüllend die Chancen sind, die unsere Vernunftmöglichkeiten uns bieten, so fürchterlich werden „Kultur" und „Aufklärung" entarten, wenn eine strategisch reduzierte Vernunft, womöglich konterkariert von weltanschaulichen Regressionen, sich in unsteuerbaren sozioökonomischen Verhältnissen quasi wildwüchsig austoben kann. Das szientifische Wissen muss, individuell und für alle, auf einen moralischen, sozialen und kulturelle Reflexionsrahmen hin bezogen werden.

Zu diesem Rekurs auf Bildung zunächst einige Präzisierungen:

Nicht gemeint ist mit den hier vorgestellten Bemerkungen, dass eine wie auch immer zu verstehende Praxisorientierung die Theorie womöglich aufheben könne. Denn zweifellos gilt, dass auch Praktische Philosophie nicht ohne theoretische Bemühung zu haben ist. Hier geht es eben doch noch und wieder um Theorie, nämlich um ein theoretisches Begründen oder Rechtfertigen sittlichen Handelns. Es ist ein zwar ein merkwürdiges Tun, über Normen theoretisch zu diskutieren, und zugleich zu wissen, wie verzweifelt der Abgrund zwischen Theorie und der Praxis, zwischen Wissen und tatsächlichem Handeln ist. Dies macht freilich die Theorie eben doch nicht obsolet. Wofür *Bildung*, ernst genommen, jedoch in diesem Zusammenhang allerdings steht, ist eine bessere Vermittlung dieser Theorie mit den menschlichen Lebensverhältnissen auf breiterer Basis.

Nicht gemeint ist mit diesen Bemerkungen ferner, Theoriebedingungen wie etwa *Max Weber*s Trennung von Sein und Sollen zu unterlaufen oder die wie dargestellt nachhaltig differenzierten Sparten der Reflexion zwangsweise wiedervereinigen zu wollen. Auch hier gelten vielmehr die Modernisierungsdifferenzierungen und immanenten Bedingungen in

---

[14] Eine Philosophie der Bildung als Praktische Philosophie zu empfehlen, ist als solches beileibe kein Heilmittel, denn gerade in Deutschland als dem Land der „Bildung" hat sich *Mendelssohns* eingangs zitierte Warnung, wendet man sie auf das Ideal eines nicht nur sich selbst, sondern auch seinem Gegenüber zugewandten Menschen an, in bitterster Weise bewahrheitet.

der Entwicklung der neuzeitlichen Rationalitätstheorie und damit die Zweifel an den bei allen offensichtlichen Unterschieden von Horkheimer und Habermas bis Hans Jonas gleich motivierten Ansätzen, sie zu unterlaufen. Das szientifische Wissen kann in seiner Struktur und Präsenzweise nicht mit Normen gleichsam amalgamiert werden. Es prozediert gemäß seiner eigenen Logik, wo nicht in höchst wirkungsmächtiger Interaktion mit der Sphäre der Ökonomie. Und doch darf es sich nicht abkoppeln von den Intentionen menschlichen Lebens überhaupt, sondern muss sich in seinen Anwendungsformen sozusagen an ihnen abarbeiten. Für eine nachhaltige Bereitschaft hierzu bedarf es der Kraft der Einsicht und demokratischer Kontrolle, hierzu wiederum entsprechender *Bildung*.

Nicht gemeint *kann* also eine Lösung des Dilemmas durch eine alte oder neue Universaltheorie sein. Der Blick auf die Einheit einer gebildeten Vernunft muss sich den bitter gelernten Lektionen und Denkbedingungen der entwickelten Moderne stellen, denen zufolge weder Glaubenssicherheiten noch philosophische Systeme sich zur definitiven problemlösenden Grundlage der Kultur aufblähen lassen (sie kann sich freilich erst recht nicht orientieren an der zeitweilig kolportierten Verabschiedung von Aufklärung und Vernunft als besseren Falls naiver und schlechteren Falls verderblicher „totalisierender" Erzählungen). Unsere ebenso wirkungsmächtige wie endliche Vernunft setzt die wiewohl immens interpretationsbedürftigen und nicht zuletzt im Streit der Philosophen nie eindeutig bestimmbaren Standards, über die wir uns heute definieren, in einem Prozess kultureller Arbeit. *Bildungsbemühungen*, obzwar unleugbar selbst lernend und ihrerseits behaftet mit Irrtümern der verschiedensten Art, können auf gesellschaftliche und politische Verhältnisse durchschlagen, von denen wir hoffen müssen, dass sie sich zunehmend Gewalt und Fehlorganisation entringen können. Dies aber wäre anders als ein in der Breite sich durchsetzender, zweifellos vielschichtiger sozialer und kultureller Prozess nicht vorstellbar. Ethische Probleme sind auch beileibe nicht nur solche der Normenbegründung – es gibt ja schließlich vielfältigste Normenbegründungsphilosophien und Normenletztbegründungsphilosophien – sondern eher solche der jeweiligen konkreten Regelung der Verhältnisse, der Konfliktregulierung und der gemeinsamen Zielfestlegung. Nur in solchen Prozessen wäre es Menschen zuzutrauen, dass sie sich der Bedrohung gewachsen zeigen, die das Wachstumstempo ihrer technischen Möglichkeiten im Vergleich zu den höchst schwierigen Arbeitsprozessen ihrer moralischen und kulturellen Urteilskraft bedeutet. Dieser Arbeit setzt keine Erlösung aus der Transzendenz, seit den monströsen Desastern definitiver gesellschaftlicher Lösungen auch keine finale Selbsterlösung, insbesondere keine „biologische", des Menschen ein schlechthinniges Ziel. Sie ist ein historisch errungenes, auch historisch gefährdetes Projekt; gegen ein Wiederaufleben prämoderner Perspektiven, gegen neue Verhängnisse aus gerade erst errungenen Verhältnissen, gegen neue Probleme aus erfolgten Problemlösungen gibt es keine Garantie, mögen wir auch davon träumen, dass die Menschen über alle ihre Verschiedenheiten und Interferenzen hinaus am Ende doch die Gestalter ihres Geschicks sein könnten.

Die Möglichkeiten der modernen Biologie und Medizin fordern die Ethik gegenwärtig in besonderer Weise heraus. Der Druck der durch Profit- wie Heilungserwartungen angetriebenen Forschung stellt angesichts der Chancen und Gefahren der Gentechnologie exemplarisch die Frage, in welchen Formen unsere Gesellschaft Absprachen darüber treffen sollte, ob und wie die neuen technologischen Errungenschaften in die Realität umgesetzt werden. Kommissionen tagen, Diskussionen erfolgen. Ethiker müssen dabei zweifellos die Möglichkeiten des technischen Fortschritts zu Ende denken. Die Spekulationen, einen „besseren" Menschen zu „schaffen", ihm womöglich gar in letzter Vision durch eine Außerkraftsetzung des Alterungsprozesses der Zellen Unsterblichkeit zu verleihen, lassen sich gleichwohl nicht als „Antwort" auf die „intern", also in der reflexiven Selbstwahrnehmung und -steuerung moderner Gesellschaften nicht gelösten Probleme, etwa als „Ersatz" für einen als beendet zu erklärenden Humanismus begreifen. „Menschen" müssen wir immer noch durch unsere kulturelle Arbeit werden. Dass wir uns zu mehr Verantwortlichkeit gegenüber den von uns selbst hervorgerufenen Veränderungen ausprägen, wird keine genetische Manipulation uns schenken. Es ist dies vielmehr etwas, das wir im Felde der Kultur leisten müssen. Für diese Aufgabe steht das Konzept der *Bildung*, von dem man darum vielleicht sagen kann, dass es die in ihren Verbindungen und Trennung bis hierhin diskutierte theoretische und praktische Linie zusammenführt.

Die Arbeit der Bildung ist dabei trotz aller Komplexität ihres Gegenstandes, nämlich der menschlichen Angelegenheiten, nicht die Arbeit des Sisyphos. Sie ist die spezifische und signifikante Chance, die in der Verbindung und Balance der in Bildungsprozessen aneinander und gemeinsam arbeitenden Aspekte liegt.[15] So allgemein diese Feststellung ist, so konkret kann sie sich an allen Bildungsorten einlösen: Bildung kann die Ausprägungen des Subjekts mit den materialen Gehalten der in der Geschichte sich aufarbeitenden kulturellen Vernunft vermitteln, Tradition mit neuen Anforderungen, Wissen mit Verantwortung zusammenbringen. Sie bedeutet für jeden Einzelnen zugleich auch: Die Wertebildung in der Gesellschaft angesichts wissenschaftlich-technischer Umwälzungen ist keine Sache nur der Experten und Eliten, sondern die Angelegenheit eines jeden. Ethik und Pädagogik hängen zusammen.[16] Wo Wissen ist, muss Bildung werden.

---

[15] Vgl. die in meiner Arbeit: Theorie der Kulturellen Bildung, München 1999, 217 ff. entwickelten Elemente eines aktualisierten Bildungsbegriffs.
[16] A. Pieper, Ethik und Pädagogik. In dies.: Einführung in die Ethik, 5. Aufl. 2003, 114 ff.

12. Klaus Steigleder

Klaus Steigleder (geb. 1959); Studium der Philosophie, Kath. Theologie und zeitweise auch der Klassischen Philologie in Bonn und Tübingen; Promotion 1991 in Tübingen; Habilitation 2001 in Stuttgart. 1986-1993 wissenschaftlicher Koordinator und Geschäftsführer des Zentrums für Ethik in den Wissenschaften der Universität Tübingen, das er gemeinsam mit Dietmar Mieth aufgebaut hat; 1993-2001 zunächst Lehrbeauftragter, dann wissenschaftlicher Assistent am Institut für Philosophie der Universität Stuttgart; 2001-2002 wissenschaftlicher Koordinator des ethisch-philosophischen Grundlagenstudiums für Studierende für das Lehramt an der Universität Stuttgart. Seit 2002 Professor für Ethik in Medizin und Biowissenschaften am Institut für Philosophie der Ruhr-Universität Bochum. Arbeitsgebiete und Schwerpunkte: Ethik, Bioethik, Politische Philosophie, Rechtsphilosophie, Handlungstheorie, Englische/Britische Philosophie des 17. und 18. Jahrhunderts, Kant.

Wichtigste Veröffentlichungen (Bücher): Ethische und rechtliche Fragen der Gentechnologie und der Reproduktionsmedizin, hg. mit V. Braun u. D. Mieth, 1987; Ethik in den Wissenschaften, hg. mit D. Mieth, 1990; Die Begründung des moralischen Sollens, 1992; Ethics of Human Genome Analysis, hg. mit H. Haker u. R. Hearn, 1993; Grundlegung der normativen Ethik, 1999; Kants Moralphilosophie, 2002; Bioethik. Eine Einführung, hg. mit M. Düwell, 2003; Die Aktualität der Philosophie Kants, hg. mit K. Schmidt u. B. Mojsisch, 2005.

Steigleder geht im folgenden Originalbeitrag für diesen Band davon aus, dass der Pluralismus der Wertvorstellungen, weltanschaulichen Annahmen und Moralauffassungen zu den bislang unterschätzten großen Herausforderungen der Ethik zählt. Wegen des kategorischen Verbindlichkeitsanspruchs der Moral stellt sich angesichts dieses Pluralismus die Aufgabe, zu unterscheiden zwischen jenen Wertauffassungen und Normen, welche die Zustimmung aller fordern, und jenen Wertauffassungen und Normen, für die man nur unter Wahrung der allgemeinverbindlichen Normen werben darf. Eine solche Unterscheidung lässt sich aber nur treffen, wenn genuine moralische Erkenntnis möglich ist. Dass dies der Fall ist, hat Steigleder, der Moralbegründung des amerikanischen Philosophen Alan Gewirth folgend, in einer Reihe von Arbeiten zu zeigen versucht. Den Ansatz von Gewirth hat Steigleder in Deutschland bekannt gemacht und in einigen Punkten weitergeführt.

Literatur:

Marcus Düwell, Handlungsreflexive Moralbegründung. In: M. Düwell – C. Hübenthal – M. Werner (Hrsg.), *Handbuch Ethik*, Stuttgart (Metzler) 2002, 152-162 (im Rahmen deontologischer Theorien werden in dem empfehlenswerten Überblick des *Handbuches Ethik* neben Kant und der Diskursethik auch Ansätze „Handlungsreflexiver Moralbegründung" vorgestellt. In diesem Zusammenhang 154 ff. Darlegungen zu Gewirth und Steigleder)

Ein Vorschlag, moralische Normen zu begründen – Die Konzeption von Alan Gewirth

Im Folgenden soll die Begründung des Moralprinzips vorgestellt werden, die der amerikanische Philosoph Alan Gewirth in seinem 1978 veröffentlichten Buch „Reason and Morality" entwickelt hat.[1] Ich werde davon ausgehen, dass moralische Normen durch einen kategorischen, unbedingten Verbindlichkeitsanspruch gekennzeichnet sind und dass sie inhaltlich durch den Gesichtspunkt der angemessenen Berücksichtigung der Interessen oder Eigenschaften der von Handlungen Betroffenen bestimmt sind. Die Aufgabe der Begründung der normativen Ethik besteht in dem Ausweis eines obersten moralischen Prinzips, das mit kategorischer Verbindlichkeit und inhaltlich bestimmt vorschreibt, in welcher Weise welche und wessen Interessen handelnd zu berücksichtigen sind.

I.

Nun sieht auf den ersten Blick alles danach aus, dass die angestrebte strenge Begründung eines gehaltvollen Moralprinzips mit kategorischer Verbindlichkeit ein aussichtsloses Unterfangen ist. Denn eine Letztbegründung scheint weder induktiv noch deduktiv zu leisten zu sein. Die Verallgemeinerung von Einzelaussagen zu einer Allaussage ist logisch nicht gültig, d. h. die Wahrheit der Prämissen garantiert hier nicht schon die Wahrheit der Schlussfolgerung. Um hier das bekannte Beispiel zu verwenden: Die Tatsache, dass alle Schwäne, die ich bislang gesehen habe, weiß sind, garantiert noch nicht die Wahrheit der Behauptung, dass alle Schwäne weiß sind.

Deduktive Schlüsse sind dagegen wahrheitserhaltend. In einem korrekten deduktiven Schluss ist die Wahrheit der Schlussfolgerung garantiert, *wenn* die Prämissen wahr sind. Wenn es zutrifft, dass alle Philosophiestudentinnen eine überragende Intelligenz besitzen,

---

[1] Vgl. für das Folgende generell die nachstehenden Literaturhinweise: Alan Gewirth, Reason and Morality, Chicago 1978; ders., Human Rights. Essays on Justification and Applications, Chicago 1982; ders., Die rationalen Grundlagen der Ethik, in: Klaus Steigleder, Dietmar Mieth (Hg.), Ethik in den Wissenschaften, Tübingen 1990, 3-34; ders., The Community of Rights, Chicago 1996; ders., Self-Fulfillment, Princeton 1998.– Edward Regis (ed.), Gewirth's Ethical Rationalism. Critical Essays with a Reply by Alan Gewirth, Chicago 1984; Deryck Beyleveld, The Dialectical Necessity of Morality. An Analysis and Defense of Alan Gewirth's Argument to the Principle of Generic Consistency, Chicago 1991; Klaus Steigleder, Die Begründung des moralischen Sollens. Studien zur Möglichkeit einer normativen Ethik, Tübingen 1992; ders., Gewirth und die Begründung der normativen Ethik, in: Zeitschrift für philosophische Forschung 51 (1997), 251-67; ders., Grundlegung der normativen Ethik. Der Ansatz von Alan Gewirth, Freiburg/ München 1999; Michael Boylan (ed.), Gewirth. Critical Essays on Action, Rationality and Community, Lanham 1999; Marcus Düwell, Handlungsreflexive Moralbegründung, in: Marcus Düwell, Christoph Hübenthal, Micha H. Werner (Hg.), Handbuch Ethik, Stuttgart 2002, 152-162; Christoph Hübenthal, Die ethische Theorie von Alan Gewirth und ihre Bedeutung für die Bioethik, in: Marcus Düwell, Klaus Steigleder (Hg.), Bioethik. Eine Einführung, Frankfurt/M. 2003, 120-135.

dann können wir folgern, dass die Philosophiestudentin Hannah Müller eine überragende Intelligenz besitzt. Was aber garantiert in einem deduktiven [ableitenden] Schluss die Wahrheit der Prämissen? Wollten wir sie selbst wiederum deduktiv begründen, würde diese Frage nur verschoben, weil nun nach der Wahrheit der Prämissen unseres neuen deduktiven Schlusses zu fragen wäre. Wollten wir sagen, die Wahrheit der Prämissen sei evident, so wäre dies eine dogmatische Behauptung und keine Begründung.

Gewirth hat darauf aufmerksam gemacht, dass die allgemeinen begründungslogischen Probleme bei der Aufgabe der Begründung eines obersten moralischen Prinzips jeweils noch eine Verschärfung erfahren. Was eine induktive Begründung anbelangt, so würde schon die Auswahl der Einzelgesichtspunkte, die für die Begründung des Prinzips relevant sind, auf einer normativen Vorentscheidung beruhen. Anders gesagt: Man würde zu *dem* Prinzip gelangen, das man bei der Auswahl voraussetzt. Das Vorgehen wäre also unzulässig zirkulär. Bei der deduktiven Begründung eines obersten moralischen Prinzips stellt sich das folgende zusätzliche Problem: Das Prinzip, das es zu begründen gilt, hat einen normativen Charakter. Wie beschaffen aber kann dasjenige sein, das zu seiner Begründung herangezogen wird? Hier gibt es zwei Möglichkeiten: Erstens, es hat ebenfalls normativen Charakter. Dann aber wäre es selbst das oberste moralische Prinzip und selbst wiederum zu begründen. Zweitens, es ist nicht normativ: Dann aber entsteht die Frage, wie es überhaupt in der Lage sein soll, ein normatives Prinzip zu begründen. Denn zwischen Tatsachen und Normen, zwischen Sein und Sollen scheint eine unüberwindliche Kluft zu bestehen. Aus der Tatsache, dass etwas so oder so ist, folgt eben noch nicht, dass es so oder so sein soll.

Auf diese zusätzlichen Probleme hinzuweisen ist durchaus wichtig. Aus ihnen wird nämlich deutlich, dass eine normative Ethik nicht in der gleichen Weise wie etwa die Naturwissenschaften mit der Unmöglichkeit einer Letztbegründung leben könnte: Erstens geht es, worauf Gewirth hinweist, in der normativen Ethik nicht nur um Probleme zweiter Ordnung: Es geht nicht einfach nur um die Erklärung eines Bestandes mehr oder weniger gesicherter Tatsachen. Vielmehr geht es schon um die Sicherung und Bewertung einfacher Normen erster Ordnung. Zweitens scheiden bestimmte Möglichkeiten aus, mit den aufgezeigten Begründungsproblemen zurechtzukommen. Wie immer man zu Versuchen steht, induktive Schlüsse als Wahrscheinlichkeitsschlüsse zu etablieren, die normative Ethik könnte darauf nicht zurückgreifen. Auch ist nicht zu sehen, wie sie ein Falsifikationskriterium bemühen könnte. Karl Popper hat ja das Induktionsproblem dahingehend zu lösen versucht, dass empirische Theorien zwar nicht durch endliche Erfahrungstatsachen verifiziert werden können, wohl aber an der Erfahrung scheitern, durch Erfahrungstatsachen widerlegt, falsifiziert werden können.

Während also etwa die Naturwissenschaften mit der Unmöglichkeit einer Letztbegründung leben können, könnte dies die normative Ethik letztlich nicht. Denn die Unmöglichkeit der Begründung eines gehaltvollen obersten moralischen Prinzips würde darauf hinauslaufen, dass uns eine Erkenntnis dessen, was moralisch richtig oder falsch ist, unmöglich ist.

II.

Steht aber die Unmöglichkeit jeglicher Letztbegründung wirklich fest? Dies ist nicht der Fall. Denn gezeigt wurde nur das Scheitern eines bestimmten Modells deduktiver Begründung, des Modells der Ableitung von Sätzen aus Obersätzen. Um aber aus einem solchen Nachweis auf die Unmöglichkeit jeglicher Letztbegründung schließen zu können, müsste zusätzlich gezeigt werden, dass dieses Modell das allein verfügbare ist. Wenn dies gezeigt werden könnte, dann wäre die Unmöglichkeit jeglicher Letztbegründung letztbegründet, was offensichtlich selbstwidersprüchlich ist.

Mit der zuletzt verwandten Argumentationsfigur, dem Aufweis eines Selbstwiderspruchs, habe ich mich schon eines anders gearteten Begründungsmodells bedient: nämlich eines reflexiven Argumentes. Reflexive Argumente versuchen notwendige Urteile aufzuweisen, indem gezeigt wird, dass *bestimmte* Urteile nicht ohne Selbstwiderspruch bestritten werden können. Dabei geht es nicht um semantische Implikationsbeziehungen zwischen Subjekt und Prädikat, also nicht um Widersprüche, die entstehen, wenn man Tautologien wie etwa den Satz „Alle Junggesellen sind unverheiratet" negiert. Vielmehr geht es um einen Widerspruch, der entsteht, wenn ich beispielsweise behaupte: „Es gibt keine wahren Sätze". Der Widerspruch besteht zwischen dem Wahrheitsanspruch, den ich mit diesem Satz verbinde, und dem Gehalt des Satzes.

Es gibt unterschiedliche Arten solcher Selbstwidersprüche, und entsprechend kann die Leistungsfähigkeit reflexiver Argumente höchst unterschiedlich sein. Ich möchte hier aber nicht weiter abstrakt über Struktur und Leistungsfähigkeit reflexiver Argumente sprechen, sondern mit der Argumentation von Gewirth ein konkretes reflexives Argument eines bestimmten Typs vorstellen.

III.

Die Argumentation von Gewirth besteht in dem Nachweis, dass jeder Handlungsfähige logisch dazu genötigt ist, zumindest implizit eine Sequenz notwendiger Urteile anzuerkennen, an deren Ende das oberste moralische Prinzip steht. Weil kein Handlungsfähiger dieses Prinzip ohne Selbstwiderspruch bestreiten kann, ist jeder Handelnde logisch genötigt, dieses Prinzip als notwendig wahr anzuerkennen.

Der Ausgangspunkt bei Handlungsfähigen ist nicht willkürlich. Handlungsfähigkeit ist Voraussetzung aller Praxis und Sinnbedingung aller Regeln und Normen von der Gebrauchsanweisung über den klugen Ratschlag bis hin zu einer moralischen Norm. Denn Regeln und Normen sind Regeln und Normen für das Handeln. Sie schreiben ein bestimmtes Handeln vor oder empfehlen es. Gäbe es keine Handlungsfähigen, die den Regeln oder Normen Folge leisten könnten, dann wären sie sinnlos. Könnten die Adressaten sich gar nicht anders verhalten, als es die Regeln oder Normen vorschreiben, dann wären die Regeln und Normen überflüssig.

Handeln besitzt unbeschadet seiner vielfältigen Realisierungsmöglichkeiten eine allgemein bestimmbare Struktur. Unter Handeln soll hier ein freiwilliges und zweck- bzw. zielgerichtetes (intentionales) Tun oder Lassen verstanden werden. Gewirth bezeichnet „Freiwilligkeit" und „Intentionalität" als die *konstitutiven* Merkmale des Handelns. Das Merkmal der *Freiwilligkeit* besagt, dass Handeln eine Tätigkeit ist, die *spontan*, d.h. „aus eigenem Antrieb" erfolgt und unter der Kontrolle dessen steht, der sie ausübt. Das Merkmal der *Zweckgerichtetheit* oder *Intentionalität* besagt, dass Handlungen Tätigkeiten darstellen, die durch den Handelnden *final* bestimmt sind.

Handlungen sind also Tätigkeiten oder Verhaltensweisen, die nicht nur ein Willens-, sondern auch ein Wissensmoment enthalten. Der Handelnde „weiß um" sein Handeln und weiß auch, „warum" bzw. „wozu" er handelt.

Auch Unterlassungen stellen Handlungen dar, wenn sie die beiden konstitutiven Merkmale der Freiwilligkeit und Intentionalität erfüllen. Dies bedeutet auch, dass Handeln für einen Handlungsfähigen unhintergehbar ist. Man kann sich nicht dazu entscheiden, nicht zu handeln. Entscheiden kann man sich nur, nicht so oder so zu handeln. Auch der Extremfall der Selbsttötung stellt, sofern hier von Freiwilligkeit gesprochen werden kann, ein Handeln dar, allerdings ein Handeln, mit dem ein Handlungsfähiger seiner Handlungsfähigkeit ein Ende setzt.

Die angesprochene Unhintergehbarkeit des Handelns bedeutet jedoch nicht, dass ein Handlungsfähiger ständig ein aktuell Handelnder ist. Auch ist es wichtig zu beachten, dass Handeln hier in einem anspruchsvollen Sinn verwendet wird. Umgangssprachlich sind wir es gewohnt, den Handlungsbegriff in einem weiteren Sinn fast gleichbedeutend mit „Verhalten" oder „Tätigkeit" zu verwenden. *Hier* sollen aber nur durch Freiwilligkeit und Intentionalität qualifizierte Verhaltsweisen oder Tätigkeiten als „Handeln" angesprochen werden.

Nun könnte man den Verdacht haben, dass Handeln so in einem zu anspruchsvollen Sinn verstanden wird. Das so verstandene Handeln könnte als eine weltfremde philosophische Konstruktion, ja sogar als Fiktion erscheinen. Denn wenn wir an unseren Alltagstrott und unsere durch Routine bestimmten Verhaltensweisen denken, wo bleibt da noch Platz für ein wissentlich-willentliches Tun oder Lassen? Ich möchte mich hier auf zwei kurze Bemerkungen zu diesem Einwand beschränken. Erstens: Es widerspricht der Handlungsdefinition nicht, dass faktisch mit einer großen Bandbreite und Abstufungen des Handelns zu rechnen ist, von eingespielten Verhaltensweisen bis hin zu einem sorgfältig geplanten und sehr bewussten Tun. Vielmehr geht es darum, das Gemeinsame in dieser Bandbreite zu erfassen. Dies schließt nicht aus, dass es immer wieder Zweifelsfälle geben kann, in denen es nicht eindeutig ist, ob ein Verhalten überhaupt noch als Handeln verstanden werden kann.

Zweitens hat Gewirth darauf aufmerksam gemacht, dass die Freiwilligkeit und Intentionalität auch eingespielter Verhaltensweisen oft dann deutlich wird, wenn sich Hindernisse in den Weg stellen. Jemand mag es gewohnt sein, sich jeden Tag in sechsten Stock eines Bürogebäudes zu begeben. Wahrscheinlich beachtet er den Weg nicht (mehr) sonderlich, geht wie selbstverständlich zu den Aufzügen, drückt auf den Bedienungsknopf etc. Was aber wäre, wenn der Haupteingang unerwartet geschlossen wäre und er um das ganze Gebäude herumlaufen müsste oder die Aufzüge außer Betrieb sind. Wenn er keuchend die Treppe nimmt, wird ihm wahrscheinlich deutlich, dass er wirklich in sein Büro will.

Auch sei noch einmal daran erinnert, dass der hier vorausgesetzte Handlungsbegriff eine Sinnbedingung aller Normen ist. Wenn es kein wissentlich-willentliches Tun oder

Lassen gäbe, dann wäre der Erlass von Gesetzen ebenso sinnlos (und selbst schon unmöglich) wie ein Nachdenken darüber, was moralisch richtig oder falsch ist.

Die Argumentation von Gewirth besteht, wie gesagt, darin, eine Sequenz notwendiger Urteile des Handelnden zu entfalten. Die vorausgegangene Erläuterung des Handlungsbegriffs versetzt uns nun in die Lage zu verstehen, wie das erste Urteil lautet, von dem die Sequenz ihren Ausgang nimmt. Da Handeln ein durch Freiwilligkeit und Intentionalität gekennzeichnetes Tun oder Lassen ist, besitzt jedes Handeln die Struktur, dass jemand etwas um etwas willen tut. Dem entspricht das notwendige Urteil des Handelnden

(1) „Ich tue H um Z willen",

wobei H für jede beliebige Handlung und Z für jedes beliebige Handlungsziel stehen kann.

Die Methode, der sich Gewirth bedient, ist die der Entfaltung dieses Urteils *aus der Perspektive* des Handelnden, vom Standpunkt des Handelnden her. Es geht in der Sequenz nicht um assertorische Urteile, sondern um dialektische, allerdings um dialektisch notwendige Urteile. Ein assertorisches Urteil ist ein behauptendes Urteil und hat die Form „p". „p" wird für sich behauptet. Das assertorische Urteil „Lust ist gut" besagt beispielsweise soviel wie: Lust ist für sich genommen, objektiv gut. Demgegenüber hat ein dialektisches Urteil die Form: „X ist der Überzeugung (meint, anerkennt, denkt etc.), dass p". Man könnte dies auch so ausdrücken: Urteil von X: „p". Das Urteil „Lust ist gut" hat als dialektisches Urteil einen anderen Sinn als das entsprechende assertorische Urteil. Es besagt nicht, dass Lust objektiv gut ist, sondern dass der Urteilende Lust für gut hält. Das assertorische Urteil sagt primär etwas über den Urteilsgegenstand aus, während das dialektische Urteil primär etwas über den Urteilenden aussagt. Wegen dieses Unterschieds kann es der Fall sein, dass ein dialektisches Urteil wahr ist, während das korrespondierende assertorische Urteil falsch ist oder es ungewiss ist, ob es wahr oder falsch ist.

In der Sequenz, die es zu entfalten gilt, geht es allerdings nicht einfach nur um dialektische, sondern um *dialektisch notwendige* Urteile. Dialektisch notwendige Urteile haben die Form: „X ist logisch genötigt zu meinen (denken, anzuerkennen etc.), dass p" oder, anders ausgedrückt: Notwendiges Urteil von X: „p". Gewirth hat die Methode, eine Sequenz dialektisch notwendiger Urteile zu entfalten, auch als *Methode der dialektischen Notwendigkeit* bezeichnet. Die mit Hilfe dieser Methode entfaltete Sequenz stellt ein reflexives Argument dar, weil es in den wesentlichen Schritten immer um die Urteile in ihrem Bezug auf den Handelnden geht und nicht um bloße semantische Implikationsverhältnisse der isoliert betrachteten Urteile. Diesen Bezug auf den Handelnden gilt es nun immer im Blick zu behalten.

IV.

Der Ausgangspunkt der Sequenz ist das notwendige Urteil des Handelnden

(1) „Ich tue H um Z willen".

Der erste Schritt der Sequenz besteht nun in dem Nachweis, dass Handeln eine evaluative Struktur, eine Wertungsstruktur besitzt. Damit ist gemeint, dass jeder Handelnde zu bestimmten Werturteilen logisch genötigt ist. Dies lässt sich wie folgt zeigen:
Urteil (1) „Ich tue H um Z willen" impliziert zunächst auf einfache Weise das notwendige Urteil

(2)   „Ich will Z".

Dass der Handelnde Z will, muss nun nicht heißen, dass er eine besondere Neigung zu Z hat. Nehmen wir an, Müllers Handlung besteht an einem Abend im Lesen eines schwierigen philosophischen Buches. Vielleicht täte Müller im Sinne seiner Neigung lieber etwas anderes, z. B. einen spannenden Film sehen oder sich mit Freunden in einer Kneipe treffen. Trotzdem tut Müller dies nicht, sondern liest das Buch, um – sagen wir – sich mit dem Determinismusproblem auseinanderzusetzen. Dass ein Handelnder mit seiner Handlung ein bestimmtes Handlungsziel verfolgt, impliziert, dass er gegenüber seinem Handlungsziel eine „befürwortende Einstellung" hat. An dieser befürwortenden Einstellung lassen sich nach Gewirth drei Grundmerkmale unterscheiden: eine *besondere Aufmerksamkeit*, mit der sich der Handelnde auf das Ziel richtet; eine *Hinwendung*, in der der Handelnde es als *sein* Ziel begreift bzw. wählt, und ein (wie immer auch geartetes) *Interesse* an der Erreichung des Ziels, das diese Hinwendung begleitet und aus dem heraus der Handelnde einem Ziel (gegenüber anderen möglichen Handlungsgegenständen) den Vorzug gibt, zumindest ihm nicht indifferent gegenübersteht.

Die Handlungsintention lässt sich also in ein Präferenzurteil übersetzen, das als solches eine positive Wertung impliziert. Das Urteil (2) „Ich will Z" impliziert deshalb das weitere notwendige Urteil des Handelnden

(3)   „Z ist gut".

Es ist wichtig zu beachten, dass es sich bei dem Urteil um ein dialektisch notwendiges Urteil handelt, das den Sinn hat, dass der Handelnde sein jeweiliges wirkliches Handlungsziel zum Zeitpunkt seines Handelns für gut hält. Außerdem ist zu berücksichtigen, dass der wertende Ausdruck „gut" ein „offener" Ausdruck ist. Denn durch ihn ist weder festgelegt, was der konkrete Gegenstand der Bewertung ist, noch nach welchen Gesichtspunkten bzw. Kriterien die Bewertung erfolgt. Das notwendige Wertungsurteil des Handelnden schließt auch in keiner Weise aus, dass der Handelnde vorher anders geurteilt hat oder später sein Urteil revidiert, also beispielsweise zu der Auffassung gelangt, dass sein Wollen seinem Eigeninteresse widersprochen hat oder seine Handlung einem anderen in unzulässiger Weise geschadet hat. Der Handelnde kann auch konkurrierende Wertgesichtspunkte haben und einen bestimmten Gesichtspunkt zum Zuge kommen lassen. Urteil (3) „Z ist gut" kann zu Urteil

(4)   „Z ist ein Gut".

umformuliert werden, wenn die subjektive Perspektive beibehalten bleibt und „ein Gut" im gleichen Sinn wie „gut" ein offener Wertungsausdruck ist, also den Sinn hat: „etwas, das (vom Handelnden) positiv bewertet wird".

Wenn aber jeder Handelnde logisch genötigt ist, alle seine jeweiligen wirklichen Handlungsziele positiv zu bewerten, dann muss er auch in einem zumindest instrumentellen Sinn seine Handlungsfähigkeit positiv bewerten. Der Handelnde ist also zu dem weiteren Urteil genötigt:

(5) „Meine Handlungsfähigkeit ist ein Gut".

Dieses Urteil hat zwei unterscheidbare Bedeutungen: Handlungsfähigkeit kann zum einen die situations- und kontextgebundenen Voraussetzungen für die Verfolgung ganz bestimmter Ziele meinen, z. B. bestimmte Fertigkeiten des Violinspiels für die Aufführung der E-Dur Sonate von Bach; Geldmittel oder Kreditwürdigkeit für den Kauf eines Autos; Inspiration, Konzentration und Muße für das Schreiben einer wissenschaftlichen Arbeit etc., etc. – sehr konkrete äußere und innere Voraussetzungen also. Zum anderen kann Handlungsfähigkeit ganz allgemein und grundsätzlich die *notwendigen Bedingungen jeden Handelns* bezeichnen: also Freiheit und die weiteren Fähigkeiten und Voraussetzungen für Zweckverfolgung überhaupt. Diese notwendigen Bedingungen des Handelns stellen nun für einen Handelnden bzw. Handlungsfähigen nicht nur notwendig Güter, sondern darüber hinaus auch *notwendige Güter* dar. Denn sie sind die schlechthinnigen Voraussetzungen dafür, etwas oder überhaupt etwas handelnd zu erreichen und zu bewahren, was einem gut erscheint. Der Handelnde ist deshalb auch zu dem weiteren Urteil genötigt

(6) „Meine Freiheit und die (weiteren) grundsätzlichen Fähigkeiten und Voraussetzungen meiner Zweckverfolgung sind notwendige Güter."

Es kommt immer wieder vor, dass Handlungen ihr Ziel nicht erreichen. Es liegt aber in der Struktur des Handelns begründet, dass der Handelnde sein Handlungsziel erreichen will, er will, dass seine Handlungen erfolgreich sind. Deshalb stellt für den Handelnden sein Handlungserfolg notwendig ein Gut dar und sind für ihn auch die grundsätzlichen Fähigkeiten für *erfolgreiche Zielverfolgung überhaupt* notwendige Güter.

Des Weiteren ist zu beachten, dass wirkliche Handlungsziele seitens des Handelnden *qualifiziert* bewertet werden. Denn nicht alles, was der Handelnde nach welchen Kriterien auch immer positiv bewertet, ist deshalb für den Handelnden auch schon ein wirkliches Handlungsziel. Vielmehr muss (im Sinne einer notwendigen Bedingung) bei der Wahl von Handlungszielen ein *Präferenzurteil* hinzutreten, das einen sowohl „rückwärts"- wie auch „vorwärts"-gerichteten Bezug auf das enthält, was der Handelnde sonst noch als Güter erachtet. Es gehört deshalb zur Logik der in die Handlungsstruktur eingelassenen Bewertungen, dass der Handelnde den „Stand" der für ihn vorhandenen bzw. von ihm erreichten Güter erhalten und erweitern will. Dies schließt nicht aus, dass der Handelnde für die Erreichung seiner Ziele etwas einsetzen muss und will. Das angestrebte Ziel *scheint* ihm aber die „Kosten" des Einsatzes aufzuwiegen – unbeschadet dessen, dass er dieses Urteil möglicherweise nachträglich revidiert.

Wenn aber der Handelnde den „Stand" seiner Zweckerfüllung erhalten und erweitern will, dann sind die notwendigen Voraussetzungen jeder Zweckverfolgung überhaupt sowie die notwendigen Voraussetzungen dafür, *überhaupt* den Stand seiner Zweckerfüllung *erhalten* und *erweitern* zu können, allesamt *notwendige Güter*. Sie bestehen in, wie Gewirth sie bezeichnet hat, „basic goods" – *Elementargütern*, „nonsubtractive goods" – *Nichtverminderungsgütern* und „additive goods" – *Zuwachsgütern*. Diese Güter stehen untereinander in einer Rangordnung, entsprechend ihrer Notwendigkeit für Handeln und erfolgreiches Handeln überhaupt und sind *inhaltlich invariant*.

Elementargüter sind die grundsätzlichen Voraussetzungen dafür, überhaupt handeln zu können. Sie bestehen in

„bestimmten physischen und psychischen Dispositionen, die von Leben und leiblicher Integrität (einschließlich der dazu erforderlichen Mittel wie Nahrung, Kleidung und Obdach) bis hin zu Ausgeglichenheit und einem Gefühl der Zuversicht reichen, dass man die grundsätzliche Möglichkeit besitzt, seine Ziele zu erreichen." (*Reason and Morality*, 54)

Zu den notwendigen *Nichtverminderungsgütern*, die in den *allgemeinen Voraussetzungen* dafür bestehen, den Stand der eigenen Zielerfüllung erhalten zu können, zählen z. B.: nicht belogen, bestohlen oder betrogen zu werden. Zu den notwendigen *Zuwachsgütern*, die in den *allgemeinen Voraussetzungen* bestehen, den Stand der eigenen Zielerfüllung zu erweitern, zählt z. B. Bildung.

Die Elementargüter sowie die notwendigen Nichtverminderungs- und Zuwachsgüter stellen für den Handelnden das dar, was für ihn in erster Linie sein „Wohlergehen" ausmacht. Verwenden wir „Wohlergehen" in diesem bestimmten Sinn als Kürzel und terminus technicus, so dürfen wir Urteil

(6) „Meine Freiheit und die (weiteren) grundsätzlichen Fähigkeiten und Voraussetzungen meiner Zweckverfolgung sind notwendige Güter"

umformulieren in das notwendige Urteil

(7) „Meine Freiheit und mein ‚Wohlergehen' sind notwendige Güter."

V.

Der zweite und entscheidende Schritt besteht nun in dem Nachweis, dass Handeln in der Perspektive des Handelnden nicht nur eine evaluative, sondern darüber hinaus auch eine *deontische (normative) Struktur* besitzt. Der Handelnde muss notwendig die notwendigen Güter als etwas ansehen, das ihm zukommt und folglich auch davon ausgehen, dass er gegenüber allen anderen Handlungsfähigen konstitutive (Anspruchs-)*Rechte* auf diese Güter hat.

Wie Gewirth herausgestellt hat, gehören zu einem (Anspruchs-) Recht ein *Träger* und ein *Adressat*, wobei das Recht in einem *begründeten Anspruch auf etwas* gegenüber einem oder mehreren anderen besteht. Der Anspruch des Trägers kann unterschiedlicher Art bzw. *Modalität* sein. Ihm korrespondieren auf Seiten des oder der Adressaten *strikte Verpflichtungen*.

Es gehört nicht zum Begriff eines Rechts, dass es von seinen Adressaten *faktisch* anerkannt wird, wohl aber, dass es einen normativen Anspruch *an* andere richtet. Da Rechte unterschiedlicher Art sein können, muss dieser normative Anspruch *nicht* notwendig in einem moralischen Anspruch bestehen, ein Gesichtspunkt, der für das weitere Verständnis äußerst wichtig ist. Um die These, dass jeder Handelnde logisch zu der Auffassung genötigt ist, dass er ein Recht auf seine Freiheit und sein „Wohlergehen" hat, einzulösen, muss also weder gezeigt werden, dass ein solches Recht moralisch begründet ist, noch, dass die Adressaten eines solchen Rechtes die damit verbundenen Ansprüche anerkennen, noch, dass sie diese Ansprüche *von ihrem Standpunkt* aus anerkennen müssen. Was gezeigt werden muss, ist vielmehr, dass der *Handelnde von seinem Standpunkt aus genötigt* ist, *sich in einer bestimmten Weise für berechtigt bzw. andere in einer bestimmten Weise für verpflichtet zu halten*. Um dies zu zeigen, möchte ich nun auf der Grundlage der Ausführungen von Gewirth ein gegenüber der Argumentation von Gewirth direkteres Vorgehen wählen.

Dass etwas für einen Handelnden zwingend ein notwendiges Gut ist, besagt nicht einfach nur eine instrumentelle Beziehung zu seinen Handlungszielen, also nicht bloß, dass etwas ein Mittel für ein wirkliches Handlungsziel ist. Ginge es nur um eine solche Zweck-Mittel-Relation, dann müsste es korrekt sein, Urteil (5) des Handelnden „Meine Handlungsfähigkeit ist ein Gut" gleich umzuformulieren in das Urteil „Meine Handlungsfähigkeit ist ein notwendiges Gut." Damit würde aber unzulässigerweise die Differenzierung im Begriff der Handlungsfähigkeit aufgehoben, auf die ich aufmerksam gemacht habe. Eine Straßenbahnfahrkarte hätte dann für den Handelnden notwendigerweise den gleichen Status wie sein Leben. Dies ist aber nicht der Fall.

Gegenüber der bloß instrumentellen Beziehung eines Mittels auf ein wirkliches Handlungsziel treten nämlich für den Handelnden in der Bewertung seiner Freiheit und seines „Wohlergehens" als *notwendige Güter* (Urteil 7) zwei fundamentale Notwendigkeitsbeziehungen hinzu: Zunächst ist der Gegenstand des Wollens ein notwendiger, d. h. der Inhalt der Güter ist nicht arbiträr oder variabel. Was ein Mittel für ein wirkliches Handlungsziel ist, ist davon abhängig, worin das Handlungsziel besteht, und wird mit den jeweiligen Situationen, Gegebenheiten, Optionen und handelnden Personen variieren. Im Unterschied dazu sind aber die grundlegenden Fähigkeiten und Voraussetzungen für Handeln und erfolgreiches Handeln überhaupt situationen- und personenübergreifend konstant. Des Weiteren ist die Weise des Wollens gewissermaßen eine notwendige. Während ein Handelnder konkrete Handlungsziele aufgeben kann und damit zusammenhängend die jeweiligen Voraussetzungen und Mittel für die Erreichung dieser Ziele für den Handelnden an Bedeutung verlieren mögen, ist die intentionale Beziehung auf ein notwendiges Gut nicht hypothetisch, sondern *unkonditioniert* und damit zusammenhängend *durchgehend* und *uneingeschränkt*. Die notwendige Bewertung von etwas als notwendigem Gut bedeutet also eine Bestimmtheit des Wollens dergestalt, dass dieses Wollen invariant und unbeliebig ist in dem, was es will, und sich weder an Bedingungen binden noch Ausnahmen einschließen kann. Ein *derartig* qualifiziertes Wollen schließt aber, wie Gewirth herausgestellt hat und sogleich deutlich werden wird, vom Standpunkt des Handelnden aus ein präskriptives „Element" mit ein.

Es ist also zunächst festzuhalten, dass das Urteil

(7)   „Meine Freiheit und mein ‚Wohlergehen' sind notwendige Güter."

das weitere Urteil impliziert

(8)   „Ich brauche meine Freiheit und mein ‚Wohlergehen' (in deren Eigenschaft als notwendige Bedingungen meiner erfolgreichen Zielverfolgung überhaupt) notwendig und ich will sie (in dieser Eigenschaft) unkonditioniert und ausnahmslos."

In der Beurteilung von Freiheit und „Wohlergehen" als notwendige Güter sind also die *Tatsache*, dass der Handelnde seiner Freiheit und seines „Wohlergehens" notwendig bedarf, und sein unkonditioniertes und ausnahmsloses Wollen seiner Freiheit und seines „Wohlergehens" eigentümlich *verschränkt*. In dieser Verschränkung von (unaufhebbarer) Bedürftigkeit und (unkonditioniertem und durchgängigem) Wollen liegt es begründet, dass der Handelnde seine Freiheit und sein „Wohlergehen" immer auch in einer bestimmten Weise auf sich beziehen und für sich befürworten muss.

Nun sind aber für den Handelnden, zumindest auf Zukunft hin, seine Freiheit und sein „Wohlergehen" kein selbstverständlicher Besitz. Es besteht einerseits die Möglichkeit, dass seine Freiheit und sein „Wohlergehen" von außen beeinträchtigt werden. Andererseits kann der Handelnde für den Erhalt oder die Wiedererlangung seiner Freiheit und seines „Wohlergehens" auf die Unterstützung anderer angewiesen sein. Letzteres blende ich der besseren Übersichtlichkeit wegen im Folgenden aus. Es ist aber für die Begründung positiver Pflichten, also von Pflichten zur Hilfeleistung, äußerst wichtig. Die Möglichkeit von Beeinträchtigungen von Freiheit und „Wohlergehen" hat den Status einer Prämisse, die sich beispielsweise in dem Urteil wiedergeben lässt: „Meine Freiheit und mein ‚Wohlergehen' können von außen beeinträchtigt werden." In Verbindung mit dieser unproblematischen Prämisse folgt aus Urteil

(8)   „Ich brauche meine Freiheit und mein ‚Wohlergehen' (in deren Eigenschaft als notwendige Bedingungen meiner erfolgreichen Zielverfolgung überhaupt) notwendig und ich will sie (in dieser Eigenschaft) unkonditioniert und ausnahmslos."

Urteil

(9)   „Ich will unkonditioniert und ausnahmslos nicht, dass meine Freiheit und mein ‚Wohlergehen' (in deren Eigenschaft als notwendige Bedingungen meiner erfolgreichen Zielverfolgung überhaupt) beeinträchtigt werden."

Dem entspricht Urteil

(10) „Es soll ausnahmslos und uneingeschränkt nicht der Fall sein, dass meine Freiheit und mein ‚Wohlergehen' (in deren Eigenschaft als notwendige Bedingungen meiner erfolgreichen Zielverfolgung überhaupt) beeinträchtigt werden."

Es macht nun aber für den Handelnden einen Unterschied, worin die möglichen Beeinträchtigungen der Freiheit und des „Wohlergehens" des Handelnden bestehen: ob diese in Handlungen und somit in der „Verantwortung" von Handlungsfähigen liegen, die so oder auch anders handeln können, oder etwa in gewissermaßen unabwendbaren Ereignissen „höherer Gewalt" wie beispielsweise Naturkatastrophen. Solche Ereignisse, welche die Freiheit und das „Wohlergehen" eines Handelnden massiv beeinträchtigen oder gar zerstören, liegen außerhalb seiner Macht und außerhalb von „Verantwortlichkeiten" und können durch den Handelnden nicht direkt verhindert oder abgewendet werden. Die Machtlosigkeit des Handelnden gegenüber Ereignissen „höherer Gewalt" ändert aber nichts daran, dass der Handelnde die Beeinträchtigungen seiner Freiheit und seines „Wohlergehens" durch solche Ereignisse unkonditioniert und ausnahmslos nicht will.

Wenn aber die möglichen Beeinträchtigungen der Freiheit und des „Wohlergehens" eines Handelnden in der „Verantwortung" von anderen Handlungsfähigen liegen, dann ist das unpersönliche „Es soll nicht..." adressiert und nimmt die Form einer Aufforderung an, *nicht* in einer bestimmten Weise zu handeln. Als ein an alle handlungsfähigen Personen adressiertes „Du sollst nicht..." formuliert es von Seiten des Handelnden ein unkonditioniertes und ausnahmsloses Verbot.

Der in dem Verbot sich ausdrückende Anspruch ist, erstens, *nicht überflüssig*, weil er sich auf etwas bezieht, das der Handelnde (zumindest auf Zukunft hin) nicht selbstverständlich hat. Er ist, zweitens, *sinnvoll*, weil er sich an Personen richtet, die so oder auch anders handeln und deshalb dem Anspruch überhaupt Folge leisten können. Er ist, drittens, für den Handelnden *begründet*. Dies hängt mit der in Bezug auf die Freiheit und das „Wohlergehen" des Handelnden gegebenen Verschränkung von (unaufhebbarer) Bedürftigkeit und (unkonditioniertem und ausnahmslosem) Wollen zusammen. Der Handelnde muss nämlich seine Freiheit und sein „Wohlergehen" in dem Sinne auf sich beziehen und für sich befürworten, dass er es für sich beanspruchen muss. Denn die Notwendigkeit seiner Freiheit und seines „Wohlergehens" für jegliches (erfolgreiches) Handeln ist eingebunden in ein nicht bloß hypothetisches oder fallweises, sondern durchgängiges und unkonditioniertes Wollen seiner Freiheit und seines „Wohlergehens", das keine Ausnahme zulassen kann. Der Handelnde beansprucht deshalb mit seiner Freiheit und seinem „Wohlergehen" etwas, von dem er annehmen muss, dass es ihm *zukommt*. Dies kann wie folgt näher verdeutlicht werden. Da die dem Urteil

(10) „Es soll ausnahmslos und uneingeschränkt nicht der Fall sein, dass meine Freiheit und mein ‚Wohlergehen' (in deren Eigenschaft als notwendige Bedingungen meiner erfolgreichen Zielverfolgung überhaupt) beeinträchtigt werden."

mit vorausliegende Prämisse „Meine Freiheit und mein ‚Wohlergehen' können (von außen) beeinträchtigt werden" zu präzisieren ist zu der weiteren unproblematischen Prämisse „Meine Freiheit und mein ‚Wohlergehen' können von anderen (handlungsfähigen) Personen beeinträchtigt werden", folgt aus Urteil (10) das - ein adressiertes Verbot ausdrückende – Urteil

(11) „Niemand darf in irgendeinem Fall meine Freiheit und mein ‚Wohlergehen' (in deren Eigenschaft als notwendige Bedingungen meiner erfolgreichen Zielverfolgung überhaupt) beeinträchtigen."

Dieses Urteil ist aber gleichbedeutend mit:

(12) „Jeder ist strikt verpflichtet, meine Freiheit und mein ‚Wohlergehen' (in deren Eigenschaft als notwendige Bedingungen meiner erfolgreichen Zielverfolgung überhaupt) nicht zu beeinträchtigen."

Wegen der Korrelation von strikten Verpflichtungen und (Anspruchs-) Rechten ist der Handelnde auch zu dem weiteren Urteil genötigt:

(13) „Ich habe ein Recht auf meine Freiheit und mein ‚Wohlergehen' (in deren Eigenschaft als notwendige Bedingungen meiner erfolgreichen Zielverfolgung überhaupt)."

Die Urteile (8) - (13) haben vom Standpunkt des Handelnden aus den Status notwendiger Urteile, da er keines von ihnen verneinen kann, ohne damit die jeweils vorausliegenden Urteile und damit auch das Urteil (7) „Meine Freiheit und mein ‚Wohlergehen' sind notwendige Güter" zu verneinen. Da der Handelnde Urteil (7) aber nicht verneinen oder bestreiten kann, ohne sich in einen Selbstwiderspruch zu verwickeln, kann er auch die Urteile (8) - (13) nicht sinnvoll verneinen oder bestreiten. Damit ist aber die These von Gewirth eingelöst, dass der Handelnde, weil er seine Freiheit und sein „Wohlergehen" für notwendige Güter halten muss, auch der Auffassung sein muss, dass er ein Recht auf diese notwendigen Güter hat.

VI.

Die Rechtsansprüche des Handelnden stellen auf dieser Stufe aber *noch keine* moralischen Rechtsansprüche dar, da sie noch keine Bezugnahme auf die Interessen anderer enthalten (und folglich auch noch nicht in der Perspektive der Frage stehen, wie wessen und welche Interessen oder Eigenschaften handelnd zu berücksichtigen sind). Zu dieser Perspektivenerweiterung ist der Handelnde aber nun, in einem dritten Schritt, aufgrund der Einschlägigkeit des *logischen* Universalisierungsprinzips genötigt. Dieses lässt sich z.B. folgendermaßen formulieren: Wenn eine Eigenschaft P eine zureichende Bedingung für das Vorliegen einer Eigenschaft Q ist, dann gilt, dass immer wenn P vorliegt, auch Q vorliegt.

Nun muss der Handelnde davon ausgehen, dass ihm die konstitutiven Rechte aus dem zureichenden Grund zukommen, dass er ein Handlungsfähiger ist, der Ziele hat, die er erreichen will. Deshalb ist der Handelnde auch genötigt anzuerkennen, dass jedem anderen Handlungsfähigen die konstitutiven Rechte in der gleichen Weise zukommen wie ihm selbst und er die diesen Rechten korrespondierenden strikten Pflichten hat. Jeder Handlungsfähige ist also genötigt, das *oberste moralische Prinzip* anzuerkennen, dass jeder Handlungsfähige strikt dazu verpflichtet ist, stets in Übereinstimmung mit den konstitutiven Rechten der Empfänger seiner Handlungen zu handeln. Es gilt also:

(14) „Ich habe ein Recht auf meine Freiheit und mein „Wohlergehen" (in deren Eigenschaft als notwendige Bedingungen meiner erfolgreichen Zielverfolgung überhaupt), *weil* ich ein zielverfolgender Handelnder bin."

(15) „Jeder zielverfolgende Handelnde hat ein Recht auf seine Freiheit und sein ‚Wohlergehen' (in deren Eigenschaft als notwendige Bedingungen seiner erfolgreichen Zielverfolgung überhaupt)."

(16) „Jeder Handlungsfähige ist strikt dazu verpflichtet, keinen zielverfolgenden Handelnden in seiner Freiheit und seinem ‚Wohlergehen' (in deren Eigenschaft als notwendige Bedingungen seiner erfolgreichen Zielverfolgung überhaupt) zu beeinträchtigen."

(17) „Ich bin strikt dazu verpflichtet, keinen zielverfolgenden Handelnden in seiner Freiheit und seinem ‚Wohlergehen' (in deren Eigenschaft als notwendige Bedingungen seiner erfolgreichen Zielverfolgung überhaupt) zu beeinträchtigen."

(18) „Jeder Handelnde soll stets in Übereinstimmung mit den konstitutiven Rechten der Empfänger seiner Handlungen wie auch seiner selbst handeln."

Das in Urteil (18) formulierte Prinzip ist *inhaltlich bestimmt*, weil die konstitutiven Rechte über die konstitutiven Güter grundsätzlich festliegen und explizierbar sind. Die konstitutiven Rechte stehen nicht einfach gleichberechtigt nebeneinander, sondern untereinander in einer Rangordnung, die sich nach den Graden der Notwendigkeit für das Handeln richtet. So rangiert beispielsweise das Recht auf Leben grundsätzlich vor dem Recht auf Eigentum.

Ein ganz wesentlicher Teil von „Reason and Morality", der fast die Hälfte des Buches ausmacht, besteht darin, die grundsätzlichen Implikationen und Anwendungen des Prinzips aufzuzeigen. Ich muss mich hier aber auf sehr allgemeine Bemerkungen beschränken. Gegenstand normativer Ethik sind nicht nur Einzelhandlungen, sondern auch Institutionen und die institutionellen Rahmenbedingungen des Handelns. Institutionen werden durch das Prinzip gerechtfertigt oder kritisiert – und zwar nach dem Gesichtspunkt, ob sie den konstitutiven Rechten von Beteiligten bzw. Betroffenen entsprechen, sie wahren oder nicht. Die Existenz bestimmter Institutionen und institutioneller Rahmenbedingungen wird des Weiteren durch das Prinzip verpflichtend gemacht. Leitgesichtspunkte sind dabei: sicherzustellen, dass die konstitutiven Rechte auch faktisch gewährleistet und geschützt werden, sowie Sorge dafür zu tragen, dass bestimmte durch das Moralprinzip vorgegebene Aufgaben, welche die Möglichkeiten einzelner übersteigen, gemeinschaftlich erfüllt und die dazu erforderlichen Lasten gerecht verteilt werden.

Gewirth zeigt in „Reason and Morality", dass das oberste moralische Prinzip sowohl den so genannten *Minimalstaat* (mit Strafrecht, unabhängiger Rechtsprechung und Polizeiwesen) wie auch den *Sozialstaat* (u. a. mit öffentlichem Gesundheitswesen, Bildungswesen und öffentlicher Sozialfürsorge) verbindlich macht und zugleich (in den Grenzen der konstitutiven Rechte) die Sicherstellung der bürgerlichen Freiheiten (wie Versammlungs-, Rede- und Pressefreiheit) und demokratischer Verfassungsformen und die Gewährleistung maximaler und gleicher politischer Partizipationsmöglichkeiten vorschreibt. Es sind also *direkte Applikationen* [Anwendungen] des Prinzips (auf Handlungen) und *indirekte Applikationen* (zunächst auf Institutionen und dieser auf Handlungen) zu unterscheiden. Sofern im Wege der indirekten Applikationen Institutionen durch das Prinzip (als erlaubt oder geboten) gerechtfertigt sind, vermögen sie die direkten Applikationen des Prinzips zu modifizieren.

VII.

Blicken wir zurück. Was hat die hier vorgestellte Begründung des obersten moralischen Prinzips gezeigt? Meines Erachtens dies: Das moralische Sollen ist nicht etwas, das außerhalb von Handlungsfähigen existiert und gleichsam wie von für sich bestehenden Gesetzestafeln ablesbar wäre. Vielmehr kommt es durch und zwischen Handlungsfähigen zur Existenz. Dabei spielt die Bedürftigkeit, Verletzlichkeit und Kontingenz von Handlungsfähigen eine wesentliche Rolle. Nicht nur obwohl, sondern auch weil Handelnde kontingente, bedürftige Wesen sind, kommt der moralische Anspruch zwischen Handlungsfähigen zur Existenz. Dabei handelt es sich um einen Anspruch zwischen kontingenten Personen, der *für* diese Personen absolut und kategorisch ist. Und vermutlich liegt es genau daran, dass das moralische Sollen durch und zwischen Handlungsfähigen zur Existenz kommt, dass es streng begründbar ist.

13. Marcus Willaschek

Marcus Willaschek (geb. 1962), Studium der Philosophie, Biologie, Psychologie und Rechtswissenschaft in Münster; Promotion 1991 dortselbst; Visiting Scholar, Harvard University 1992-1994. Von 1995 bis 2001 Wissenschaftlicher Assistent in Münster; 2001-2003 Lehrstuhlvertretungen in Essen, Frankfurt und Siegen.
Seit 2003 Professor für Philosophie der Neuzeit an der Johann Wolfgang von Goethe-Universität Frankfurt am Main. Habilitation 1999 mit der Arbeit *Über den mentalen Zugang zur Welt. Realismus, Skeptizismus und Intentionalität* (erschienen Frankfurt/M. 2003).

Weitere Veröffentlichungen: *Praktische Vernunft. Handlungstheorie und Moralbegründung bei Kant*, (Metzler) Stuttgart/Weimar 1992. Herausgeber u. a.: (mit G. Mohr) *Kant: Kritik der reinen Vernunft* (Akademie-Verlag: Klassiker Auslegen, Bd. 17/18), Berlin 1998; Realismus, (Schöningh) Paderborn 2000. Herausgeber zahlreicher weiterer Sammelbände und Aufsätze u. a. zur Handlungstheorie, zur Philosophie Kants und zur analytischen Philosophie des Geistes und der Erkenntnis.

Willaschek ruft im folgenden Beitrag: *Zur kontextualistischen Konzeption der Rechtfertigung moralischer Urteile* in orientierendem Zugriff grundlegende Alternativen aus der Tradition der allgemeinen Ethik auf, angesichts deren er einen neuen, „kontextualistischen" Ansatz empfiehlt.

Zu einer kontextualistischen Konzeption der Rechtfertigung moralischer Urteile

Lassen sich moralische Urteile zufriedenstellend rechtfertigen – insbesondere auch solchen Personen gegenüber, die unserer eigenen Auffassung von Moral, oder sogar der Moral insgesamt, skeptisch gegenüberstehen? Eine philosophische Antwort auf diese Frage steht traditionell vor einer Reihe von äußerst umstrittenen Alternativen. An drei von ihnen möchte ich, in schlagwortartiger Zuspitzung, kurz erinnern:

1. Universalismus oder Relativismus? Was ist der Geltungsbereich moralischer Urteile? Moralische Urteile im hier definierten Sinn beanspruchen universelle, d. h. hier vor allem: überhistorische und überkulturelle Gültigkeit. Aber ist dieser Anspruch berechtigt? Ist die Geltung moralischer Urteile faktisch nicht doch auf die jeweils eigene Kultur beschränkt?

2. Moralität oder Sittlichkeit? Was ist die Quelle der Geltung moralischer Urteile? Gelten moralische Urteile, wenn überhaupt, dann deshalb, weil sie sich abstrakt-begrifflich rechtfertigen lassen? Oder beruht ihre Geltung darauf, dass sie zur normativen Grundausstattung einer historisch gewachsenen Lebensform, zu einer „gelebten Form der Sittlichkeit" gehören? Unstrittig sollte sein, dass man die normative Geltung von der faktischen Anerkennung und diese noch einmal von der Befolgung einer Norm unterscheiden muss. Doch handelt es sich bei der normativen Geltung um eine Eigenschaft bestimmter Regeln und Normen, die sich gleichsam auf rein theoretischem Wege, etwa aus einem bestimmten Begriff der Person oder der Autonomie, sicherstellen lässt? Gegen diese Auffassung spricht, dass moralische Forderungen, die nicht im normativen Selbstverständnis ihrer Adressaten verankert sind, praktisch irrelevant sind. Andererseits kann die Tatsache allein, dass man es in einer bestimmten Kultur immer schon so-und-so gehalten hat, offenbar ebenfalls keine normative Geltung begründen.

3. Fundamentalismus oder Kohärentismus? Wie muss die Rechtfertigung moralischer Urteile formal strukturiert sein? Braucht man ein „vertikales" Verfahren, bei dem eine kleine Zahl von Prämissen als Fundament dient, von dem aus sich alle übrigen Urteile rechtfertigen lassen? Oder verläuft die Rechtfertigungsbeziehung „horizontal", so dass die einzelnen moralische Urteile qua Teil eines kohärenten Systems von Urteilen gerechtfertigt werden?

Ich werde nun eine Position skizzieren, die diese drei Alternativen zurückweist: Sie verbindet universalistische und relativistische Momente miteinander, knüpft die Geltung moralischer Urteile an deren Verankerung in einer historisch gewachsenen Lebensform, ohne sie jedoch darin aufgehen zu lassen, und ergänzt den zweidimensionalen Begründungsbegriff, auf dem die Alternative von Fundamentalismus und Kohärentismus beruht, um eine weitere, pragmatische Dimension.

Wir gelangen so zu der folgenden notwendigen und hinreichenden Bedingung für die Rechtfertigung moralischer Urteile:
Die kontextualistische Rechtfertigungsbedingung (K):
Ein moralisches Urteil ist genau dann gerechtfertigt,
(a) wenn es mit den tradierten Werten und Normen der Kultur der urteilenden Person übereinstimmt und nicht mit Gründen in Zweifel gezogen wird, die im jeweiligen kulturellen Kontext als moralisch relevant gelten, oder
(b) wenn es mit Gründen bezweifelt wird, die sich unter Hinweis auf moralische Urteile ausräumen lassen, die (innerhalb dieser Kultur) unstrittig sind. – Ein Urteil, das dauerhaft im Sinne von (a) oder (b) gerechtfertigt ist, ist normativ gültig.
Dem Kontextualismus zufolge beruht die Geltung moralischer Normen und Urteile auf ihrer Verankerung in einer historisch gewachsenen Lebensform. Werden sie jedoch mit kontextuell relevanten Gründen kritisiert, reicht ein bloßer Hinweis auf die Tradition nicht aus; eine diskursive Rechtfertigung unter Hinweis auf kontextuell unstrittige Urteile wird erforderlich. Mit der prinzipiellen Offenheit für Kritik geht der Anspruch auf universelle Geltung einher; hält ein kontextuell akzeptiertes Urteil der Kritik dauerhaft stand, dann ist es universell gültig.

Universalismus und die Anbindung an kulturabhängige Standards, diskursive Rechtfertigung und gelebte Sittlichkeit erweisen sich im Rahmen einer kontextualistischen Konzeption also durchaus als vereinbar.

Dagegen stellen sich sowohl Fundamentalismus als auch Kohärentismus als unzureichend heraus, denn beide beruhen auf der falschen Voraussetzung, dass moralische Urteile nur dann gerechtfertigt sind, wenn sie unter Hinweis auf andere Urteile diskursiv gerechtfertigt werden oder werden können. Dem kontextualistischen Modell zufolge sind Urteile jedoch auch dann gerechtfertigt, wenn sie in einer bestimmten Kultur allgemein akzeptiert sind und nicht mit Gründen bezweifelt werden. Der Status eines moralischen Urteils, gerechtfertigt zu sein, und damit seine normative Geltung, verdankt sich demnach nicht primär diskursiven, etwa philosophischen Begründungen, sondern einer lebendigen kulturellen Praxis.

Zum Abschluss möchte ich die Gründe die für die kontextualistische Konzeption der Begründung moralischer Urteile sprechen, in fünf Punkten zusammenfassen:

1. Der Kontextualismus überwindet die unfruchtbar gewordenen Gegensätze von Universalismus und Relativismus, Moralität und Sittlichkeit, sowie Fundamentalismus und Kohärentismus.

2. Er gibt eine plausible Darstellung der faktischen Funktionsweise moralischer Rechtfertigungen.

3. Der Kontextualismus kann die kulturelle Vielfalt moralischer Auffassungen anerkennen, ohne in einen Relativismus zu münden.

4. Der universelle Geltungsanspruch moralischer Normen erweist sich als prinzipiell einlösbar und damit als sinnvoll (wenn auch vielleicht nicht immer als gerechtfertigt).

5. Der Kontextualismus erlaubt die Zurückweisung genereller Moralkritik: Jede Kritik an moralischen Urteilen muss selbst an moralische Prinzipien appellieren und kann insofern nicht die Moral insgesamt in Frage stellen.

14. Ekkehard Martens

Ekkehard Martens (geb. 1943) studierte Philosophie, Alte Sprachen und Pädagogik in Frankfurt, Tübingen und Hamburg. Referendariat 1971-1972, Promotion 1972, Wissenschaftlicher Assistent für Philosophie an der Pädagogischen Hochschule Münster 1972-1978, Habilitation 1977, Professor für Didaktik der Philosophie und der Alten Sprachen an der Universität Hamburg 1978. Lehraufträge an den Universitäten Göttingen, Essen und Magdeburg. Tätigkeiten in der Lehrerfortbildung.

Martens ist Mitbegründer und -herausgeber der „Zeitschrift für Didaktik der Philosophie und Ethik". Mitbegründung des „Forum für Didaktik der Philosophie und Ethik", Begleitung verschiedenster Projekte zur Philosophischen Bildung, zuletzt wissenschaftliche Betreuung des Schulversuches „Praktische Philosophie" in Nordrhein-Westfalen.

Wichtigste Veröffentlichungen: *Das selbstbezügliche Wissen in Platons „Charmides"*, München 1973; Platonübersetzungen: *Charmides* (Reclam) Stuttgart 1977; *Theätet* (Reclam) Stuttgart 1981; *Parmenides,* (Reclam) Stuttgart 1987; *Dialogisch-pragmatische Philosophiedidaktik* (Schroedel) Hannover 1979; *Einführung in die Didaktik der Philosophie* (Wissenschaftliche Buchgesellschaft) Darmstadt 1983; *Pragmatismus* (Reclam) Stuttgart 1978, 2. Aufl. 1992; *Philosophie. Ein Grundkurs* (mit Herbert Schnädelbach) 2 Bde. (Rowohlt) Reinbek 2. Aufl. 1991; *Ethik. Ein Grundkurs* (mit Heiner Hastedt), (Rowohlt) Reinbek 1994; *Sokrates. Eine Einführung* (Reclam) Stuttgart 2003; *Zwischen Gut und Böse. Elementare Fragen angewandter Philosophie,* (Reclam) Stuttgart 1997. Ernst von Aster, Geschichte der Philosophie (Kröner) Neuausgabe 18. Aufl. Stuttgart 1998; *Philosophieren mit Kindern* (Reclam) Stuttgart 1999. „Philosophiedidaktik" in: A. Pieper (Hrsg.): Philosophische Disziplinen (Leipzig 1998). *Theages – ein Schüler für das neue Unterrichtsfach „Praktische Philosophie"?* In: W. Greber – V. Steenblock – K. Tesching (Hrsg.): Schulische Bildung in einer veränderten Gegenwart (Münster 1999). *Der Faden der Ariadne. Warum alle Philosophen spinnen*, (Reclam) Stuttgart 2000; *Ich denke, also bin ich. Grundtexte der Philosophie,* (Beck) München 2000; *Gut leben,* (bsv) München 2001. *Methodik des Ethik- und Philosophieunterrichts – Philosophieren als elementare Kulturtechnik* (Siebert) Hannover 2003.

Ekkehard Martens ist zunächst mit Arbeiten zu *Platon* und zur Philosophiedidaktik hervorgetreten, deren heutiges Profil auf ihn wie auf keinen anderen zurückgeht. Er verwies in einer ersten Phase der Diskussion darauf, dass „Philosophie [...] nicht um ihrer, sondern um unserer selbst" willen betrieben wird,[1] woraus folgt, dass „Didaktik für die Philosophie konstitutiv und Philosophie immer schon didaktisch konstituiert ist".[2]

---

[1] E. Martens: Dialogisch-pragmatische Philosophiedidaktik, Hannover usw. 1979, 72; vgl. ders.: Einführung in die Didaktik der Philosophie, Darmstadt 1983.
[2] Martens, Dialogisch-pragmatische Philosophiedidaktik a. a. O., 75.

Dies bedeutet, dass die Situation gemeinsamer dialogischer Verständigung in Lernen und Lehren für alles Philosophieren von Anfang an konstitutiv ist und es keine „objektiven" Gehalte vor und außerhalb dieser konstitutiven Situation gibt: „Nicht eine vorgegebene Philosophie muss didaktisch zubereitet werden, sondern in einem konkreten Lehr-Lernprozess muss sich erst herausstellen, was philosophisch wichtig und richtig ist".[3]

In einer zweiten Phase entwickelte Martens den dialogisch-pragmatischen philosophiedidaktischen Ansatz zu einem umfassenden Konzept der *Philosophie als grundlegender Kulturtechnik* weiter. Vielfache gegenwärtig konstatierbare Veränderungen und Probleme drängen dazu, dass man die zunehmend diskutierten „Sinnfragen" und Probleme ethischer Orientierung immer weniger dem freien Spiel jeweils wirksamer Kräfte überlassen kann, dass solche Fragen vielmehr an allen Bildungsorten zu Gegenständen bewusster Orientierung werden sollten. Für die Aufgabe der Philosophie in dieser Situation bedeutet dies: Eine philosophische Bildung und ein „Philosophieren-Können" erscheinen angesichts der skizzierten „Zeitgeist"-Tendenzen ebenso wichtig wie die „Kulturtechniken" von Lesen, Schreiben und Rechnen.[4] Vor diesem Hintergrund sind auch *Martens'* weitere Arbeiten zur Philosophiegeschichte, vor allem zu Sokrates, zum Philosophieren mit Kindern, zur Kreativität und zur Eröffnung von Zugängen zur Philosophie für ein breiteres Publikum zu verstehen. Im Zuge seines Projektes angewandten Philosophierens hat Martens vor allem auch Fragen der Ethik diskutiert. Der folgende Text weist auf einen Grundtatbestand neuerer Ethikdiskussionen hin: auf die gemeinsamen Einflüsse prämoderner, moderner und postmoderner Elemente in Diskussionen wie Entscheidungsfindungen.

Literatur:

Dieter Birnbacher – Joachim Siebert – Volker Steenblock (Hrsg), *Philosophie und ihre Vermittlung*. Ekkehard Martens zum 60. Geburtstag, (Siebert) Hannover 2003

Im Schnittpunkt von Moderne, Prämoderne und Postmoderne – Zur Komplexität ethischer Debatten im Felde angewandter Philosophie

Die Welt und wir selbst erscheinen immer weniger „von der Natur" oder „von Gott" vorgegeben, sondern vielmehr durch uns Menschen selbst gemacht. Mittels der Atom-, Gen- und Informationstechnologie haben wir uns und die Welt von Grund auf verändert. Zugleich aber hat die Aufklärung als radikale Infragestellung aller Autoritäten und Gel-

---

[3] E. Martens: Didaktik der Philosophie, in: ders. und H. Schnädelbach (Hg.): Philosophie. Ein Grundkurs. Reinbek 2. Aufl. 1991, 761.

[4] E. Martens: Philosophie als Kulturtechnik humaner Lebensgestaltung, in: Zeitschrift für Didaktik der Philosophie und Ethik 17 (1995), 2-4. Ders.: Lesen, Schreiben, Rechnen – Philosophieren als vierte Kulturtechnik. Konsequenzen aus Kants Didaktik. In: Simone Dietz – Heiner Hastedt – Geert Keil – Anke Thyen (Hrsg.): Sich im Denken orientieren. Für Herbert Schnädelbach, Frankfurt/M. 1996, 71-83.

tungsansprüche die moralischen Grundlagen der durch diese Entwicklungen nötig werdenden Entscheidungen auf den Prüfstand gestellt. Diese doppelte Entwicklung schafft ein Erfordernis nach *angewandter Philosophie*, die sich auf die jeweiligen Problemlagen konkret einlässt, wie dies schon *Sokrates* in der Lebenspraxis seiner Zeit getan hat. Philosophieren erweist sich damit zugleich als *elementar* zu unserem Leben gehörig.

Mit Sokrates zu philosophieren anfangen, heißt aber natürlich zugleich, dass man sich der eingangs genannten spezifischen heutigen geistesgeschichtlichen Problemsituation stellen muss. In der Abtreibungsfrage beispielsweise bewegen wir uns, wie in anderen ethischen Debatten auch, in einem Schnittpunkt von Moderne, Prämoderne und Postmoderne. Modern ist dabei nicht nur die verschärfte ethische Problemsituation angesichts des wissenschaftlich-technischen Fortschritts, sondern auch die Errungenschaft des modernen Rechtsstaates, dass jeder Mensch das gleiche Recht auf freie Entscheidung und auf ein faires Entscheidungsverfahren hat. Modern ist Ethik insofern, als sie den unverzichtbaren Wert der gleichen Freiheit *jedes* einzelnen vor dem Recht beinhaltet und insofern *allgemeingültig* oder universal ist. Mit dem modernen Universalismus des Verfahrens ist kein Versprechen letzter Gewissheiten oder eindeutiger Regulierungen gemeint, wie sie beispielsweise *Jean-François Lyotard* in seiner Schrift über das *Postmoderne Wissen* als bloße „Meta-Erzählung" oder als Herrschaftsinstrument kritisiert. Genauso wenig ist damit ein starkes Rechtsdenken gemeint, das *Zygmunt Bauman* in seinem Buch *Postmoderne Ethik* ebenfalls ablehnt und durch den freien, durch keine Regeln gebundenen „moralischen Impuls" des einzelnen ersetzen möchte. Die moderne allgemeine Verfahrensgerechtigkeit ist vielmehr durchaus mit einer postmodernen Offenheit in der Einzelfallentscheidung vereinbar, insofern sie das Recht jedes *einzelnen* auf selbstverantwortliche Entscheidungen nicht etwa beschneidet, sondern gerade sicherstellt und rechtlich einklagbar macht. Prämodern schließlich ist die Ethik insofern, als sie in ihrem letzten, absoluten Fundament jeder aufgeklärten, rationalen Letztbegründung, wenn auch nicht jeder rationalen Analyse vorausgeht. Die absolute Begründung allerdings ist mit der Offenheit der Interpretation und Anwendung im Einzelfall verknüpft, ebenso mit der Überprüfbarkeit durch ein allgemeines Verfahren.

Für die absolute Geltung inhaltlicher Werte lässt sich weder eine religiöse noch eine rationale Letztbegründung geben. Die eine ist nicht allgemeinverbindlich, die andere ist aus erkenntnistheoretischen Gründen ausgeschlossen. Wir sind, wie *Kant* in der *Kritik der reinen Vernunft* gezeigt hat, in unserer rationalen, sicheren Erkenntnis auf Ereignisse in Raum und Zeit beschränkt. Aus dem nicht-sicheren Wissen in der Begründung absoluter Werte oder Ideen wie Gerechtigkeit, Würde der Person oder Heiligkeit des Lebens aber folgt nicht die Behauptung ihrer Unbegründbarkeit und Nicht-Existenz – wir wissen es einfach nicht, weder positiv noch negativ. Allerdings gehen wir in unserem praktischen Selbstverständnis von absolut verbindlichen Werten aus. Zwar sind wir nicht selber Urheber einer derartigen Verbindlichkeit, sondern zehren in unserer individuellen und gesellschaftlichen Erfahrung von einer langen Entwicklung der menschlichen Geschichte mit unterschiedlichen Kulturen und Religionen. Auch eine aufgeklärte, liberale Weltanschauung ist ein Wert an sich, der sich nicht durch aufgeklärtes Denken allein begründen lässt.

Wir sind in unserer Entscheidung zu absoluten Werten insofern in einem postmodernen Sinne frei, als uns nichts und niemand dazu zwingen kann. Insofern wir aber dabei an eine Tradition anknüpfen und die letzten Fundamente nicht rein rational begründen können, sind wir zugleich prämodern orientiert, vorreflexiv und traditionsbezogen. Auch eine pluralistische, offene Gesellschaft braucht daher auf verbindliche Werte nicht zu verzichten, ohne deshalb einem Zwang zu ihrer einheitlichen Begründung, Interpretation oder Anwendung zu unterliegen. Auch darin wäre ein *Sokrates* ein aktuelles Vorbild.

Bei aller Offenheit und individuellen Gewissensfreiheit hat aber auch eine liberale, offene Gesellschaft ein fundamentales Interesse daran, dass die von allen in kontroverser Begründung, Interpretation und Anwendung geteilte Idee der „Heiligkeit des Lebens" nichts an ihrer orientierenden Kraft einbüßt. Sie muss und kann bei aller Offenheit und Unbestimmtheit der absoluten Inhalte durch den Prozess der Bildung und Erziehung, aber auch durch rechtliche Rahmenbestimmungen und revidierbare Einzelfallentscheidungen dafür sorgen, dass ein wirklicher „Schutz des Lebens" so gut wie möglich gewährleistet ist.

15. Kurt Bayertz

Kurt Bayertz (geb. 1948), 1969–1974 Studium der Philosophie, Germanistik und Sozialwissenschaften an den Universitäten Frankfurt und Düsseldorf, 1974 Magisterprüfung, 1977 Promotion. 1979–1982 Wissl. Mitarbeiter an der Universität Bremen, 1983–1989 an der Universität Bielefeld. 1988 Habilitation. 1989–1990 Vertretung einer Professur für Wissenschaftsforschung an der Universität Bielefeld. 1990–1992 am „Institut für System- und Technologieanalysen" in Bad Oeynhausen. 1992 Professor in Ulm, seit 1993 in Münster. Forschungsschwerpunkte: Ethik, angewandte Ethik, Anthropologie.

Wichtigste Veröffentlichungen: *Wissenschaft als historischer Prozeß. Die antipositivistische Wende in der Wissenschaftstheorie*, (Fink) München 1980; *Wissenschaftstheorie und Paradigmabegriff*, (J. B. Metzler) Stuttgart 1981; *GenEthik. Probleme der Technisierung menschlicher Fortpflanzung*, (Rowohlt) Reinbek 1987 (auch englisch und chinesisch); *Warum überhaupt moralisch sein?*, (C. H. Beck) München 2004. – Als Herausgeber: *Praktische Philosophie. Grundorientierungen angewandter Ethik*, (Rowohlt) Reinbek 1991, 2. Aufl. 1994; *Verantwortung. Prinzip oder Problem?* (Wiss. Buchgesellschaft) Darmstadt 1995; *Politik und Ethik*, (Reclam) Stuttgart 1996; *Warum moralisch sein?* (Schöningh) Paderborn 2002.

Bayertz gehört zu den führenden Vertretern der ethischen Diskussion in Deutschland. Sein Aufsatz *Zur Selbstaufklärung der angewandten Ethik*, erstmals erschienen in P. Kampits – A. Weiberg (Hrsg.), *Angewandte Ethik*, Wien 1999, S. 73–89 (auch in engl. Sprache: *Self-enlightenment of Applied Ethics*. In: R. Chadwick – D. Schroeder (Hrsg.), *Applied Ethics. Critical Concepts in Philosophy*, Bd. I, London 2002), geht über die Thematik der angewandten Ethik weit hinaus: Er besetzt eine Schaltstelle zwischen den Feldern der allgemeinen und der angewandten Ethik.

Bayertz vertritt die These, dass Moral als solche nicht „entdeckt", sondern *gestaltet* werde: „Moral kann nicht mehr als eine unabhängige Variable angesehen werden [...]. Sie wird zum Gegenstand einer sie modifizierenden Reflexion und damit zu einer gestaltbaren gesellschaftlichen Institution. Indem die angewandte Ethik zum Instrument direkter Problemlösung wird, wird die Moral positiviert, d. h. zum Resultat menschlicher Setzung oder ‚Konstruktion'."

Dies bedeutet für die angewandte Ethik: „An die Stelle der Berufung auf letzte Fundamente – den Willen Gottes, das Wesen der Dinge, die Natur des Menschen, die Gesetze der Vernunft – tritt das Anknüpfen an bestehende Konsense und die Bezugnahme auf menschliche Interessen, einschließlich ihrer legitimen Verschiedenheit."

Zur Selbstaufklärung der angewandten Ethik

1. – Im Verlauf einer bemerkenswert kurzen Zeit hat sich angewandte Ethik als Subdisziplin der Moralphilosophie in der akademischen Lehre und Forschung etabliert; die Zahl und die Vielfalt der einschlägigen Publikationen expandiert ebenso rasch wie die der Zeitschriften und Kongresse. Gleichzeitig ist zu beobachten, dass die angewandte Ethik (a) immer stärker in die Ausbildungsgänge verschiedener Professionen integriert und (b) auf verschiedenen Ebenen praktischer Entscheidungsfindung – sei es in Ethikkommissionen oder in Gremien der Politikberatung – zunehmend in Anspruch genommen wird. Damit ist sie über die Grenzen der akademischen Moralphilosophie hinaus- und in eine *öffentliche Rolle* hineingewachsen. Angewandte Ethik hat Folgen nicht mehr nur in Gestalt von Büchern und Aufsätzen, sondern auch von praktischen Entscheidungen und damit auch von Handlungen; und sie hat diese Folgen nicht mehr nur gelegentlich und zufällig, sondern regelmäßig und systematisch.

Dieser Erfolg ist von den angewandten Ethikern mit Befriedigung registriert, aber nicht als ein Anlass zur Selbstreflexion wahrgenommen worden. Vor allem ist die Frage nach den (möglichen) Konsequenzen, die sich aus ihrer institutionellen Rolle für die Funktion und die Struktur des moralischen Denkens selbst ergeben, bislang kaum gestellt worden. Der essentielle Selbstbezug, der die Philosophie seit jeher auszeichnet, scheint bei der angewandten Ethik vollständig von ihrem Problem- und Gegenstandsbezug aufgesogen zu sein. Dabei wären gerade ihr ‚politischer' Erfolg und die mit ihrer öffentlichen Rolle verbundene *Verantwortung* (für die nicht zuletzt auch das ihr gelegentlich entgegengebrachte Misstrauen als Indiz gewertet werden kann) ein würdiger Anlass zur Selbstreflexion und Selbstaufklärung der angewandten Ethik. Die in dem hier vorliegenden Beitrag entwickelten Überlegungen verstehe ich als einen Schritt in diese Richtung. Ich werde *zunächst* eine Bestimmung dessen zu geben versuchen, was als ‚angewandte Ethik' angesehen wird und worin ihre soziale Funktion besteht. *Dann* werde ich einige Veränderungen im sozialen Status von Moral skizzieren, die mit dem Projekt einer angewandten Ethik in Beziehung stehen. Es folgen *schließlich* einige Beobachtungen zum Denk- und Argumentationstypus der angewandten Ethik.[1]

---

[1] Im Folgenden zitierte Literatur: K. Bayertz (1994), „Praktische Philosophie als angewandte Ethik", in K. Bayertz (Hg.), *Praktische Philosophie. Grundorientierungen angewandter Ethik*. 2. Aufl. Reinbek: Rowohlt, 7–47. – N. Daniels (1996), *Justice and Justification. Reflective Equilibrium in Theory and Practice*. Cambridge: Cambridge UP. – B. Gert (1998), *Morality. Its Nature and Justification*. New York/ Oxford: Oxford UP. – J. Habermas (1984), „Über Moralität und Sittlichkeit – Was macht eine Lebensform ‚rational'?", in H. Schnädelbach (Hg.), *Rationalität. Philosophische Beiträge*. Frankfurt/M.: Suhrkamp, 218–235. – M. Heidegger (1954), „Überwindung der Metaphysik", in *Vorträge und Aufsätze*. Pfullingen: Neske, 67–95. – H. Jonas (1979), *Das Prinzip Verantwortung. Versuch einer Ethik für die technologische Zivilisation*. Frankfurt/M.: Insel. – I. Kant (1785), „Grundlegung zur Metaphysik der Sitten", in *Akademie Textausgabe* Bd. IV. Berlin: de Gruyter 1968. – I. Kant (1788), „Kritik der praktischen Vernunft", in *Akademie Textausgabe* Bd. V.

I.

2. – Die Selbstreflexion der angewandten Ethik beginnt zweckmäßigerweise mit einem Blick auf den sozialen Kontext, in dem sie entstanden ist, und auf die Funktion, die sie in ihm ausübt. Die Gesellschaft der Gegenwart ist gekennzeichnet durch eine ungeheure Beschleunigung des sozialen Wandels; dieser führt zu vielfältigen ‚Verwerfungen', die durch die Omnipräsenz der Kommunikationsmedien meist sehr rasch allgemein bekannt und in der Öffentlichkeit als *Probleme* wahrgenommen und diskutiert werden. Unter den Bedingungen demokratischer Strukturen ist es schwer, Lösungen dieser Probleme ‚von oben' durchzusetzen; in den öffentlichen Diskursen kommt es nicht auf Macht und Autorität allein an, sondern (zumindest *auch*) auf Argumente. Allgemeiner formuliert: Moderne Gesellschaften sind reflektierende und darum reflektierte Gesellschaften; nahezu alles in ihnen wird zum Gegenstand der Kommunikation und Reflexion. Die angewandte Ethik kann in einer ersten Annäherung als ein Teil dieses Kommunikations- und Reflexionsprozesses begriffen werden; sie ist der Versuch, auf den wachsenden Problemdruck mit philosophischen Mitteln zu reagieren. Zwar hat die Ethik (wie die Philosophie allgemein) von jeher auf soziale Probleme reagiert, doch war dieser Problembezug meist vermittelt und ihre Reaktion abstrakt. Von der traditionellen Ethik unterscheidet sich die angewandte durch die Direktheit ihres Problembezuges und ihrer inhaltlichen Reaktion.

Aus dieser Perspektive betrachtet, verliert der erstaunliche Erfolg der angewandten Ethik den Anschein einer bloßen Mode und fügt sich in eine übergreifende gesellschafts- und geschichtstheoretische Tendenz ein. Auch ihre oft belächelte Aufgliederung in eine Vielzahl von Subdisziplinen (Bio-, Wirtschafts-, Umwelt-, Computer- bis hin zur Museums- und Konkurs-Ethik[2]) wird damit verständlich. Wenn sie als Teil der Selbstreflexion der modernen Gesellschaft angesehen werden muss und wenn diese Gesellschaft sich in zahlreiche Subsysteme und Institutionen gliedert, dann muss sich diese Differenzierung in einer analogen Differenzierung der ethischen Reflexion niederschlagen. Es gibt daher keinen Grund für die Hoffnung oder Befürchtung, dass die angewandte Ethik ebenso spurlos

---

Berlin: de Gruyter 1968. – J. Kilpi (1998), *The Ethics of Bancruptcy*. London: Routledge. – J. Mackie (1983), *Ethik. Auf der Suche nach dem Richtigen und Falschen*. Stuttgart: Reclam. – O. Neurath (1932/33), „Protokollsätze", in *Erkenntnis* Bd. 3, 204–214. – F. Nietzsche (1882–85), „Nachgelassene Fragmente. Juli 1882 bis Herbst 1885", in *Sämtliche Werke. Kritische Studienausgabe in 15 Bänden*, hg. von Giogio Colli und Mazzino Montinari. Bd. 11. München: dtv, und Berlin etc.: de Gruyter 1980. – Platon, *Gorgias*. – Platon, *Protagoras*. – Platon, *Politeia*. – J. Rawls (1979), *Eine Theorie der Gerechtigkeit*. Frankfurt/M.: Suhrkamp. – J. Rawls (1987), „The Idea of an Overlapping Consensus", deutsch in *Die Idee des politischen Liberalismus*, hg. von Wilfried Hinsch. Frankfurt/M.: Suhrkamp 1992. – P. Ricoeur (1998), „Die Geschichte ist kein Friedhof", Interview in *Die Zeit* Nr. 42 (8. Oktober), 68–69.

[2] Dies ist kein Witz, wie das Buch von Kilpi (1998) zeigt. In der Werbung des Verlages heißt es treuherzig: „The fundamental ethical problem in bancruptcy is that insolvents have promised to pay their debts but cannot keep their promise. *The Ethics of Bancruptcy* examines the morality of bancruptcy."

verschwinden wird wie philosophische Modeströmungen; sie wird auch weiterhin aus jenen Problemen erwachsen, die vom Fortschreiten der Gesellschaft hervorgebracht werden.

Um welche Art von Problemen handelt es sich dabei? Es sind vor allem vier Charakteristika, die den Problemtypus der angewandten Ethik auszeichnen. (a) Offensichtlich sind sie normativer Natur, resultieren also aus der Verunsicherung der Handlungsorientierung. (b) Charakteristisch ist dabei, dass sie – wenn man so sagen darf – vom ‚Leben selbst' aufgeworfen werden. (Cf. Bayertz 1994, 22f) Es handelt sich also nicht um hypothetische Probleme, die von Philosophen zur Ankurbelung ihrer Intuition oder zur Illustration ihrer Lehren ersonnen werden, sondern um ‚reale' Probleme, die auch von Nichtphilosophen als solche erkennbar sind und für lösungsbedürftig gehalten werden. (c) Wenngleich es sich um normative Probleme handelt, sind diese auf eine nicht-triviale und oft vertrackte Weise mit empirischen Fragen verknüpft; erforderlich für ihre Lösung sind daher in der Regel genaue Kenntnisse der jeweils vorliegenden faktischen Zusammenhänge; in vielen Fällen ist eine interdisziplinäre Kooperation unumgänglich. (d) Der direkte Realitätsbezug bringt es mit sich, dass es oft um relativ kleinräumige, bisweilen auch recht spezielle Probleme geht; angewandte Ethik fragt nicht nach dem „Problem des Todes in der technisierten Gesellschaft", sondern nach der „Legitimität des Behandlungsabbruchs bei terminal Kranken"; und sie fragt nicht nach dem „Wesen der Frau und ihrer Beziehung zum Mann", sondern nach der „Zulässigkeit der Frauenquote im öffentlichen Dienst".

3. – Ein weiteres Spezifikum der angewandten Ethik besteht in dem Anspruch, diese Probleme nicht einfach nur zu theoretisch zu reflektieren, sondern praktisch zu *lösen* oder zumindest zu ihrer Lösung beizutragen. Wenn Martin Heidegger Forschungen auf dem Gebiet der Reproduktionsbiologie und -medizin thematisiert, so unterscheidet sich seine Perspektive grundsätzlich von den Überlegungen, die im Rahmen der angewandten Ethik zur In-vitro-Fertilisation und anderen einschlägigen Techniken angestellt werden. Für ihn ist „die künstliche Schwängerungsführung" (1954, 91) ein Zeichen für „die Leere der Seinsverlassenheit, innerhalb deren der Verbrauch des Seienden für das Machen der Technik, zu der auch die Kultur gehört, der einzige Ausweg ist, auf dem der auf sich selbst erpichte Mensch noch die Subjektivität in das Übermenschentum retten kann" (1954, 87). Für Heidegger ist das Projekt einer künstlichen Zeugung von Menschen ein Anlass, seine philosophische Verfallsdiagnose zu illustrieren; sie ist ‚Thema' der Reflexion, aber kein ‚Problem', zu dessen (praktischer) Lösung seine Überlegungen etwas beizutragen beabsichtigen. – Genau diesen Anspruch aber erhebt die angewandte Ethik programmatisch, und er ist von erheblicher Bedeutung, weil er sie über die Grenzen des akademischen Faches ‚Philosophie' hinaustreibt. Aus leicht einsehbaren Gründen sind die Chancen, zur Lösung von sozialen Problemen des skizzierten Typs beizutragen, größer, wenn angewandte Ethiker sich in Ethikkommissionen und Gremien der Politikberatung engagieren, anstatt ihr Arbeitsfeld auf Universitätsseminare, Fachzeitschriften und -kongresse zu beschränken. Das ‚transakademische' Engagement der angewandten Ethik ist eine Konsequenz aus ihrem praktischen Anspruch.

Dabei entspringt diese Tendenz zum transakademischen Engagement nicht nur einem Interesse der angewandten Ethiker; die verstärkte institutionelle Inanspruchnahme der angewandten Ethik zeugt von der Tatsache, dass dieses Engagement gesellschaftlich willkommen ist und von den entsprechenden Subsystemen der Gesellschaft angenommen wird. Wenn die Diagnose zutrifft, dass sich moderne Gesellschaften durch eine intensivierte Selbstbeobachtung und Selbstreflexion auszeichnen und dass die angewandte Ethik als Teil dieser Selbstbeobachtung und Selbstreflexion begriffen werden muss, dann kann es nicht überraschen, dass der Prozess normativer Orientierungsgewinnung heute nicht mehr der Privatinitiative leidenschaftlicher Denker überlassen bleibt, sondern institutionell auf Dauer gestellt wird. Moderne Gesellschaften bilden *spezielle Organe* der Selbstbeobachtung aus: vor allem die Wissenschaft und die Medien – und neuerdings scheint die angewandte Ethik hinzuzukommen.

Am weitesten fortgeschritten ist die Institutionalisierung der angewandten Ethik im Bereich der Biowissenschaften und Medizin. Nachdem in den USA schon seit längerem eine Fülle von Ethik-Kommissionen in Krankenhäusern, in Laboratorien und sonstigen Institutionen des Gesundheitswesens existiert, haben verschiedene europäische Länder in der jüngeren Vergangenheit ähnliche Gremien aufgebaut. Einschlägige institutionalisierte Aktivitäten lassen sich heute auf vier Ebenen nachweisen: (a) Auf der *lokalen* Ebene sind die Ethikkommissionen einzelner Krankenhäuser oder Forschungsinstitutionen zu nennen; (b) daneben bestehen *nationale* Ethikkommissionen, in Deutschland z.B. bei der Bundesärztekammer und beim Bundesgesundheitsministerium; (c) auf der *transnationalen* Ebene operieren verschiedene Arbeitsgruppen der EU und des Europarates; (c) und auf der globalen Ebene schließlich sind einschlägige Gremien der UNESCO tätig. Kurzum: Die Bioethik ist die institutionell avancierteste Subdisziplin der angewandten Ethik.

Gewiss repräsentieren solche institutionellen Aktivitäten nicht das gesamte Spektrum angewandter Ethik. Wir haben es nach wie vor mit einer Subdisziplin des akademischen Faches Philosophie und seiner traditionellen Aktivitäten in Forschung und Lehre zu tun; und als eine solche Subdisziplin ist sie von der ethischen Grundlagenforschung und der allgemeinen philosophischen Reflexion nicht scharf zu trennen. Zugleich aber ist nicht zu übersehen, dass der angewandten Ethik auch die Tendenz innewohnt, über die Grenzen der philosophischen Reflexion hinauszugreifen und sich institutionell zu engagieren. Auf diese Bestrebungen zur unmittelbaren praktischen Wirksamkeit sind die in dem hier vorliegenden Beitrag entwickelten Überlegungen fokussiert. Denn in einem relevanten Sinne repräsentiert die institutionelle Form der angewandten Ethik ihren *Inbegriff*: Hier hat Ethik tatsächlich jenen direkten Bezug zur Praxis, der sie in die Lage versetzt, zur praktischen Lösung der entsprechenden Probleme beizutragen. Dies führt mich zu meiner ersten These: *Die institutionalisierte Rolle der angewandten Ethik deutet auf einen Funktionswandel der ethischen Reflexion in modernen Gesellschaften hin, den ich – pointiert – als einen Prozess der ‚Politisierung' beschreiben möchte. Angewandte Ethik reflektiert nicht einfach nur Probleme der modernen Gesellschaft und setzt sich mit ihnen theoretisch auseinander, sondern versteht sich als Moment des gesellschaftlichen Problemlösungsprozes-*

ses. Aufgrund dieses unmittelbar praktischen Anspruchs gibt sie ihre distanzierte Position zur sozialen Realität auf: Sie verlässt die philosophischen Institute und lässt sich in praktisch-institutionelle Verfahren der gesellschaftlichen Problembearbeitung einbinden.

4. – Es liegt auf der Hand, dass sich mit der Institutionalisierung sowohl der Kontext als auch die ‚Form' der ethischen Reflexion beträchtlich verändert. Ohne Anspruch auf Vollständigkeit zu erheben, möchte ich fünf Aspekte dieses Wandels hervorheben. (1) Das paradigmatische *Subjekt* der angewandten Ethik ist kein Sokrates, der auf dem Marktplatz interessierte Mitbürger zur gemeinsamen Reflexion anstiftet; kein Gelehrter, der sich auf eigene Initiative hin Gedanken über ein Problem macht; und auch kein Volkstribun[3], der öffentlich gegen die Autoritäten rebelliert. Das Subjekt ist vielmehr ein Professor (d. h. ein Beamter), der in eine Kommission berufen wird, die einen bestimmten Auftrag zu erfüllen hat. (2) Das *Ziel* der Kommissionsarbeit ist in der Regel nicht die Erweiterung unseres Wissens oder Vertiefung des Verständnisses *per se*, sondern eine praktisch verwertbare Empfehlung, eine Richtlinie oder eine Entscheidung. (3) Der Arbeits- und Reflexions*prozess* selbst erfolgt nicht in Einsamkeit und Freiheit, sondern im Rahmen eines Gremiums, an dem Vertreter anderer Professionen beteiligt sind und das bestimmten Verfahrensregeln unterliegt; die Philosophie ist nicht Herrin des Verfahrens, sondern nur eine Stimme unter mehreren anderen. (4) Als *Produkt* steht am Ende dieses Prozesses kein Text, der nach den Regeln und Gepflogenheiten wissenschaftlicher Publikationen verfasst ist, sondern ein Protokoll, ein Gutachten, eine Empfehlung, eine Richtlinie, die anderen Maßstäben (z. B. dem der praktischen Relevanz, der Machbarkeit, der rechtlichen Abgesichertheit etc.) verpflichtet ist. (5) Der *Adressat* dieses Produkts sind nicht Fachkollegen, sondern ein außerwissenschaftliches Publikum, das in erster Linie nicht an einer Erweiterung seiner Einsichten, sondern an irgendeiner Form praktischer Verwertung interessiert sein dürfte. Dieses Interesse an praktischer Verwertung war bereits bei der Formulierung des Auftrages maßgeblich.

Ich möchte an dieser Stelle nur einen Aspekt dieser Entwicklung hervorheben. Philosophen werden in entsprechende Kommissionen und Gremien berufen, weil man ihnen aufgrund ihrer fachlichen Ausbildung und Erfahrung zutraut, in normativen Fragen kompetent zu urteilen und zu entscheiden. Anders ausgedrückt: weil man ihnen eine besonders elaborierte [differenziert ausgebildete] moralische Reflexions- und Urteilsfähigkeit zutraut. Und man wird kaum fehlgehen in der Annahme, dass auch sie selbst sich dies zutrauen, denn anderenfalls würden sie solche Aufgaben nicht übernehmen. Damit aber be-

---

[3] Paul Ricoeur hat kürzlich in einem Interview auf die gewandelten Zeitbedingungen und den daraus resultierenden Wandel in den Aufgaben der Philosophie hingewiesen: „Der moderne oder postmoderne Philosoph, wie auch immer Sie ihn gerne nennen wollen, kann jedenfalls kein Volkstribun wie Sartre mehr sein. Er ist eher jemand, der im Team arbeitet, und zwar auch mit Leuten aus anderen Bereichen – mit Naturwissenschaftlern, Juristen, Medizinern, Ökonomen und Politikern. Was wir als Intellektuelle beizutragen haben, sind Argumente und rational gerechtfertigte moralische Überzeugungen."

kleiden die entsprechenden Philosophen die Rolle von *Experten* in Fragen der Moral.[4] – Nun ist in der Geschichte des ethischen Denkens eine solche Spezialkompetenz zumeist abgelehnt worden. Bereits in dem berühmten Mythos, den Protagoras in dem gleichnamigen Platon-Dialog erzählt, werden die politischen und moralischen Tugenden zum gemeinsamen Besitz aller Menschen erklärt. (Prot. 322a–323a) Auch nach Kant kann sich der „gemeine Verstand" im Hinblick auf das moralische Urteil „eben so gut Hoffnung machen, es recht zu treffen, als es sich immer ein Philosoph versprechen mag" (1785, 404). Theorien und Positionen, die einer bestimmten Elite die Verfügungsgewalt in Sachen der Moral geben wollten, sind stets eine Ausnahme geblieben.[5] Es kann schon daher nicht überraschen, dass ein Moralexpertentum, wie es in den Kommissionen und Gremien der skizzierten Art institutionalisiert ist, auf Vorbehalte und Misstrauen stößt.

Auf die Argumente, die *gegen* eine solche Professionalisierung (nicht des ethischen, sondern) des moralischen Diskurses erhoben werden, kann ich an dieser Stelle nicht näher eingehen; sie sind zum Teil metaethischer und zum Teil politischer Natur. Es dürfte andererseits schwer sein, sich dem Argument zu entziehen, dass die im Rahmen der angewandten Ethik zur Diskussion stehenden Probleme sowohl in normativer wie auch in empirischer Hinsicht meist sehr komplex und daher mit dem common sense *allein* nicht entscheidbar sind. Ihre Lösung erfordert daher eine intensive Beschäftigung und eine gründliche Vorbildung; und das heißt: kompetente Fachleute. Wenn meine Deutung des Kontextes, aus dem die angewandte Ethik heraus entstanden ist und der sie zur Institutionalisierung und Professionalisierung vorangetrieben hat, zutreffend ist, dann handelt es sich dabei um einen unvermeidlichen sozialen Prozess. Gewiss wird durch ihn der *öffentliche Diskurs* in keiner Weise überflüssig. Aus einer Vielzahl von praktischen Gründen sind öffentliche Diskurse jedoch in der Regel nicht der geeignete Rahmen, um die schließlich notwendigen Entscheidungen zu treffen; dies zeigt sich schon an der Tatsache, dass solche Diskurse prinzipiell nicht abschließbar sind. Analog zur Politik, die in einer demokratischen Gesellschaft nicht der öffentlichen Debatte entzogen sein darf, deshalb aber nicht auf professionelle Experten verzichten kann, wird man auch bei der Entscheidung be-

---

[4] Ich lasse an dieser Stelle offen, ob nicht – genau genommen – die einschlägigen Kommissionen und Gremien *als Ganze* diese Rolle einnehmen. Solche Kommissionen und Gremien sind in der Regel aus Vertretern verschiedener Professionen und Disziplinen zusammengesetzt; die beteiligten Philosophen vertreten daher nur eine Perspektive unter zahlreichen anderen. Auf der anderen Seite aber vertreten die Philosophen (möglicherweise gemeinsam mit den Theologen) gerade die moralisch-normative Perspektive, während die beteiligten Natur- und Sozialwissenschaftler eher als Experten für die involvierten empirischen Fragen gelten. Sicher sind in der Praxis die Rollen nicht immer so klar verteilt. In jedem Fall konzentriere ich mich in diesem Beitrag auf die Rolle der Philosophie und der Philosophen.
[5] Zu diesen Ausnahmen gehören Platon, der in der *Politeia* (471c–474b) das berüchtigte Modell einer Philosophenherrschaft entwickelt; und Nietzsche, der den Philosophen als „Gesetzgeber der Wertschätzungen" inthronisieren wollte (1882–85, 258f.).

stimmter moralischer Fragen nach Möglichkeiten sinnvoller Kooperation zwischen öffentlichem Diskurs und moralischer Expertise suchen müssen.[6]

II.

5. – Mit der Institutionalisierung ist ein Merkmal der angewandten Ethik angesprochen, das sie vielleicht am deutlichsten von der herkömmlichen Ethik unterscheidet, das zugleich aber die geringste Aufmerksamkeit bei ihren Vertretern gefunden hat. Der Grund dafür besteht vermutlich darin, dass die Institutionalisierung als ein bloß äußerliches Merkmal betrachtet wird, dessen Analyse bestenfalls für Moralsoziologen interessant, für Moralphilosophen aber bedeutungslos ist. Eine solche Trennung der (soziologischen) Form vom (ethischen) Inhalt ist aber voreilig und oberflächlich. Die Institutionalisierung hat, wie ich im Folgenden zeigen möchte, Implikationen, die auch unter philosophischen Gesichtspunkten relevant sind.

Wir haben gesehen, dass sich der Gegenstand der angewandten Ethik vor allem in Gestalt von ‚realen' Problemen präsentiert und dass diese Probleme normativer Art sind. Zu einem beträchtlichen Teil ergeben sich diese als Folge des wissenschaftlich-technischen Fortschritts, der beständig neue Handlungsmöglichkeiten erzeugt, für die der herkömmliche Kanon moralischer Normen und Werte keine hinreichenden Bewertungskriterien bereitstellt. Es genügt, an die zahlreichen Techniken zu erinnern, mit deren Hilfe heute oder in nicht allzu ferner Zukunft Menschen gezeugt (oder ‚hergestellt'?) werden können – künstliche Befruchtung, In-vitro-Fertilisation, Embryotransfer, Leihmutterschaft, Klonierung – um sofort eine Reihe eindrucksvoller Beispiele für solche direkten Probleme zu evozieren. Nun wirft aber nicht *jede* technische Innovation Probleme dieser Art auf. Der Mikrowellenherd zum Beispiel verkörpert ohne Zweifel ein revolutionär neues Verfahren zur Erhitzung wasserhaltiger Substanzen. Trotzdem hat die Entwicklung und Implementierung dieser Technologie weder kontroverse Debatten in der Öffentlichkeit

---

[6] Wie heikel diese Frage ist, zeigt die gewundene Stellungnahme eines sonst eher geradlinigen Ethikers wie Bernard Gert, der einerseits die Idee eines ‚Moralexpertentums' strikt ablehnt, andererseits aber einräumen muss, dass die Qualität moralischer Entscheidungen auch von Kompetenzen abhängt, die nicht bei jedem Bürger gleichermaßen vorausgesetzt werden können: „Of course, some people are better at dealing with moral problems than others, partly due to their training and experience, and partly due to their intelligence and good judgement. But skill in making moral decisions is not an academic speciality, and no one can legitimately claim to be a moral expert. Unfortunately, some people, including some philosophers, have taken the title of 'ethicist' as if they were experts concerning moral decisions in fields such as business or medicine in the same way that chemists are experts in chemistry. The primary task of all philosophers, including moral philosophers, is to clarify. They can also sometimes show whether a commonly held view is justified. Moral philosophers clarify the nature of morality and try to show that it is justified, but those who have a better knowledge of the relevant facts and more experience in the relevant field are more likely to make better moral decisions in that field." (Gert 1998, 11)

noch nennenswerte Bemühungen auf Seiten der angewandten Ethik provoziert. Der Grund dafür ist einfach: So revolutionär dieses Verfahren in *technischer* Hinsicht mag, so harmlos ist es in ethischer Hinsicht; es ist nicht sichtbar, gegen welche moralischen Normen der Gebrauch eines Mikrowellenherdes verstoßen könnte. – Wie aber verhielte es sich bei einer technischen Innovation, die in *offensichtlichem* und *eklatantem* Widerspruch zu den moralischen Normen und Werten unserer Gesellschaft stünde? Denken wir uns beispielsweise die Erfindung eines Computermoduls, mit dessen Hilfe man über das Internet jeden beliebigen User an jedem beliebigen Ort der Welt und zu jedem beliebigen Zeitpunkt töten könnte, ohne dass der elektronische Mordbefehl zu seinem Absender zurückverfolgbar wäre. Vermutlich würde ein solches ‚Modul des Gyges' ebensowenig zu einer Generalmobilmachung der angewandten Ethik führen wie der Mikrowellenherd. Die Bösartigkeit eines solchen Moduls wäre zu offensichtlich; es wäre ein Problem für die Polizei, nicht für die angewandte Ethik.

Dies macht uns auf eine charakteristische Eigenschaft von Problemen der angewandten Ethik aufmerksam, die oben noch nicht erwähnt wurde. Zum ‚Problem' werden für sie in der Regel Handlungsoptionen, die weder eindeutig und unzweifelhaft als ‚moralisch zulässig' klassifiziert werden können, noch als ‚moralisch verwerflich'. Ihre normative Problematizität äußert sich darin, dass sie in Termini von ‚einerseits – andererseits' diskutiert werden, ohne dass sich *von vornherein* ein klares Übergewicht der einen oder anderen Seite abzeichnet. Es gibt sowohl gute Argumente für die eine, als auch für die andere Seite. (Dies schließt freilich nicht aus, dass es Individuen oder Gruppen gibt, die sich von Beginn an für das ‚einerseits' entschieden haben und für die daher – sozusagen *a priori* – klar ist, dass die betreffende Handlungsoption erlaubt bzw. verwerflich ist. Wenn es sich trotzdem um ein ‚Problem' im von mir bestimmten Sinne handelt, dann liegt das daran, dass gleichzeitig *andere* Individuen oder Gruppen existieren, die sich von Beginn an genauso entschieden auf die Seite des ‚andererseits' geschlagen haben.) Die angewandte Ethik wächst somit in einer Art von moralischem Zwischenreich. Ihr Feld ist ein evaluatives oder normatives *clair-obscur*, in dem Licht und Schatten nicht schon geschieden sind, sondern allererst geschieden werden müssen. Weniger blumig ausgedrückt: Sie setzt die Existenz *ungelöster moralischer Probleme* voraus und unterstellt die Notwendigkeit, für sie eine Lösung zu finden.

6. – Doch was heißt in diesem Zusammenhang ‚eine Lösung *finden*'? Gemeint sein kann mit dieser Formulierung zum einen, dass die gesuchte Lösung bereits vorab besteht, dass sie uns aber noch nicht bekannt ist. Überzeugender und der Sache angemessener als eine solche Annahme einer platonischen Präexistenz von Problemlösungen ist die zweite Interpretationsmöglichkeit, die das ‚Finden' als ein ‚Er-finden' deutet. Die adäquate Problemlösung wird demnach unter Verwendung geeigneter ‚Instrumente' (moralische Prinzipien, Wertorientierungen, Intuitionen etc.) nicht gefunden, sondern *konstruiert*. Nun unterliegt der Begriff der ‚Konstruktion' seit einiger Zeit einem inflationären und undifferenzierten Gebrauch. Ich habe daher gezögert, diese Modevokabel zu verwenden. Da die zur Verfügung stehenden Alternativen mit anderen, kaum weniger hohen Hypotheken be-

lastet sind, schien mir ‚Konstruktion' das kleinere Übel zu sein – zumal dieser Begriff bei näherem Zusehen wichtige Elemente dessen plastisch zum Ausdruck bringt, worum es geht. Man muss sich dazu vergegenwärtigen, was im technischen Kontext ‚Konstruktion' bedeutet. Einige wichtige Bedeutungskomponenten seien genannt: (1) Konstruktionen sind nicht beliebig, sondern unterliegen harten naturgesetzlichen Randbedingungen. (2) Gleichwohl lassen diese Randbedingungen Spielraum für alternative Lösungen. (3) Die Entscheidung für eine bestimmte Lösung erfolgt auf der Basis außertechnischer Kriterien. (4) Das Konstruieren erfordert Sorgfalt und Kenntnis.

Auf zwei weitere Bedeutungskomponenten, die für den hier vorliegenden Zusammenhang von besonderer Bedeutung sind, möchte ich etwas ausführlicher eingehen. (5) Etwas, das bereits existiert, kann man nicht mehr ‚konstruieren', sondern höchstens ‚rekonstruieren'. Konstruktionen zielen eben auf etwas Neues, sei es eine Lösung für ein neues Problem, oder sei es eine neue Lösung für ein altes Problem. Bei der angewandten Ethik geht es offensichtlich um den letztgenannten Fall: Hier werden neue Lösungen für neue (bisweilen aber auch für alte) Probleme angestrebt. Und da es sich um moralische Probleme handelt, zielt die angewandte Ethik auf etwas, das man als *neue Moral* bezeichnen kann. Dieses Ziel ergibt sich bereits aus der oben skizzierten Konstellation, die zur Entstehung der angewandten Ethik geführt hat: Wenn die geltende Moral keinen für die heutigen Bedingungen hinreichenden Kanon von Kriterien der Handlungsorientierung und -bewertung bereitstellt, so muss sie diesen Bedingungen angepasst werden. Dass die geltende Moral ein historisch gewachsenes Gebilde ist, das vom Fortschritt der Handlungsmöglichkeiten überholt werden kann und das mithin revisions- und ergänzungsbedürftig ist: In dieser These liegt der eine Ausgangspunkt der angewandten Ethik. Der andere liegt in der Zuversicht, dass solche Unzulänglichkeiten durch ethische Reflexion korrigiert werden können, dass es also nicht nur notwendig, sondern auch möglich ist, eine ‚neue Moral' zu schaffen.

Bevor ich auf diesen Punkt zurückkomme, möchte ich ihn allerdings relativieren. Die Rede von einer ‚neuen Moral' ist überzogen, wenn sie im Sinne einer Totalrevision der alten interpretiert wird. Worum es bei der angewandten Ethik geht, ist sicher nicht die Ersetzung der ‚alten' Moral durch eine ‚neue', sondern eine jeweils lokale Präzisierung, Korrektur oder Erweiterung der gegebenen Moral. Dies ergibt sich schon dann, wenn man die Analogie zur technischen Konstruktion ernst nimmt und die letzte Bedeutungskomponente dieses Begriffs in Rechnung stellt. (6) Jede technische Konstruktion ist ja immer auch ‚konservativ', indem sie vorgefundene Materialien verwendet und sich auf ‚alte' Konstruktionslösungen stützt; darüber hinaus lässt sie die Mehrheit der übrigen Konstruktionen, die gemeinsam ‚die Technik' ausmachen, unberührt. Ähnlich verhält es sich auch bei den neuen Problemlösungen der angewandten Ethik. Auch sie sind niemals ‚revolutionär' in dem Sinne, dass sie die Gesamtheit der ‚alten' moralischen Überzeugungen außer Kraft setzen. Auch sie entstehen unter Verwendung von allgemein akzeptierten Normen oder Werten; orientieren sich an allgemein akzeptierten moralischen Orientierungen; und lassen die Mehrheit der moralischen Überzeugungen unberührt. Vor allem der Kernbereich der Moral (das Schädigungsverbot) steht für die angewandte Ethik natürlich nicht zur Disposition. Dass die Innovationen der angewandten Ethik niemals grundstürzend sein können, geht auch schon daraus hervor, dass sie sich in dem oben angedeuteten ‚Zwischenreich' bewegt: Was im Sinne der geltenden Moral eindeutig unzulässig ist, wird in der Regel gar nicht erst zu ihrem Problem.

Ungeachtet dieser Relativierung bleibt aber die Tatsache, dass der angewandten Ethik ein ‚revisionistisches' Element innewohnt. Die etablierten moralischen Überzeugungen gelten ihr nicht länger als sakrosankt [unverletzlich]. Und in dieser Tatsache hat das Unbehagen an ihr seine tiefsten Wurzeln. Offensichtlich können Revisionen auch dann als sehr einschneidend empfunden werden, wenn sie lokal begrenzt bleiben und nicht ‚das Ganze' der Moral umfassen. Das bekannteste Beispiel dafür bieten die öffentlichen Reaktionen (in den deutschsprachigen Ländern) auf die von einigen Autoren vertretene Ansicht, dass die Euthanasie von Neugeborenen unter bestimmten Bedingungen legitim sein könne. Was von diesen Autoren als eine partielle Reform der Moral intendiert war, wurde von Teilen der Öffentlichkeit als ihre Abschaffung interpretiert, zumindest als die Spitze eines Eisberges von Bemühungen um die nahtlose Anpassung der Moral an das technisch Machbare und ökonomisch Profitable. Diese Kontroverse ist sicher ein Extremfall. Doch als solcher deutet sie darauf hin, dass die ‚Konstruktion' von Moral immer auch ein Problem darstellt – und bisweilen auch eine Provokation. Die in der Öffentlichkeit bestehenden Vorbehalte gegenüber der angewandten Ethik gehen zu einem großen Teil auf dieses ‚revisionistische' Element zurück; sie speisen sich aus der Befürchtung, dass am Ende ‚alles erlaubt' sein könnte, wenn die Menschen erst einmal damit beginnen, ihre Moral zu ‚machen'.

Damit bin ich bei meiner zweiten These. *Das Projekt einer angewandten Ethik deutet nicht nur auf einen Funktionswandel der ethischen Reflexion in der modernen Gesellschaft hin, sondern auf einen Funktions- und Statuswandel der Moral selbst. Moral kann nicht mehr als eine unabhängige Variable angesehen werden, die (zumindest scheinbar) außerhalb des gesellschaftlichen Handelns erwächst und als überzeitlicher Maßstab der Bewertung dieses Handelns dient. Sie wird zum Gegenstand einer sie modifizierenden Reflexion und damit zu einer gestaltbaren gesellschaftlichen Institution. Indem die angewandte Ethik zum Instrument direkter Problemlösung wird, wird die Moral positiviert, d.h. zum Resultat menschlicher Setzung oder ‚Konstruktion'.*

7. – Aber ist dieser Befund, dass die angewandte Ethik einen konstruktiven Aspekt hat, tatsächlich so bemerkenswert, wie ich es nahegelegt habe? Oder so bestürzend, wie einige Zeitgenossen ihn empfinden? Ist die Moral denn seit den Anfängen der Menschheit gleich geblieben? Und wenn sie heute eine andere ist, als sie in der Steinzeit war (was wir hoffen wollen!), wer hat diese Änderung denn bewirkt? Offensichtlich müssen es doch die Menschen gewesen sein, die im Verlauf der Geschichte die Moral verändert haben! Dann aber wäre das ‚Machen' von Moral der historische Normalfall! Und weiter: Auch die Einsicht in den Konstrukt-Charakter der Moral ist alles andere als neu. Bereits die Sophisten haben

– vor immerhin zweieinhalbtausend Jahren – erklärt, dass moralischen Normen und Werte keineswegs ‚von Natur aus' bestehen, sondern menschliche Konventionen sind (cf. Platon, *Gorgias* 482e–483d). In der Gegenwart hat John Mackie in seinem einflussreichen Buch *Ethics. Inventing Right and Wrong* die Überzeugung vertreten, dass Moral nicht entdeckt, sondern gemacht wird und dass es sich – dem Untertitel entsprechend – bei ‚gut' und ‚böse' um „Erfindungen" handelt. „Die Moral gilt es nicht zu entdecken, sondern zu entwickeln oder auszuarbeiten: Wir müssen entscheiden, welche moralischen Regeln wir annehmen, auf welchen Standpunkt wir uns festlegen wollen ... Es geht vielmehr darum, zu entscheiden, was wir tun sollen, was wir billigen oder verurteilen sollen, welche Verhaltensprinzipien wir als Richtschnur für unsere und vielleicht auch anderer Menschen Handlungswahlen annehmen und fördern sollen." (1983, 132) Und schließlich: Ebensowenig neu wie die Konstruktions-These selbst ist die Kritik an ihr; die Abfertigung der Sophisten durch Platon ist das bekannteste, aber nicht das einzige Beispiel dafür. Und schließlich ist es auch in der Vergangenheit nicht immer bei philosophischer Kritik geblieben: Nur allzu oft haben ‚radikale' (oder als radikal empfundene) philosophische Ansätze heftige Reaktionen auf Seiten der Herrschenden und/oder der Öffentlichkeit provoziert. Es genügt, an die Hinrichtung Sokrates' oder an die Vertreibung Christian Wolffs durch die Hallenser Pietisten zu erinnern. Die angebliche Gefährdung von Religion und Moral durch philosophische Reflexion ist kein Spezifikum unserer Tage.

In Antwort auf diese Einwände sind drei Punkte hervorzuheben. (1) Zunächst ist es richtig, dass das moralische Denken ebenso einem historischen Wandel unterliegt wie jedes andere Denken. Die Unveränderlichkeit der Moral ist eine Illusion, die ihre Ursache teilweise in einem Wunsch nach Stabilität hat, teilweise aber auch in zu geringer historischer Distanz. Und wenn wir Gott als Quelle dieser Veränderung außer Acht lassen, dann bleibt nur der Schluss, dass es die Menschen selbst waren, die ihre Moral geändert haben. Das ‚Machen' der Moral ist daher der Normalfall und nicht die Ausnahme. Gleichwohl dürfen zwei Punkte nicht übersehen werden. (a) In der Vergangenheit vollzog sich der moralische Wandel meist in relativ langen historischen Zeitperioden; heute hingegen geschieht er schnell genug, um von den Individuen in ihrer Lebenszeit wahrgenommen zu werden und Verunsicherungen auslösen zu können. (b) In der Vergangenheit vollzog sich dieser Wandel in der Regel als eine nichtintendierte Folge des Handelns der Menschen, d. h. hinter ihrem Rücken. Heute geschieht er nicht mehr spontan, sondern wird gezielt und bewusst betrieben; er wird, wie wir gesehen haben, sogar institutionalisiert. Dies impliziert, dass er – als ein bewusster und intendierter Prozess – *verantwortet* werden muss. Die angewandte Ethik wirft daher durchaus die Frage nach einer ‚Metaverantwortung' auf, nach einer Verantwortung nicht nur für die Folgen unseres Tuns, sondern auch für die Folgen der von uns gestalteten Moral.

(2) Zutreffend ist auch, dass in der Geschichte des ethischen Denkens bereits sehr früh auf diesen menschlichen Ursprung der Moral hingewiesen wurde. Es darf aber nicht vergessen werden, dass die Sophisten keineswegs den Hauptstrom des ethischen Denkens repräsentieren und dass Mackies Thesen heftig umstritten sind. Für den Hauptstrom der

Ethik war die Moral ein vorgegebenes Faktum, das es zu interpretieren, zu systematisieren und vor allem zu begründen galt – aber eben nicht zu konstruieren oder zu revidieren.[7] Einen *praktischen* Anspruch verfolgte die neuere Ethik in der Regel bestenfalls im Hinblick auf Fragen der moralischen Erziehung. Anders ausgedrückt: Als praktisches Ziel kam nur die Verbesserung der Individuen in Betracht, nicht die Verbesserung der Moral selbst.

(3) Und schließlich unterscheidet sich die angewandte Ethik von dem sophistischen Ansatz in einer doppelten Hinsicht. Wenn die Sophisten den konventionellen oder Konstrukt-Charakter der Moral hervorhoben, formulierten sie damit (a) eine metaethische und (b) eine skeptische Position. Eben dies aber trifft auf die angewandte Ethik nicht zu. Es geht nicht darum, dass die angewandte Ethik *behauptet*, moralische Normen seien Konstrukte; vielmehr ‚konstruiert' sie moralische Normen. Sie *tut* also, was die Sophisten oder Mackie nur metaethisch feststellen. Wichtiger ist der zweite Punkt. Für die Sophisten war der Konstrukt-Charakter der Moral ein Argument für ihre Relativität und Subjektivität. Sie waren Skeptizisten ‚erster Ordnung', die die Auffassung vertraten: Da es keine objektiven Werte gebe, sei jeder legitimiert, das zu tun, was er für richtig halte.[8] Die angewandte Ethik ist auf eine solche Position *nicht* festgelegt, und die Mehrheit ihrer Protagonisten geht definitiv *nicht* von der Relativität oder Subjektivität aller Moral aus. Im Gegenteil: Das Projekt der angewandten Ethik beruht auf der Annahme, dass die moralischen Probleme adäquat und objektiv lösbar sind. Der damit erhobene Objektivitätsanspruch kann metaethisch sehr unterschiedlich interpretiert werden; doch hinter einen schwachen Anspruch auf Adäquatheit und Objektivität (im Sinne von Unparteilichkeit und Fairness) kann die angewandte Ethik nicht zurückgehen, ohne ihren eigenen Sinn in Frage zu stellen. Ein relativistisches oder subjektivistisches Selbstverständnis der angewandten Ethik würde den von ihr entwickelten Problemlösungen von vornherein jegliche moralische Autorität nehmen; es würde sie auf *bloße* Politik reduzieren.

---

[7] Kant macht dies in einer berühmten Anmerkung seiner Vorrede zur *Kritik der praktischen Vernunft* unmissverständlich deutlich: „Wer wollte aber auch einen neuen Grundsatz aller Sittlichkeit einführen und diese gleichsam zuerst erfinden? gleich als ob vor ihm die Welt in dem, was Pflicht sei, unwissend oder in durchgängigem Irrthume gewesen wäre." (1788, 8) Ähnlich argumentiert – ausdrücklich an Kant anschließend – Jürgen Habermas: „Trivialerweise müssen sich die Subjekte diejenigen Maximen, die sie im Lichte des kategorischen Imperativs beurteilen wollen, *geben* lassen. In gleicher Weise verstehe ich den praktischen Diskurs als ein Verfahren, das nicht der Erzeugung von gerechtfertigten Normen dient, sondern der Prüfung der Gültigkeit vorgefundener, aber problematisch gewordener und hypothetisch erwogener Normen." (1984, 220f)
[8] Zur Differenz von Skeptizismus erster und zweiter Ordnung cf. Mackie 1983, 14f.

III.

8. – Nach einer weit verbreiteten Vorstellung, die schon durch den Terminus ‚angewandte Ethik' nahegelegt wird, handelt es sich bei ihr um ein Unternehmen, das von allgemeinen moralischen Normen oder Prinzipien ausgeht und aus ihnen Schlussfolgerungen im Hinblick auf spezielle Fälle oder Fallgruppen ableitet. ‚Angewandte Ethik' zielt demnach nicht auf die Begründung von Normen, sondern setzt deren Geltung voraus und wendet sie lediglich an. – In Abgrenzung von dieser übermäßig vereinfachten und irreführenden Vorstellung ist von verschiedenen Autoren hervorgehoben worden, (a) dass angewandte Ethik durchaus auch auf die Begründung von Normen zielt und als ein innovatives Unternehmen aufgefasst werden muss; und (b) dass sich die Argumentations- und Denkweise der angewandten Ethik nicht auf einer Einbahnstraße bewegt, die von gegebenen allgemeinen Prinzipien zu konkreten Fällen oder Fallgruppen führt.[9] Tatsächlich erhalten die Resultate, zu denen die angewandte Ethik kommt, ihre Rechtfertigung in der Regel nicht allein von normativen Prinzipien höherer Allgemeinheitsstufe, sondern auch durch Bezugnahme auf analoge Fälle, auf weithin akzeptierte partikulare Urteile (‚Intuitionen') und auf Hintergrundtheorien teils deskriptiver, teils normativer Natur. Die Rechtfertigung kommt daher nicht allein ‚von oben', sondern auch aus horizontaler Richtung und ‚von unten'. Die bevorzugte Begründungsstrategie der angewandten Ethik kommt daher dem sehr nahe, was John Rawls (1979, 38f. und 68ff.) als „reflective equilibrium" bezeichnet und Norman Daniels weiter elaboriert und speziell für die angewandte Ethik fruchtbar zu machen versucht hat. „The key idea underlying the method of reflective equilibrium is that we ‚test' various parts of our system of moral beliefs against other beliefs we hold, seeking coherence among the widest set of moral and nonmoral beliefs by revising and refining them at all levels." (Daniels 1996, 2) Ausgangspunkt dieser Methode ist also – im Gegensatz zu der Vorstellung von angewandter Ethik als einem auf die deduktive Ableitung spezifischer Schlussfolgerungen aus allgemeinen Prinzipien festgelegten Unternehmen – gerade der Verzicht auf die *Privilegierung* einer bestimmten Art von moralischen Überzeugungen.

Fragen wir nach den Motiven für diese Bevorzugung einer kohärenzorientierten Begründungsstrategie, so stoßen wir auf zwei Argumente. Zum einen haben die Bemühungen der neuzeitlichen Philosophie zur Identifikation eines ‚Fundaments' der Ethik bisher nicht zu Resultaten geführt, die von allen gleichermaßen anerkannt werden. Da nicht davon auszugehen ist, dass ein solches Fundament in absehbarer Zeit identifiziert werden kann, muss sich die angewandte Ethik nach Alternativen zum begründungstheoretischen Fun-

---

[9] Cf. Bayertz 1994, 34ff, sowie die neuerdings gesammelt verfügbaren Arbeiten von N. Daniels, wo es u.a. heißt: „Nearly all disputants agree that the term ‚applied ethics' is terribly misleading. It suggests that there is a supply of ready-at-hand, general moral theories or principles and that the task of finding out what to do in particular cases consists of specifying the ‚facts' that would connect the general principles to a specific case." (Daniels 1996, 344)

damentismus[10] umsehen. Rechtfertigung durch „reflective equilibrium" bedeutet demnach: Aufbau eines möglichst weiträumigen Geflechts von sich gegenseitig stützenden Überzeugungen, ohne dass einer bestimmten Art von Überzeugung von vornherein eine privilegierte Stellung in diesem Geflecht eingeräumt wird. Dieses Modell eröffnet mithin einen Weg der Moralbegründung unter der Bedingung, dass ein allgemein akzeptiertes Fundament nicht zur Verfügung steht.

Abgesehen von diesem philosophischen Argument hat das Verfahren des „reflective equilibrium" für die angewandte Ethik aber noch einen ‚strategischen' Vorzug, dessen Bedeutung kaum unterschätzt werden kann. Angewandte Ethik will ja nicht nur ethische Theorien konstruieren, sondern Lösungen für tatsächliche und gesellschaftlich relevante normative Probleme zur Verfügung stellen; sie hat daher – in einem viel direkteren Sinne, als dies bei der allgemeinen Ethik der Fall ist – *praktische* Ziele. Um diese praktischen Ziele erreichen zu können, müssen die von ihr erarbeiteten Lösungsvorschläge nicht in erster Linie philosophisch akzeptabel sein, sondern überzeugend vor allem für die entsprechenden Teile der Öffentlichkeit bzw. für die entsprechenden Institutionen (denn diese sind es ja, die sich in ihrem Handeln an den Resultaten der angewandten Ethik orientieren sollen). Überzeugend für die einschlägige Öffentlichkeit werden die Lösungsvorschläge der angewandten Ethik um so eher sein, je enger sie an die von ihr ohnehin vertretenen Überzeugungen anknüpfen. Mit einem Wort: Die Chancen der angewandten Ethik, praktisch wirksam zu werden, hängen stark von der *Anschlussfähigkeit* ihrer Lösungsvorschläge ab.[11] Diese Anschlussfähigkeit wird ermöglicht durch die Berufung auf allgemein akzeptierte Normen, seien es moralische Regeln und Prinzipien, oder seien es moralisch relevante Rechtsnormen, vor allem die Grund- und Menschenrechte sowie das Menschenwürdeprinzip; und auf allgemein anerkannte Werte (z. B. Gesundheit) und Interessen. Obgleich diese allgemein anerkannten Normen, Werte und Interessen durchaus nicht die Rolle eines *fundamentum inconcussum* der angewandten Ethik spielen, kommt ihnen begründungsstrategisch doch eine relative Vorrangstellung zu.

Der gegen die angewandte Ethik bisweilen erhobene Vorwurf der philosophischen Dünnbrettbohrerei hat hier seinen Ursprung. Doch andere Bezugspunkte – und mögen sie noch so ‚tief' und darum reizvoll sein – kommen für die angewandte Ethik kaum in Frage. Dies wird deutlich, wenn wir jene Ansätze angewandter Ethik betrachten, die *nicht* dem antifundamentistischen Denk- und Argumentationsstil folgen. Besonders ausgeprägt finden wir sie in der ökologischen Ethik. Wer dem Programm einer Re-Validierung [Wiedergeltendmachung] der außermenschlichen Natur folgt und die Anerkennung ihres inhä-

---

[10] Mit dem – nicht sehr wohlklingenden – Wort „Fundamentismus" übersetze ich den englischen Terminus „foundationalism", um Äquivokationen mit dem politischen Begriff des „Fundamentalismus" zu vermeiden. Als „Fundamentismus" wäre demnach jede Theorie anzusehen, die eine Klasse epistemisch privilegierter Überzeugungen voraussetzt, aus der sich Rechtfertigungen für alle übrigen Überzeugungen ableiten lassen.

[11] Auch deshalb sind ihrem ‚Revisionismus' Grenzen gesetzt.

renten Wertes fordert, der steht vor zwei Problemen. Einerseits muss er sich auf begründende Annahmen stützen, die nicht konsensfähig sind und daher auch keine allgemeinverbindlichen Handlungsorientierungen begründen können. Dies heißt zwar nicht, dass solche Ansätze in jeder Hinsicht zur Unwirksamkeit verdammt wären; sie können auf das gesellschaftliche Bewusstsein einwirken und damit (zumindest langfristig) konsensfähig werden. Doch dies wäre eine indirekte Wirkung, wie wir sie aus der Geschichte der Philosophie kennen; es wäre kein *direkter* Beitrag zur Problemlösung, wie ihn die angewandte Ethik typischerweise anstrebt. Andererseits ist eine solche Positionen *zu* grundsätzlich, als dass sich aus ihr praktische Handlungsanweisungen ergeben könnten. Wer Hans Jonas darin zustimmt, dass es einen „metaphysischen Grund des Sollens" (1979, 93) gibt und dass die Natur ein sittliches Eigenrecht hat, ist damit noch nicht gut gerüstet, um ethisch überzeugende und praktisch umsetzbare Antworten auf spezifischere Fragen – wie die nach der Struktur einer ökologischen Steuerreform oder nach angemessenen Grenzwerten für die Umweltbelastung – geben zu können. Die unmittelbare praktische Relevanz, auf die die angewandte Ethik zielt, muss also durch einen Verzicht auf das Bohren dicker philosophischer Bretter und durch die Bevorzugung einer ‚pragmatischen' Denk- und Argumentationsweise erkauft werden.

9. – Die in der angewandten Ethik dominierende Denk- und Argumentationsweise wird von einer weiteren Randbedingung nachhaltig geprägt, deren Tragweite für die Ethik bis heute nur selten ernst genug genommen wird: von der Existenz einer Vielzahl divergierender moralischer Überzeugungen. In der heutigen Gesellschaft, d. h. unter den Bedingungen eines dramatischen Rückgangs religiöser Bindungen, weltanschaulicher und politischer Freiheit, raschen Wandels der Lebensbedingungen und multikultureller Verflechtungen, könnte ein einheitliches und moralisch gehaltvolles Wert- und Normensystem nur noch durch Unterdrückung und Gewalt durchgesetzt werden (und auch dies schwerlich auf Dauer). Rawls hat daher in Analogie zu Kants „Faktum der Vernunft" vom „Faktum des Pluralismus" gesprochen. „Diese Verschiedenheit der Lehren – das Faktum des Pluralismus – ist keine bald vorübergehende historische Erscheinung, sondern ein, wie ich glaube, dauerhaftes Merkmal der politischen Kultur moderner Demokratien. Unter den politischen und historischen Bedingungen, wie sie durch die historisch mit dieser Staatsform verbundenen Grundrechte und Grundfreiheiten gesichert werden, wird die Verschiedenheit der Auffassungen bestehen bleiben und möglicherweise zunehmen. Eine öffentliche und praktikable Übereinstimmung über eine einzelne allgemeine und umfassende Lehre könnte nur noch durch den repressiven Gebrauch staatlicher Macht aufrecht erhalten werden." (Rawls 1987, 299)

Bei der Konstruktion allgemeiner ethischer Theorien kann man diesem Faktum des Pluralismus relativ leicht ausweichen und sich darauf konzentrieren, seine jeweils eigene evaluative bzw. normative Konzeption zu begründen und gegenüber konkurrierenden Konzeptionen stark zu machen. Ob eine solche Vorgehensweise sinnvoll ist oder auf eine Vogel-Strauß-Politik hinausläuft, muss an dieser Stelle nicht entschieden werden; der angewandten Ethik steht sie jedenfalls nicht zur Verfügung. Sie kann die Tatsache der existierenden Pluralität evaluativer und normativer Überzeugungen nur um den Preis einer von vornherein in Kauf genommenen praktischen Irrelevanz ausblenden. Aussicht auf Anerkennung und Praktikabilität haben nur solche Problemlösungen, die aus der Perspektive möglichst vieler solcher Überzeugungen akzeptabel sind. Konsequenterweise folgt die Denk- und Argumentationsweise der angewandten Ethik daher weitgehend einem Stil, der bei der Behandlung konkreter Probleme die Vielzahl der konkurrierenden Wertungen und konfligierenden Prinzipien zu berücksichtigen sucht und Lösungen anstrebt, mit denen möglichst viele Beteiligte ‚leben können'. Vor allem *prozedurale Lösungen* bieten sich unter diesen Bedingungen für die Bewältigung moralischer Konfliktsituationen an. Solche Lösungen vermeiden ja die Festlegung auf bestimmte partikulare Wertpositionen und überlassen die Entscheidung über die Handlungsweise im konkreten Fall den betreffenden Individuen und ihrer freien Zustimmung. (Ein Beispiel für diese Strategie bietet die Diskussion um die ‚passive Sterbehilfe', die sich weitgehend auf die Rahmenbedingungen bezieht, unter denen Ärzte legitimerweise zu der Entscheidung kommen können, die weitere medizinische Behandlung eines terminal kranken Menschen abzubrechen. Kernstück dieser Rahmenbedingungen ist der tatsächlich geäußerte oder vermutete Wille des betreffenden Patienten.) Wo solche verfahrensethischen Lösungen nicht möglich sind, werden *Güterabwägungen* notwendig, die dem Ziel dienen, die Interessen der von einer Handlungsweise tangierten Personen in möglichst großem Umfang zu wahren und unvermeidliche Beeinträchtigungen solcher Interessen einerseits möglichst gering zu halten und andererseits möglichst gerecht zu verteilen.

Ich komme damit zu meiner dritten These. *Das für die angewandte Ethik charakteristische Streben nach unmittelbarer praktischer Relevanz führt zur Bevorzugung einer ‚pragmatischen' Denk- und Argumentationsweise. An die Stelle der Berufung auf letzte Fundamente – den Willen Gottes, das Wesen der Dinge, die Natur des Menschen, die Gesetze der Vernunft – tritt das Anknüpfen an bestehende Konsense und die Bezugnahme auf menschliche Interessen, einschließlich ihrer legitimen Verschiedenheit. Das moralische Denken büßt seinen kategorischen Charakter ein und wird zu einem Medium des Abgleichs verschiedener Interessen; die ‚Wahrheit' bzw. Richtigkeit seiner Resultate bemisst sich zunehmend an ihrer ‚Angemessenheit', ‚Durchsetzbarkeit' oder ‚Zumutbarkeit'.*

10. – Es ist mithin nicht zu übersehen, dass die angewandte Ethik für ihren Zugewinn an praktischer Relevanz einen Preis entrichtet, über den sie sich bislang nur unzureichend Rechenschaft abgelegt hat. Obgleich es gute Gründe gibt, diesen Preis zu akzeptieren, sollte es nicht überraschen, dass er von manchen als ein Ausverkauf der Philosophie und (schlimmer noch) der Moral angesehen wird. Das Unbehagen richtet sich sowohl gegen die Tendenz zu ‚pragmatischen' Problemlösungen auf der Ebene materialer Entscheidungen als auch gegen Begründungsstrategien, die nicht mehr von unerschütterlichen Fundamenten ausgehen, sondern auf bestehende Konsense und Interessen Bezug nehmen.

Zunächst liegt auf der Hand, dass prozedurale Regelungen und Güterabwägungen zu Problemlösungen führen, die aus der Perspektive starker Wertpositionen bestenfalls Kompromisscharakter haben. Wer vom Ideal einer ‚moralischen Weltanschauung' ausgeht, die ein universal verbindliches Wertsystem einschließt und den Spielraum für divergierende normative Urteile und Entscheidungen minimiert, kann das „Faktum des Pluralismus" höchstens als eine kontingente Tatsache hinnehmen; eher wird er sie mit Bedauern zur Kenntnis nehmen oder als Resultat einer Verwahrlosung des moralischen Bewusstseins in der Moderne beklagen. Der (pejorativ [abwertend] verstandene) ‚Pragmatismus' oder ‚Utilitarismus' der angewandten Ethik, ihre Bevorzugung von prozeduralen Lösungen und Güterabwägungen erscheint als Ausdruck einer Kapitulation vor dem Zeitgeist, in dem für ‚echte Moral' kein Raum bleibt. – Allerdings ist diese Einschätzung nicht die einzig mögliche. Der moralische Pluralismus ist nämlich weder eine bloße kontingente Tatsache noch der Ausdruck eines generellen Verzichts auf starke Wertungen. Er kann und sollte vielmehr gerade als Resultat einer starken Wertung interpretiert werden; einer Wertung im Übrigen, für deren Durchsetzung viele Generationen unserer Vorfahren politisch hart kämpfen mussten. Denn dieser Pluralismus ist das Resultat einer Anerkennung der moralischen Autonomie der Individuen und ihres rechtlichen und politischen Schutzes in der liberalen Demokratie. Es ist daher ein fundamentistischer Irrtum, in der Bevorzugung prozeduraler Lösungen ausschließlich eine Kapitulation oder einen Kompromiss zu sehen, und nicht eine moralische und politische *Errungenschaft*.

Nicht weniger tief ist das Misstrauen, das den Wandel der Begründungsstrategien begleitet. Wenn es zutrifft, dass die Moral zu einer gestaltbaren sozialen Institution wird und dass sich das moralische dem politischen Denken annähert – ‚politisch' sicher nicht im Sinne von Partei- oder Tagespolitik; aber doch im Sinne einer Gestaltung und Umgestaltung der gegebenen Verhältnisse in Richtung auf eine möglichst umfassende Befriedigung menschlicher Interessen, bei gleichzeitiger Rücksicht auf das tatsächlich Mach- und Durchsetzbare –, dann scheint dies doch einschneidende Konsequenzen für die Zuverlässigkeit und Sicherheit der in diesem Rahmen zustande kommenden Resultate zu haben. Wenn es keine festen Fundamente des moralischen Denkens mehr gibt, wenn das Beste, das wir erreichen können, ein kohärentes, sich selbst stützendes System unserer normativen und faktischen Überzeugungen ist, wie können wir uns dann jemals unserer Sache sicher sein? Wenn uns das moralisch Richtige nicht mehr gegeben ist, sondern ‚konstruiert' werden muss, und wenn dies im Hinblick auf menschliche Interessen geschieht, welche Garantie haben wir dann noch, dass am Ende dieses Prozesses nicht „alles erlaubt" sein wird?

Man wird die Besorgnis, die in solchen Fragen zum Ausdruck kommt, nur schwer ausräumen können. Zwei Argumente möchte ich jedoch nennen. (1) Es wurde bereits hervorgehoben, dass ‚Konstruktion' von Moral nicht mit Willkür oder Beliebigkeit gleichzusetzen ist; und dass die angewandte Ethik an einem Objektivitätsanspruch ihrer Resultate festhält, den die Politik in dieser Weise nicht behaupten kann. Die totale ‚Politisierung' des moralischen Denkens findet daher nicht statt. In mancher Hinsicht gleicht die angewandte Ethik eher dem *Recht* stärker als der Politik. Auch rechtliche Normsetzungen können sich nicht mehr auf unerschütterliche Fundamente berufen, ohne dass sie deshalb die Idee einer Unterscheidbarkeit von „richtigem Recht" und willkürlichem Recht aufgäben. (2) Man sollte nicht vergessen, dass die Berufung auf unerschütterliche Fundamente stets nur eine scheinbare Gewissheit gegeben hat und dass ‚Garantien' auf das moralisch Richtige daher niemals existiert haben. Der bewusste Verzicht auf solche Fundamente und Garantien ist daher keine Innovation der angewandten Ethik, sondern entspricht einer Tendenz, die der modernen Ethik von Beginn an innewohnte: Bereits an ihrem Anfang steht (in Gestalt des Hobbes'schen Kontraktualismus) eine Theorie, in der metaphysische Begründungsstrategien durch die Bezugnahme auf menschliche Interessen ersetzt sind. Freilich macht es einen Unterschied, ob die ‚Konstruktion' von Moral lediglich hypothetisch (im Rahmen einer Theorie der Begründung) erfolgt oder ‚wirklich' (mit materiellen Wirkungen also).

Die angewandte Ethik befindet sich in einer Situation, die Otto Neurath (1932/33, 206) vor einem halben Jahrhundert beschrieben hat: Das Schiff unserer Moral befindet sich auf hoher See. Wenn wir vor Problemen stehen, die Reparaturen und Umbauten an diesem Schiff erfordern, dann können wir keinen sicheren Hafen anlaufen und unser Schiff auf ein Trockendock legen. Wir müssen alle Arbeiten auf hoher See erledigen. – Diese Situation mag unkomfortabel sein und vielleicht sogar gefährlich. Doch wir haben offensichtlich keine Alternative zu ihr.

16. Dieter Birnbacher

Dieter Birnbacher (geb. 1946), Studium der Philosophie, der Anglistik und der Allgemeinen Sprachwissenschaft in Düsseldorf, Cambridge und Hamburg. 1969 B. A. (Cambridge), 1973 Promotion an der Univ. Hamburg. 1973-1974 Tätigkeit als Wiss. Assistent an der Pädagogischen Hochschule Hannover, 1974-1978 als Wiss. Assistent an der Universität Gesamthochschule Essen. 1978 Akademischer Rat. 1974-1985 Mitarbeit in der Arbeitsgruppe *Umwelt – Gesellschaft – Energie* an der Universität Essen (*Klaus Michael Meyer-Abich*).

1988 Habilitation in Essen. 1993 Professor für Philosophie an der Universität Dortmund, 1996 an der Heinrich-Heine-Universität Düsseldorf. Erster Vizepräsident der Schopenhauer-Gesellschaft in Frankfurt, Mitglied der Philosophisch-Politischen Akademie e.V., Bonn, der Ständigen Kommission „Organtransplantation" der Bundesärztekammer, der Zentralen Kommission „Somatische Gentherapie" der Bundesärztekammer, der Ethikkommission der Medizinischen Fakultät der Heinrich-Heine-Universität Düsseldorf. Mitglied der Schriftleitung der Zeitschrift „Ethik in der Medizin"; Mitglied der Schriftleitung des „Schopenhauer-Jahrbuchs".

Forschungsschwerpunkte u. a.: Allgemeine Ethik, Naturethik (Artenschutz, Reichweite von Pflichten gegenüber leidensfähigen Tieren u. v. m.), Medizinethik, angewandten Ethik, Emotionstheorien, Schopenhauers Leib-Seele-Identitätstheorie aus dem Blickwinkel der modernen Neurophilosophie. Arbeiten zur Geschichte der Philosophie (u. a. zu Mill) und zur Philosophiedidaktik.

Veröffentlichungen u. a.: (mit Norbert Hoerster): *Texte zur Ethik,* München (dtv) 1976, 11. Aufl. 2000; *Glück. Arbeitstexte für den Unterricht,* Stuttgart 1983; *Tun und Unterlassen,* Stuttgart 1995; *Verantwortung für zukünftige Generationen.* Stuttgart 1988; *Ökologie und Ethik,* Stuttgart 1980; *Ökophilosophie* Stuttgart (Reclam)1997; *Analytische Einführung in die Ethik,* Berlin/New York 2003; *Natürlichkeit,* Berlin/New York 2006.

Birnbacher gilt als einer der meistrezipierten deutschsprachigen Philosophen der Gegenwart. Er ist ein führender Theoretiker und Mitglied zentraler Einrichtungen zur angewandten Ethik und unter vielem anderen zugleich ein engagierter Verfechter philosophischer Bildung (u. a. wissenschaftliche Begleitung des Schulversuches „Praktische Philosophie" in NRW). *Birnbachers* Beitrag zur *Ökologischen Ethik* (erstmals erschienen in „Information Philosophie" 1, 1987, 18-30), bringt als luzide Übersicht die einschlägige Diskussion in grundlegend gewordener und orientierender Weise auf den Begriff.

Literatur:

Carmen Kaminsky – Oliver Hallich (Hrsg.), Verantwortung für die Zukunft? Zum 60. Geburtstag von Dieter Birnbacher, (LIT) Münster 2006.

Ökologische Ethik

Ohne die „Umweltkrise" und die „Grenzen des Wachstums" wären wir um einige Einsichten ärmer – auch wenn man die gewonnenen Einsichten immer schon und ohne die „Krise" hätte machen können. Nicht nur das Neue und Unvermutete macht betroffen, sondern auch die plötzliche Aufdeckung des implizit Gewussten, aber konstant Verleugneten. Welche Einsichten haben wir dank der „Umweltkrise" und der „Grenzen des Wachstums" gewonnen?

Erstens die Einsicht in die Unvermeidlichkeit von Nebenwirkungen. Umweltprobleme sind Nebenwirkungen menschlichen Einwirkens auf die Natur. Sie wurden bisher zum Teil bewusst in Kauf genommen, zum Teil „verdrängt", zum Teil gar nicht wahrgenommen. Je massiver allerdings die Einwirkungen auf die Natur, desto weitreichender und unübersehbarer die Nebenfolgen. Und je größer das Wissen von den Wirkungsläufen, desto unabweisbarer die Notwendigkeit, Verantwortung für sie zu übernehmen.

Zweitens die Einsicht in die Endlichkeit der Ressourcen und die Gefährdetheit der natürlichen Lebensgrundlagen. Es liegt etwas Erschreckendes in der Vorstellung, dass Ressourcen wie das Erdöl, im Laufe geologischer Zeiträume entstanden, in nur wenigen Jahrzehnten des 20. Jahrhunderts wortwörtlich verheizt werden, oder dass empfindliche natürliche Gleichgewichte, von denen die Lebensfähigkeit der Vegetation und der Schutz vor gesundheitsschädigender Strahlung abhängt, um eines „Wachstums" willen gefährdet werden, von dem nicht klar ist, ob es die Menschen, denen zuliebe es veranstaltet wird, wachsen oder verkümmern lässt.

Drittens die Einsicht in die „Tragödie der Allmende" (*Garett Hardin*) – die Tendenz zur Übernutzung jeder Ressource, die keinen Preis hat. Nur wenigen fällt es ein, sich bei der Nutzung von knappen, aber kostenlosen Umweltgütern wie Luft, Wasser oder Ruhe zum eigenen Nachteil Beschränkungen aufzuerlegen, ohne die Gewähr zu haben, dass andere zu ähnlichen Beschränkungen gezwungen werden.

Viertens die Einsicht in die Grenzen unseres Wissens von der Natur und die Grenzen technischer Machbarkeit. Die Komplexität ökologischer Zusammenhänge übersteigt die Kapazität auch der fortgeschrittensten Computergenerationen. Die Risiken avancierter Technologien wie der Schnellen Brutreaktoren sind wegen der begrenzten Anwendbarkeit von „trial and error"-Verfahren nicht vollständig überblickbar. Seit Jahrzehnten als unmittelbar vor der Tür stehend angekündigte Substitutionstechnologien wie die Kernfusion lassen auf sich warten.

Offenbar hat es der „Krise" (im publizistischen, nicht im realen Sinne) bedurft, um uns diese seit langem bekannten Tatsachen ins Bewusstsein zu hämmern. Die Folgen sind bis auf weiteres nicht absehbar. Es ist gut möglich, dass die Umweltprobleme in den industrialisierten Ländern zu tiefgreifenderen und dauerhafteren Bewusstseinsveränderungen führen als alle politischen Ereignisse der letzten beiden Jahrzehnte zusammengenommen.

Was ist ökologische Ethik?

Die ökologische Ethik ist der besondere Beitrag der Philosophie zur Krisenbewältigung. Wie andere Formen angewandter Ethik auch verbindet sie Explikation und Analyse mit Normsetzung und Normbegründung. Ihre eine Aufgabe besteht darin, die in ökologischen Debatten meist implizit bleibenden Normsetzungen, Werthaltungen und Einstellungen mitsamt ihren deskriptiven und normativen Voraussetzungen zu klären, zu präzisieren und damit erst diskursfähig zu machen. Ihre andere Aufgabe besteht darin, Normen, Werte und Leitbilder des menschlichen Umgangs mit der Natur zu entwickeln und zu begründen. Die Reichweite ihrer Fragestellungen hat sich dabei sukzessiv erweitert. Vieles, was heute der „ökologischen Ethik" oder „Umweltethik" subsumiert wird, reicht in Fragestellungen hinein, die traditionell der Naturphilosophie bzw. der Metaphysik zugerechnet werden.

In der Tat sind ethische und metaphysische Fragen in der ökologischen Ethik eng verschwistert. Das macht sie zu einem ausgesprochen „integralen", die herkömmlichen Reviergrenzen entschieden sprengenden Unternehmen (und erklärt einiges von der Faszination, die sie auf viele ausübt). Derselbe Umstand führt aber auch dazu, dass in der ökologischen Ethik nahezu unüberbrückbare Gegensätze klaffen – nicht nur zwischen den vertretenen Standpunkten, sondern auch zwischen den von verschiedenen Autoren gepflegten Denkstilen. Neben rationalen und argumentativen Ansätzen mit einem primären Interesse an Klärung und Fundierung stehen mehr oder weniger appellative Beiträge, die primär Betroffenheit erzeugen und zum Umdenken motivieren wollen. Das Spektrum reicht vom l´art pour l´art analytischer Subtilität bis zu ausgesprochenen Kanzelpredigten. Am einen Ende des Spektrums stehen Beiträge, in denen jede Spur der ursprünglichen Motivation, sich mit ökologischer Ethik zu beschäftigen, erfolgreich getilgt ist (idealtypisch etwa die Debatte um die „Animal Rights" in der Zeitschrift „Inquiry" von 1979), am anderen Ende pathetische, aber eher dogmatische Normsetzungen, zumal bei den an der Debatte beteiligten Theologen (etwa dem evangelischen Theologen und Biologen *Günther Altner*).

Weitgespannt ist auch das Spektrum der eingenommenen inhaltlichen Positionen. Zu seiner Aufgliederung hat sich ein Begriffsraster bewährt, das ursprünglich von *William K. Frankena* vorgeschlagen und im deutschsprachigen Bereich vor allem durch *Gotthard M. Teutsch* bekannt geworden ist. Es klassifiziert die umweltethischen Ansätze nach dem Umfang der Gegenstandsklassen, denen sie einen eigenständigen Wert zubilligen. Es unterscheidet dementsprechend zwischen anthropozentrischen, pathozentrischen, biozentrischen und physiozentrischen Ansätzen.

Die anthropozentrische Umweltethik

Ein auffälliger Zug der umweltethischen Debatte der letzten Jahre ist die Frontstellung gegen den Anthropozentrismus der herkömmlichen abendländischen Ethik. Der große Sündenbock ist *Descartes* mit seiner metaphysischen Zementierung der Unterscheidung zwischen Geist und Natur und seiner unverhüllt instrumentalistischen Deutung der letzteren (der Mensch als „maître et possesseur de la nature"). Dennoch hat sich die anthropozentrische Umweltethik durchaus nicht alle Sympathien verscherzt. Insbesondere in marxistischen und katholischen Kreisen steht sie weiterhin in Ehren. Charakteristisch für die anthropozentrische Umweltethik ist, dass sie ausschließlich Dasein und Sosein des Menschen als Eigenwert gelten lässt. Wenn sie der Nutzung der Natur durch den Menschen irgendwelche moralischen Grenzen zieht, dann ausschließlich im Hinblick auf Nutzen und Schaden, Vollkommenheit und Unvollkommenheit des Menschen selbst. Ein treffendes Beispiel für die anthropozentrische Begründung einer solchen Grenzziehung ist das Verbot der Tierquälerei bei *Kant* und in den ersten gesetzlichen Tierschutzbestimmungen in Deutschland: *Kant* hielt die Tierquälerei nur deshalb für verurteilenswert, weil sie dazu beitrage, das Mitgefühl mit anderen Menschen zu schwächen. Das erklärte und alleinige Ziel der ersten Tierschutzbestimmungen in Deutschland (z.B. Sachsen 1838, Preußen 1851, Deutsches Reich 1871) war der Schutz nicht der Tiere, sondern der Gefühle der Tierfreunde. Dieses Beispiel hat allerdings die Tendenz, die anthropozentrische Umweltethik in ein unverdient schlechtes Licht zu rücken. Es ist ein Missverständnis, wenn diese anthropozentrische Umweltethik als „Ausbeuterethik" abgewertet und ihr unterstellt wird, sie gebe die Natur zur bedingungslosen Ausplünderei frei. Denn erstens erkennt sie neben dem instrumentellen Wert der Natur als Objekt technischer Verfügung auch den inhärenten Wert der Natur (*Frankena*) als Objekt kontemplativer Naturbeziehungen an: den Wert, den die Natur als Gegenstand ästhetischer, religiöser oder theoretischer Einstellungen hat bzw. durch diese Einstellungen gewinnt. Und zweitens zählt zu den von der anthropozentrischen Umweltethik anerkannten eigenständigen Werten nicht nur Leben und Lebensqualität der gegenwärtigen, sondern auch der zukünftigen Menschheit. Schon um der zukünftigen Generationen willen teilen die anthropozentrischen Umweltethiker die Mehrzahl der praktischen Normen des Umwelt-, Ressourcen-, Natur- und Landschaftsschutzes, die sich für nicht-anthropozentrische Umweltethiker aus ihren weitergehenden Prinzipien ergeben.

Die pathozentrische Umweltethik

Die pathozentrische Umweltethik geht historisch im wesentlichen auf *Jeremy Bentham* und den englischen Utilitarismus zurück. Sie ist auch gegenwärtig die im englischen Sprachraum vorherrschende Doktrin. Sie ist dadurch definiert, dass sie neben dem Menschen allen empfindungsfähigen bzw. leidensfähigen Naturwesen einen eigenständigen Wert und einen moralischen Status zubilligt und die Natur genau so weit als um ihrer selbst willen schutzwürdig betrachtet, als sie unter der Behandlung, die sie vom Menschen erfährt, leiden kann.

Da wir überzeugende Hinweise darauf haben, dass auch Tiere leidensfähig sind, sogar vielfach eine ganze Skala von Gemütszuständen kennen, schreibt die pathozentrische Umweltethik auch höheren Tieren eigenständigen Wert und einen Anspruch auf Schutz vor Schmerzen, Angst und Qualen zu. Zwar ist die Frage, auf welcher Organisationshöhe des Nervensystems die Empfindungsfähigkeit einsetzt, noch weitgehend Spekulation. (Wenn es eines Beweises bedürfte, wären die Tiere der beste Beweis, dass das Problem des Fremdpsychischen kein Scheinproblem ist.) Aber wo immer die Grenze zwischen der Amöbe auf der einen Seite und den Vögeln auf der anderen Seite gezogen wird – charakteristisch für die pathozentrische Umweltethik ist die radikale Trennung zwischen den Normen für den Umgang mit empfindungsfähigen Naturwesen und denen für den Umgang mit allen anderen Naturwesen. Alle Normen für den Umgang mit den letzteren beruhen lediglich auf ihrem abgeleiteten Wert, auf der Bedeutung, die sie für die bewusstseinsbegabten Naturwesen haben oder haben können.

Die biozentrische Umweltethik

Eine derart radikale Ungleichbehandlung leidensfähiger und nicht-leidensfähiger Naturwesen ist dem spontanen Empfinden vieler Menschen fremd. Wer Hunde und Katzen nicht quält, wird auch dann Bedenken haben, einer Spinne ein Bein auszureißen, wenn er an deren Leidensfähigkeit nicht glaubt. (Vielleicht hält er es mit *Albert Schweitzer*: „Lass die Spinne zufrieden, sie war vor dir da."). Die erlebnismäßige Affinität, die uns nicht nur mit dem Bewusstseinsbegabten, sondern mit allem Lebendigen verbindet, ist der Ansatzpunkt der biozentrischen Umweltethik, wie sie in den 80er Jahren u. a. von *Hans Jonas* vertreten worden ist. Biozentrische Ansätze billigen allen Lebewesen einschließlich der Pflanzen einen eigenständigen Wert zu, wobei sie die Werthöhe oder moralische „Signifikanz" (*Attfield*) nach der – wie immer definierten – Organisationshöhe der Lebewesen abstufen. Allein *Albert Schweitzers* „Ethik der Ehrfurcht vor dem Leben" geht so weit, Wertabstufungen zwischen den Arten des Lebendigen (auch zwischen Tieren und Pflanzen) ausdrücklich zu verwerfen und die Abwägung zwischen „niederem" und „höherem" Leben in Konfliktfällen einer Art situationsethischer Augenblicksentscheidung zu überlassen.

Die physiozentrische Umweltethik

Die holistische Umweltethik tut den letzten Schritt und ordnet *allem* Natürlichen (auch dem Nichtlebendigen) einen Eigenwert zu. Eine solche Ethik ist von *Klaus Michael Meyer-Abich* unter dem Konzept einer „Rechtsgemeinschaft mit der Natur" vertreten worden. Diese Ethik impliziert keineswegs (wie man zunächst denken könnte), dass die Natur gegen menschliche Eingriffe für schlechthin sakrosankt erklärt wird. Da sie auch den Menschen als Teil der Natur betrachtet und überdies den Wert der jeweiligen Naturgegenstände je nach Ranghöhe abstuft, legitimiert sie technische Eingriffe genau so weit, wie sie das Wertgleichgewicht zwischen menschlichen und außermenschlichen Naturgütern intakt lassen.

Schwierigkeiten des anthropozentrischen und des biozentrischen Ansatzes

Alle vier Ansätze werden in der ökologischen Ethik gegenwärtig von unterschiedlichen Autoren vertreten. Für eine Prognose, welcher Ansatz sich schließlich einmal durchsetzen wird, scheint es noch zu früh. Was die bisherige Debatte jedoch zweifellos gezeigt hat, ist, dass sowohl der anthropozentrische als auch der biozentrische Ansatz mit spezifischen Schwierigkeiten zu kämpfen haben, von denen der pathozentrische und der physiozentrische Ansatz jeweils verschont bleiben.

Die Hauptschwierigkeit des anthropozentrischen Ansatzes ist bereits von *Schopenhauer* an *Kant* bloßgestellt worden: sein gebrochenes Verhältnis zum Tierschutz. Der anthropozentrische Ansatz reicht zwar hin, Pflichten des Umweltschutzes zu begründen – Umweltprobleme sind schließlich nichts anderes als eine besondert Art von sozialem Problem (*Passmore*) –, aber gerade die Tierschutzpflichten, die von praktisch allen anerkannt werden, erfordern ein Hinausgehen über den Rahmen der herkömmlichen Binnenethik. Eine anthropozentrische Begründung des Tierschutzes ist nicht nur extrem künstlich, sie ist auch moralisch inadäquat. Tiere haben auch dann einen Anspruch darauf, von der Zufügung von Schmerzen, Leiden und Angst verschont zu werden, wenn verrohende und andere negative Auswirkungen auf den Menschen nicht zu befürchten sind.

Die Hauptschwierigkeit des biozentrischen Ansatzes ist vielleicht nicht in demselben Maße prohibitiv wie die des anthropozentrischen, scheint mir aber dennoch gravierend genug: dass nicht zu sehen ist, warum das Leben im rein biologischen Sinne – unabhängig von allen weiteren Qualitäten, deren Voraussetzung und Träger es ist – gegenüber dem Leblosen so radikal privilegiert sein soll. *Attfield* behauptet, dass im Falle, dass die gesamte bewusstseinsbegabte Welt vernichtet würde, es immer noch besser wäre, wenn eine lebendige als eine tote Welt zurückbliebe, und zwar auch dann, wenn keine Hoffnung bestünde, dass sich aus dem verbleibenden Leben irgendwann einmal Lebensformen mit Bewusstsein entwickelten. Aber hier kann man auch anderer Meinung sein – etwa der Meinung *G. E. Moores*, dass es besser wäre, wenn eine ästhetisch reizvolle Welt übrig bliebe als eine ästhetisch abstoßende, gleichgültig ob sie belebt ist oder nicht. Zudem fällt es auf dem gegenwärtigen Diskussionsstand schwer, die spezifisch vitalistischen Voraussetzungen zu teilen, von denen viele biozentrische Ansätze ausgehen, etwa *Albert Schweitzers* These, dass das Leben – im Gegensatz zum Unlebendigen – ein „Geheimnis" sei, das sich als solches jeder wissenschaftlichen Analyse entziehe. Aus heutiger Sicht ist das Leben und seine Entstehung nicht „geheimnisvoller" (wenn auch nicht weniger bewunderungswürdig) als die Struktur der Materie insgesamt und allemal weniger „geheimnisvoll" als die sich einer wissenschaftlichen Erklärung nach wie vor entziehende Tatsache der Existenz von Bewusstsein.

Darüber hinaus drängt sich der Eindruck auf, dass die biozentrischen und physiozentrischen Ansätze dem Vorwurf der Beliebigkeit der Wertsetzungen in bedeutend stärkerem Maße ausgesetzt sind als der anthropozentrische und pathozentrische Ansatz. Über die moralische Relevanz der Leidensvermeidung – dem zumindest für die meisten pathozentrischen Konzeptionen zentralen Prinzip – besteht ein weitaus unproblematischerer Konsens als über die moralische Relevanz anderweitiger Qualitäten der Natur. Bei zahlreichen biozentrischen und physiozentrischen Ansätzen ist der Verdacht nicht von der Hand zu weisen, dass sie eher persönlichen ästhetischen Vorlieben und ethischen Idealen Ausdruck verleihen als Prinzipien, für die sich ein Anspruch auf Allgemeingültigkeit nicht nur erheben, sondern auch einlösen lässt.

Offene Fragen

Die Zukunft der ökologischen Ethik dürfte weniger von der Frage danach bestimmt sein, welcher unter den vier genannten Ansätzen der „richtige" ist, als vielmehr durch Fragen, die sich für jeden dieser Ansätze in gleicher Weise stellen und durch die Wahl des allgemeinen Ansatzes in keiner Weise präjudiziert sind. Vielleicht kann die folgende Auswahl an offenen Fragen zeigen, wie groß die Aufgaben sind, deren Bewältigung der ökologische Ethik noch bevorsteht. Bei den meisten dieser Fragen (einige von erheblicher praktischer Bedeutung) hat die Diskussion erst in allerjüngster Zeit eingesetzt. Zum Teil sind die Problembereiche erst umschrieben, die einschlägigen Positionen aber nicht im einzelnen expliziert.

Erstens die Frage der moralischen Beurteilung der vorzeitigen Tötung von Tieren. Die Mehrzahl der ökologischen Ethiker halten die schmerzlose Tötung von Tieren zum Zweck der Fleischproduktion für moralisch gerechtfertigt, sofern die geschlachteten Tiere selbst oder andere dadurch nicht übermäßig geängstigt werden. *Robert Spaemann, Peter Singer* und andere haben dagegen eine Reihe von Argumenten entwickelt, die auch dann zugunsten des Vegetarismus sprechen, wenn man die Tierschlachtung als solche nicht für moralisch kritikwürdig hält. So vertritt z. B. *Singer* einen demonstrativen Vegetarismus, der sich insbesondere gegen die tierquälerischen Formen der Tierhaltung in „factory farms" sowie gegen das erschreckende Ausmaß der Verfütterung pflanzlicher Nahrungsmittel an Tiere richtet, die auch für die menschliche Ernährung geeignet wären. Wie ist andererseits das Argument der Nicht-Vegetarier zu beurteilen, dass „das Schwein ein stärkeres Interesse an der Nachfrage nach Speck hat als irgend jemand sonst" (*Leslie Stephen*), da es, gäbe es nur Vegetarier, gar nicht existieren würde? Tun die Nicht-Vegetarier richtig daran, eine größere Zahl von Tieren existieren zu lassen, als Vegetarier existieren lassen würden, zumindest wenn das Leben der fleischproduzierenden Tiere zumindest durchschnittlich glücklich ist und ihre Existenz die Existenz anderer, möglicherweise glücklicherer Tiere, nicht verhindert? Auch diese letzte – quantitätsethische – Frage ist bisher nur ansatzweise diskutiert worden.

Zweitens die Frage nach der Beurteilung von Formen der Nutzung von Tieren, die für die betroffenen Tiere keine Leidenszufügung bedeuten. aber von vielen als extrem „unnatürlich" betrachtet werden, etwa Tierexperimente unter Narkose, bei denen Tiere krank gemacht oder verstümmelt und, ohne das Bewusstsein wiederzuerlangen, getötet werden. Ist der Abscheu und Widerwillen, den viele gegenüber solchen Praktiken empfinden, ein hinreichender Grund, sie moralisch zu verurteilen und womöglich gesetzlich zu verbieten?

Drittens die Frage nach der Beurteilung von irreversiblen Eingriffen in die Natur und der Begründung des Artenschutzes. Irreversible anthropogene Veränderungen der natürlichen Umwelt gelten gemeinhin als besonders bedenklich, und aus guten Gründen. Irreversible Umweltveränderungen wie die Ausrottung oder die Nicht-Verhinderung des Aussterbens ganzer biologischer Arten, die Zerstörung von Landschaften oder Landschaftstypen und die Festlegung späterer Generationen auf bestimmte Kulturleistungen (wie die Überwachung von Mülldeponien) sind Hypotheken. die die Freiheit der zukünftigen Generation, ihre Lebensweisen nach eigenem Gutdünken zu wählen, empfindlich einschränken. Autoren wie *Robert Spaemann* halten es prinzipiell für zweifelhaft, ob sie zukünftigen Generationen zuzumuten sind. Zwei Dinge werden bei dieser Beurteilung allerdings meist übersehen: dass irreversible Umweltveränderungen auch wohltätig sein können, und dass intergenerationelle Freiheitsbeschränkungen der Preis sein können für anderweitige Freiheitserweiterungen. Die irreversible Ausrottung von Krankheitserregern wie auch die irreversible Unzugänglichkeit von Atommüll dürften einer bloß reversiblen Beseitigung vorzuziehen sein. Und ein gewisses Maß an irreversiblen Einschränkungen zukünftiger Wahlmöglichkeiten kann der Preis sein für die Entwicklung von Technologien, die ihrerseits den Freiheitsspielraum zukünftiger Generationen erweitern. Kaum weniger kontrovers sind die Gründe für die Erhaltung natürlicher Arten. Nicht alle durch die expandierende Zivilisation bedrohten Arten sind von solcher ökologischer, naturästhetischer oder kultureller Bedeutung, dass sich die Frage nach ihrer Erhaltungswürdigkeit von selbst beantwortet. Warum muss es Birkhühner ausgerechnet in Deutschland geben (wenn es genügend viele in der Sowjetunion gibt)? Das Hauptargument des Anthropozentrikers für einen weitergehenden Artenschutz ist bereits von *John Stuart Mill* formuliert worden – als Kommentar zu dem bemerkenswerten Vorschlag *Auguste Comte*s, alle Tier- und Pflanzengattungen ohne manifesten Nutzen für den Menschen systematisch auszurotten: „As if any could presume to assert that the smallest weed may not as knowledge advances, be found to have some property serviceable to man". Die Mehrzahl der überzeugten Naturschützer lässt sich durch indirekte Argumente dieser Art freilich kaum zufrieden stellen. Für sie gilt die Schutzwürdigkeit natürlicher Arten axiomatisch.

Viertens die Frage nach eventuelle Rechten für die Natur. Sowohl moralische wie legale Rechte sind für Naturobjekte von verschiedenen Autoren gefordert worden. Legale Recht für Bäume und andere Landschaftsbestandteile haben u. a. *Christophe Stone* und *Laurence Tribe* gefordert, moralische Rechte für Tiere u. a *Joel Feinberg* und *Tom Regan*, für Pflanzen und andere Naturobjekte u. a. *Klaus M. Meyer-Abich*. Verständlich, dass dieser großzügige Umgang mit der Zuschreibung von Rechten zum Teil auf harte Kritik gestoßen ist (etwa bei *H. J. McCloskey* und *R. G. Frey*). Dennoch handelt es sich bei der Kontroverse um Art und Ausmaß der Zuschreibung von Rechten um eine rein akademische Debatte. Die Dringlichkeit und Reichweite menschlicher Pflichten in Bezug auf die Natur wird durch die Frage nach dem etwaigen Besitz von Rechten in keiner Weise berührt – was sich auch daran zeigt, dass die Autoren auf beiden Seiten weitgehend dieselben Schutzpflichten anerkennen. Was die Debatte am Leben erhält, ist der Umstand, dass beide Seiten von unterschiedlichen Konstruktionen des Rechtsbegriffs ausgehen. *Feinberg* und *Regan* konstruieren Rechte als Korrelate von Pflichten, während *McCloskey* und *Frey* Rechte nur denjenigen zuschreiben, die diese auch kennen und geltend machen können. Sie lehnen die Anwendung auf Tiere ab, um diese nicht unangemessen zu personalisieren, haben jedoch Schwierigkeiten zu erklären, dass wir moralische Rechte auch irreversibel Komatösen oder unheilbar Schwachsinnigen zuschreiben. Im Übrigen würde sich auch ein schwacher Begriff moralischer Rechte auf wichtige Fälle nicht anwenden lassen, in denen – nach überwiegender Auffassung – moralische Erhaltungspflichten bestehen. So mögen wir etwa zum Schutz biologischer Arten verpflichtet sein, eine biologische Art ist aber kein Subjekt, dem man ein entsprechendes Recht auf Fortexistenz oder Bestandssicherung zuschreiben könnte. Wir mögen verpflichtet sein, auf keinen Fall die Fortexistenz der Menschheit aufs Spiel zu setzen, es kann aber kein Recht bloß potentieller Menschen geben, geboren zu werden.

Fünftens die Frage, wieweit ökologische Risiken aus Gegenwartsaktivitäten zukünftigen Generationen zuzumuten sind. Ökologische Risiken dieser Art sind die eventuellen klimatischen Folgen aus der Anreicherung der Atmosphäre mit Kohlendioxid aus der Verbrennung fossiler Brennstoffe, aber auch die mögliche Erschöpfung relativ knapper Rohstoffe, für die nicht rechzeitig Substitutionsstoffe oder -technologien zur Verfügung stehen. Wieviel Risiko für die zukünftigen Generationen können wir verantworten? Rechtfertigt die Fülle generationenübergreifender Projekte, die wir der Nachwelt hinterlassen, die Anwendung des Gesetzes der großen Zahlen und das Vertrauen, dass sich Fehlschläge auf der einen und Überraschungserfolge auf der anderen Seite langfristig ausgleichen? Dann käme es nur darauf an, die Wahrscheinlichkeit eines „Ruins" des Unternehmens Menschheit – etwa durch einen „nuklearen Winter" – zu minimieren und ansonsten nach dem Prinzip der Maximierung des Erwartungswerts (der Summe der Produkte aus Nettonutzen und Eintrittswahrscheinlichkeit der möglichen Folgen) zu verfahren. Oder sollten wir bei Risiken, die nicht uns, sondern Zukünftige betreffen, dem Prinzip der „mündelsicheren" Anlage (dem „Vorsorgeprinzip") folgen und langfristige Risiken so gering wie möglich halten? Wie sollten „hypothetische Risiken" behandelt werden, die sich nur unvollständig kalkulieren lassen, aber bei nur begrenzt im Laborversuch zu erprobenden Techniken wie der Brütertechnologie oder der Wiederaufbereitung kaum auszuschließen sind? Fragen des „risk assessment" sind von erheblicher deskriptiver wie normativer Komplexität. Sollte sich die ökologische Ethik die Mühe der Bewältigung dieser Komplexität machen und allgemeine Kriterien der Risikoakzeptabilität aufzustellen versuchen? Oder sollte sie, wie es Nicholas Rescher vorgeschlagen hat, die normativen Details der Risikobewertung eher der Urteilskraft der politischen Entscheidungsträger überlassen?

17. Carmen Kaminsky

Carmen Kaminsky (geb. 1962), 1982–1991 Studium der Philosophie, Anglistik, Amerikanistik und Pädagogik an der Ruhr-Universität Bochum, 1991 Magister (Hauptfach Philosophie), 1991–1992 Wissenschaftliche Mitarbeiterin an einem Forschungsprojekt zur Technikfolgenabschätzung im Bereich der Genomanalyse (Leitung Kurt Bayertz), 1992–1994 Promotionsstipendium des Landes Nordrhein-Westfalen, 1992 und 1993 Forschungsaufenthalt an der Georgetown University, Washington D.C. (gefördert durch DAAD).

1994-1995 Stipendium der VW-Stiftung zur Forschung über Patientenverfügungen (Leitung Hans-Martin Sass), 1996 Promotion, 1996-2001 Wissenschaftliche Angestellte am Philosophischen Institut der Heinrich-Heine Universität Düsseldorf; seit 2003 dort Privatdozentin/Habilitationsstipendium des Landes NRW (Lise Meitner Programm), seit 2003 Professorin für Sozialphilosophie und Sozialethik an der Fachhochschule Köln.

Veröffentlichungen u. a.: *Embryonen, Ethik und Verantwortung*, (Mohr – Siebeck) Tübingen 1998; *Gesagt, gemeint, verstanden? Zur Problematik der Validität vorsorglicher Patientenverfügungen*. Medizinethische Materialien Heft 115, Bochum: Zentrum für Medizinische Ethik, 1997; *Toleranz als Strategie*, in: D. Birnbacher (Hrsg.): Bioethik als Tabu? Toleranz und ihre Grenzen, (LIT) Münster 2000; *Moral für die Politik*. Eine konzeptionelle Grundlage der angewandten Ethik, (Mentis) Paderborn 2005. Weitere Aufsätze vorwiegend über angewandte Ethik, Bio- und Medizinethik.

Neben anderen Feldern der angewandten Ethik hat sich *Kaminsky* auch mit der in modernen Gesellschaften vieldiskutierten Problematik einer Medienethik befasst. Aufsatzveröffentlichungen zum Thema: *Angewandte Ethik zwischen Moralphilosophie und Politik*. In: K. R. Rippe (Hrsg.), Angewandte Ethik in der pluralistischen Gesellschaft, Freiburg 1999. Medienethik – *Ein Engagement zwischen Verunsicherung und Verantwortung*. In: C. Schicha, – C. Brosda (Hrsg.), Medienethik zwischen Theorie und Praxis (LIT) Münster 2000, 43-52.

Was ist Medienethik?

In den hochtechnisierten Gesellschaften gehören technische Kommunikationsmittel und andere technische Medien nicht bloß beiläufig zum Alltag, sondern sie prägen das öffentliche und private Leben. Veränderungen in der „Medienlandschaft", insbesondere Wandlungen im Bereich der Kommunikations- und Informationsmedien, führen daher häufig zu Änderungen privater und öffentlicher Lebensgewohnheiten. Am Beispiel des Internet und der Mobiltelefone lässt sich das gegenwärtig besonders gut beobachten; der Blick kann aber auch auf viele andere Medien gerichtet werden. Die Gesamtentwicklung ist höchst dynamisch. Neue Medien kommen auf den Markt, Medienkonzerne entstehen oder melden Konkurs an. Programm- und Informationsangebote entstehen und verschwinden. Ob man die jeweiligen Entwicklungen der Medienpraxis subjektiv für einen Fluch oder Segen hält, ist zunächst unerheblich. In jedem Fall führen die dynamischen Veränderungen der Medienlandschaft und Medienpraxis zu Verunsicherungen, weil sie Einfluss auf die öffentlichen und privaten Lebensgewohnheiten haben. Solche Verunsicherungen fallen ins Gewicht und dürfen nicht ignoriert werden. Insbesondere deshalb nicht, weil die Zweifelhaftigkeit der privaten und öffentlichen Medienpraxis wesentliche moralische Fragen aufwirft.[1] Auf der einen Seite erweitern viele der neuen technischen Medien unbestreitbar individuelle Freiheiten; ihre Entwicklung und Verbreitung ist von daher aus ethischer Perspektive zu begrüßen. Auf der anderen Seite können dieselben Medien aber auch zum Schaden Einzelner eingesetzt werden, ja, in extremen Fällen können sie sogar die rechtlichen und politischen Grundlagen des Zusammenlebens gefährden. Per Internet, beispielsweise, kann alles veröffentlicht werden. Das ist aus ethischer Perspektive abzulehnen; hierüber ist man sich einig. Die Privatsphäre Einzelner muss gewahrt bleiben. Aber wo sind die Grenzen zu ziehen und wer darf sie ziehen? Wer soll, darf und muss Zugang zu welchen Medien haben, wenn oberste Werte, wie Menschenwürde, Freiheit, Gerechtigkeit und Wohlfahrt nicht gefährdet werden sollen? Über diese und andere konkrete Fragen, die im Kontext der Medienpraxis aufkommen, entbrennen scharfe Kontroversen. Solche Kontroversen sind Anlass und Gegenstand der Medienethik. Aufgabe der Medienethik ist es, konkrete moralische Normen zu entwickeln. Und zwar Normen, die es ermöglichen, die Chancen der neuen Medien zu nutzen, ohne die ethisch-moralischen Werte zu gefährden.

Medienethik besteht also in dem Bestreben, konkrete und konsensfähige Normen für die Medienpraxis zu entwickeln. Dabei geht es nicht bloß um die moralische Meinungsbildung des Einzelnen und seine persönliche Medienpraxis. Die Aufmerksamkeit ist auch auf die korporativen, institutionellen und politischen Ebenen der Medienpraxis gerichtet. Auf diesen Ebenen sind Handlungsentscheidungen in ein widersprüchliches Gefüge von Macht-, Profit- und Loyalitätsansprüchen verquickt. Nach welchen Kriterien und gemäß welcher Interessen, Pflichten und Verpflichtungen sollen Handlungsentscheidungen gefällt werden? Darf es Medienmogule geben? Darf man in Hinblick auf die Gestaltung der Programminhalte die Freiheit der Medienmogule beschränken? Falls ja, auf welcher Grundlage und wo liegen die Grenzen solcher Beschränkungen? Inwieweit betrifft die In-

---

[1] Vgl. R. Funiok, – U. F. Schmälzle – C. H. Werth (Hrsg.), Medienethik – die Frage der Verantwortung, Bonn 1999. M. Kettner, Welchen normativen Rahmen braucht die angewandte Ethik? In: Ders. (Hrsg.): Angewandte Ethik als Politikum, Frankfurt/M. 2000, S. 388-407. C. Schicha, – C. Brosda (Hrsg.), Medienethik zwischen Theorie und Praxis. Normen für die Kommunikationsgesellschaft, Münster 2000. W. Teichert, Journalistische Verantwortung: Medienethik als Qualitätsproblem. In: J Nida-Rümelin (Hrsg.), Angewandte Ethik. Die Bereichsethiken und ihre theoretische Fundierung, Stuttgart 1996, S.750-776. K. Wiegerling, Medienethik und die mediale Ordnung der Welt. In: J. Becker – W. Göhring (Hrsg.), Kommunikation statt Markt. Zu einer alternativen Theorie der Informationsgesellschaft, GMD Report 61, Sankt Augustin 1999, S. 11-25.

formationsvermittlung über das Internet Fragen der Gerechtigkeit? Ist es gerecht, wenn Informationen über das Internet nun zwar global, aber doch nur bestimmten Menschen zugänglich sind? – Es ist nicht einfach, Antworten auf diese und die vielzähligen weiteren konkreten und aktuellen Fragen zu geben und es ist auch nicht einfach, individuelle, institutionelle und regelungspolitische Handlungen in diesen Bereichen zu rechtfertigen.

Das Problem besteht darin, eine gesamtgesellschaftliche und sogar globale Medienpraxis zu regulieren, und zwar nach Maßgabe ethischer Überlegungen. Medienethik ist von daher mit einer doppelten Schwierigkeit konfrontiert: Sie muss zum einen begründen, welche Normen ethisch gerechtfertigt sind und sie muss zum anderen darauf achten, dass man über die jeweils vorgeschlagenen Normen weitgehend Einigkeit erzielen kann.

Nun sind die moralischen Überzeugungen der Bürgerinnen und Bürger alles andere als einheitlich. Was aus moralischen Gründen erlaubt, verboten oder geboten sein sollte, wird jeweils sehr unterschiedlich gesehen. Es herrscht eine Pluralität moralischer Überzeugungen vor, die durch Moraltheorien nicht aufgefangen werden kann. Auch die gängigen Moraltheorien sind verschieden und führen zu unterschiedlichen normativen Vorschlägen. Hinzu kommt noch, dass auch aus den geltenden obersten Werten konkrete Normen nicht ohne weiteres zu gewinnen sind. Ist es z. B. richtig, dass alle Fußballfans beim Besuch im Stadion per Videokamera aufgenommen werden, damit man anschließend die Hooligans identifizieren kann? In welchen Fällen ist es gerechtfertigt, den Schutz der Privatsphäre jedes Einzelnen zu verringern, um kriminelle Aktivitäten einiger zu entlarven? Die obersten ethischen Werte – Menschenwürde, Freiheit, Gerechtigkeit und Wohlfahrt – liefern lediglich wesentliche Anhaltspunkte für konkrete Normen. Die Normen selbst aber sind nicht eindeutig aus diesen Werten zu folgern. Ohne zusätzliche, praxisbezogene Kriterien, die in einem rationalen Reflexionsprozess entdeckt bzw. begründet werden müssen, um normativ nutzbar zu werden, kann das Bestreben der Medienethik nicht gelingen. Wer etwa die Frage beantworten will, ob die Informationsvermittlung über das Internet Gerechtigkeitsprinzipien entspricht oder widerspricht, wird sich auch mit ökonomischen und bildungspolitischen Fakten und Prognosen auseinandersetzen müssen. Es geht aber nicht allein um Sachfragen. Bewertungen der Entwicklung und Verbreitung moderner technischer Medien sind auch von jeweils privaten Konzeptionen eines guten Lebens abhängig. Hoffnungen der einen sind Befürchtungen der anderen. Diese jeweils privaten ethischen Überzeugungen können nicht in Einklang gebracht werden, ohne liberalistische Prinzipien zu verletzen. Der medienethische Reflexionsprozess muss daher von ethischen Kontroversen ausgehen.

Medienethik entsteht also in einer Situation, in der sich die technischen, sozialen, ökonomischen und politischen Bedingungen der Medienlandschaft höchst dynamisch entwickeln und die ethischen Überzeugungen in ihrer Vielfalt zum Teil konfligieren [in Konflikt geraten]. Medienethik kann deshalb kein monologisches Unterfangen sein. Die Wechselwirkungen von dynamischen Erweiterungen im Feld des Könnens mit den pluralistischen Auffassungen des Wollens und Sollens können nicht aus einer einzelnen Perspektive oder auf der Grundlage einer bestimmten ethischen Theorie normativ erfasst werden. Dies bedeutet selbstverständlich nicht, dass Einzelne keine normativen Urteile über Medienpraxis fällen dürfen oder dass solche Urteile nicht auf der Grundlage einer jeweils bestimmten ethischen Theorie gefällt werden könnten. Im Gegenteil: Medienethik ist auf diese perspektivischen Urteile sogar angewiesen. Denn Medienethik kann nur als ein multiperspektivischer, interdisziplinärer und offener Diskurs vollzogen werden. Medienethik verkörpert von daher nicht eine spezifische Ethik und sie ist auch nicht Teil der Moralphilosophie. Moralphilosophie ist umgekehrt lediglich ein Teil der Medienethik, die als eine „bürgergesellschaftliche Aktivität"[2] aufzufassen ist. Als solche ist sie nicht gleichzusetzen mit der ethischen Reflexion, die substantieller Bestandteil der konkreten Medienpraxis Einzelner war und ist. Medienethik ist nicht als die ethische Komponente medialer Einzelhandlungen zu verstehen, sondern sie ist eine kollektive, gesamtgesellschaftliche Aufgabe. Ohne kompetente Diskussionsbeiträge aus medienpraktischer, technischer, juristischer, soziologischer, psychologischer, ökonomischer und vor allem moralphilosophischer Perspektive kann die notwendige konkrete Vermittlung von Können und Sollen nicht gelingen. Denn erst durch die diskursive Mediation der vielfältigen, relevanten Perspektiven können angemessene und realisierbare Praxisnormen hervorgebracht werden.

Medienethik lässt sich demnach als ein multiperspektivischer Diskurs definieren, der die Vermittlung von Können und Sollen im Handlungsbereich der Medien zum Gegenstand und eine allgemein verantwortbare Medienpraxis zum Ziel hat.

Die ethischen Grundlagen und Ziele sind im medienethischen Diskurs dennoch nicht beliebig. Wenn der medienethische Diskurs zu konkreten Ergebnissen kommen und somit gelingen soll, bedarf es zumindest eines ungefähren Rahmens bzw. Spielraums, durch den zulässige von unzulässigen ethischen Ausgangspunkten und Zielen unterschieden werden können. Der medienethische Diskurs bedarf mit anderen Worten einer gemeinsamen ethischen Grundeinstellung, aus der sich im diskursiven Prozess gemeinsame Orientierungs- und Bewertungskriterien entwickeln lassen.

Ein solcher Rahmen steht zur Verfügung. Er ist durch die Bedingungen gekennzeichnet, unter denen ein medienethischer Diskurs überhaupt erst möglich wird. Wo Menschenrechte nicht respektiert werden und wo keine demokratische Gesellschaftsverfassung gilt, können die Fragen der Medienethik nicht diskutiert werden. Wer sich am medienethischen Diskurs beteiligt, bekennt sich daher implizit zur Wahrung und Förderung von Freiheitsrechten, zur Friedfertigkeit, zum Erhalt demokratischer Gesellschaftsbedingungen, zu Gleichheitsgrund-sätzen und selbstverständlich zur Unantastbarkeit der Menschenwürde. Solche selbstver-pflichtenden Bekenntnisse sind nicht gleichbedeutend mit einem Konsens auf der Ebene ethischer Prinzipien; denn aus den bekenntnishaften moralisch-ethischen Grundeinstel-lungen sind keine Regeln zu beziehen, nach denen zwischen Handlungsalternativen entschieden werden kann. Sie dienen im medienethischen Diskurs lediglich als normativer Rahmen, der nicht in Frage gestellt werden darf. Die Auseinandersetzung mit den konkreten moralisch-ethischen Problemen der Medienpraxis findet innerhalb dieses Rahmens als offener und sachlicher Diskurs statt, in dem es darum geht, die Chancen der neuen zu nutzen ohne ethische Werte zu gefährden.

---

[2] Kettner 2000, S. 398.

Diese Auseinandersetzung mit ethisch-moralischen Problemen der Medienpraxis erfordert neben einem erheblichen Interesse, auch spezifische philosophische und andere Expertisen, Kenntnisse und Fähigkeiten. Sie ist deshalb zumeist im akademischen Umfeld angesiedelt. Dies sollte allerdings nicht dazu verleiten, Medienethik als eine rein wissenschaftliche Aufgabe zu verstehen. Medienethik ist im wesentlichen ein Engagement liberaler und demokratischer Bürgerinnen und Bürger.

Thematisch ist Medienethik offen für sämtliche moralisch relevante Fragestellungen, die auf den verschiedenen Ebenen medialer Praxis aufkommen. Es ist allerdings damit zu rechnen, dass das enorme Themenfeld der Medienethik untergliedert wird und sich dadurch entweder Teilbereiche der Medienethik oder weitere eigenständige Reflexionsbereiche ausbilden. Erste Ansätze hierzu sind zumindest für eine „Ethik des Journalismus" bereits abzusehen.

18. Christa Runtenberg

Christa Runtenberg (geb. 1963) studierte Philosophie und Germanistik in Münster und promovierte bei *Kurt Bayertz* und *Ekkehard Martens* mit einer ebenso fachphilosophisch wie didaktisch orientierten Arbeit zu produktionsorientierten Verfahren im Unterricht über ethische Probleme der Gentechnik. Bis 1999 Wissenschaftliche Mitarbeiterin am Philosophischen Seminar der Westf. Wilhelms-Universität Münster, 2000-2005 Wissenschaftliche Mitarbeiterin am Philosophischen Institut der Universität Rostock, seit April 2005 wiederum in Münster

Veröffentlichungen u. a.: *Argumentationen im Kontext angewandter Ethik – das Beispiel Gentechnologie*. In: Philosophie: Studium, Text und Argument, hrsgg. von N. Herold und S. Mischer, (LIT/Münsteraner Einführungen Philosophie) Münster 1997, 179-193; *Didaktische Ansätze einer Ethik der Gentechnik. Produktionsorientierte Verfahren im Philosophieunterricht*, (Alber) Freiburg 2001; *Transgene Tiere – Gentechnische Eingriffe in die Natur? Produktionsorientierte Verfahren im Unterricht*. In: Zeitschrift für Didaktik der Philosophie und Ethik 1/1999; *Bioethik: Disziplin und Diskurs. Zur Selbstaufklärung angewandter Ethik* (zus. mit J. S. Ach) (Campus Verlag) Frankfurt/M. u. New York 2002; *Glück und Alltag – Ist Leben eine Kunst?* In: Anthropologie. Hrsgg. mit H. Hastedt, E. Martens, J. Rohbeck, V. Steenblock, Band 4. (Siebert) Hannover 2003, 76-92; *Essays und Aphorismen. Reflexionen von Theodor W. Adorno im Philosophieunterricht*. In: Zeitschrift für Didaktik der Philosophie und Ethik 2/2004: „Literarische Formen", 102-107; *Und es hat 'klick' gemacht – Von der Fotografie zum Schreiben*. In: Ethik und Unterricht. Fachzeitschrift für das Unterrichtsfach Ethik/Werte und Normen/LER/Praktische Philosophie 3/2004, 18-21.

Der folgende Beitrag integriert zu einem der wichtigsten Problemfelder der angewandten Ethik der Gegenwart fachphilosophische wie didaktische Hinsichten.

Angewandte Ethik in Bildungsprozessen über die ethischen Probleme der Gentechnik

Mit den gentechnischen Eingriffsmöglichkeiten in die äußere Natur und die naturale Basis des Menschen sind verschiedene moralische Probleme verbunden, die eine intensive und kontroverse ethische Diskussion auslösen. Mit den jeweiligen gentechnischen Anwendungsfeldern sind spezifische moralische Probleme verbunden. Eine sachgemäße und differenzierte ethische Beurteilung muss dieser Vielfalt von Anwendungsfeldern und ihren jeweiligen moralischen Problemen Rechnung tragen.

Für diese differenzierte ethische Urteilsbildung im Philosophieunterricht ist es instruktiv [aufschlussreich], typische Argumentationsstrategien des genEthischen Diskurses zu unterscheiden und in ihren jeweiligen Stärken und Schwächen zu reflektieren. Ziel eines solchen Unterrichts ist es nicht, die "richtige" Lösung für die Probleme der Gentechnik zu finden, sondern zu einem jeweils eigenen, aufgeklärten und differenzierten Urteil zu kommen.

1. Die wachsende Bedeutung genEthischer Urteilsbildungsprozesse im Schulunterricht

Die Gentechnik ermöglicht sowohl Eingriffe in das Erbgut der nicht-menschlichen Lebewesen als auch des Menschen. Aufgrund der Universalität des genetischen Codes sind der Übertragung von Erbmaterial prinzipiell auch über Artgrenzen hinweg keine Grenzen gesetzt. Diese neuen Handlungsmöglichkeiten gegenüber der äußeren organischen Natur und der naturalen Basis des Menschen und die damit verbundenen moralischen Probleme lösen intensive und kontroverse ethische Diskussionen aus. Trotz berechtigter Ängste vor den gewachsenen Handlungsoptionen sollten die moralischen Probleme der Gentechnik nicht zu Denkverboten, Pauschalurteilen, a-priori-Entscheidungen oder dem Ruf nach einer „neuen" Moral mit kategorischen Grenzziehungen führen. Die durch neue Techniken wie die Gentechnik hervorgerufenen moralischen Probleme sollten vielmehr als Herausforderung an die Urteilskraft und Kritikfähigkeit des einzelnen, an das Verantwortungsbewusstsein gegenüber der Zukunft und an den Mut zur Auseinandersetzung verstanden werden.

Eine adäquate schulische Behandlung dieser Technologie kann nur in einem Unterricht erfolgen, der sowohl die naturwissenschaftliche als auch die gesellschaftliche und vor allem die ethische Dimension berücksichtigt. Gerade die ethische Reflexion muss aufgrund der vielfältigen Anwendungsmöglichkeiten, der komplexen Wirkungen und möglichen Risiken der Gentechnik und der mit ihr verbundenen sehr verschiedenen moralischen Probleme sehr differenziert ausfallen.

Ziel des Unterrichts über ethische Probleme ist die Förderung der je eigenen Urteilskompetenz der Schüler und Schülerinnen. Sie sollten befähigt werden, sich selbständig und differenziert mit den Chancen und Problemen der Gentechnik auseinanderzusetzen und zu begründeten und reflektierten Urteilen zu kommen. Zugleich sollten sie lernen, begründete Urteile anderer anzuerkennen und tolerant mit pluralen Lösungen und begründeten Entscheidungen umzugehen.

2. Argumentationsperspektiven der Gentechnik-Debatte als „Instrument" zur Förderung des ethischen Urteilsvermögens

Zur Förderung des ethischen Urteilvermögens im Schulunterricht ist es instruktiv, die einschlägigen normativen Prämissen und Implikationen in konkreten Argumenten, Beurteilungen und Regelungsvorschlägen im Interesse einer analytischen Klärung zu rekonstruieren und offen zu legen. Damit gewinnt man ein „Instrument" für die Reflexion grundlegender Argumentationsperspektiven der Gentechnik-Debatte und ihrer normativen Prämissen. Diese Argumentationsperspektiven können – quasi als eine „ethische Landkarte" – zur inhaltlichen Strukturierung des Unterrichts dienen.

Die Argumentationen, die innerhalb der Debatte über die ethische Beurteilung der gentechnischen Verfahren angeführt werden, lassen sich im wesentlichen in zwei grundlegende Strategien von Argumentationen gliedern: sie sind entweder *Verträglichkeiten reflektierende, güterabwägende* oder *kategorische* Argumentationen.[1] Die *güterabwägenden* Argumentationen, die sich aus *konsequentialistischen*[2] und *deontologischen*[3] Argumenten zusammensetzen, nehmen dabei sowohl die Voraussetzungen und Auswirkungen als auch Chancen und Risiken der Gentechnik in den Blick. Ganz anders argumentieren die *kategorischen* Argumente. Diese Argumentationen berufen sich auf eine kategorische Pflicht und lassen sich zumindest bei einigen zentralen ethischen Problemen nicht auf eine Verträglichkeitsreflexion und Güterabwägung ein, sondern beurteilen auf der Basis vorausgesetzter, unbedingter Handlungsnormen die gentechnischen Optionen selbst. Beide Argumentationen können dann noch einmal im Hinblick auf das jeweilige Gut differenziert werden, für das sie argumentieren bzw. das sie schützen wollen.

Auf diese Weise lassen sich sechs Perspektiven der genEthischen Argumentation unterscheiden:

1. Die politisch-ökonomische Argumentationsperspektive reflektiert vor allem die ökonomischen und politisch-strukturellen Auswirkungen der Gentechnologie. Argumente dieser Art sind zum Beispiel Argumente, die den Einfluß der Gentechnologie auf die Wirtschaftlichkeit der industriellen Produktion oder die Forschungsmöglichkeiten der scientific community betreffen. Ein prominentes Argument dieser Art ist, dass die Gentechnologie als Schlüsseltechnologie die Strukturkrise der deutschen Wirtschaft lindern, den Wirtschaftsstandort Deutschland und somit Arbeitsplätze sichern könne. Das Gegenargument befürchtet statt der Schaffung einer sozial gerechten Wirtschaft und neuer Arbeitsplätze eher größeren Gewinn für einige wenige große Konzerne und die Verschlechterung bestehender Arbeitsplatzstrukturen.

2. Die ökoethische Argumentationsperspektive stellt die Auswirkungen der Gentechnik für die Um- und Mitwelt des Menschen in den Vordergrund. Zentrale Fragen betreffen das Verhältnis zwischen dem Nutzen der Gentechnologie im Verhältnis zu möglichen Rechten anderer Lebewesen, die Reflexion gentechnischer Umweltschutzoptionen oder die Reflexion über die ökologischen Risiken der Gentechnik. Ein zentraler Diskussionspunkt ist die Frage, ob Tiere im Fall eines großen Nutzens für den Menschen gentechnisch verändert und zum Beispiel als Krankheitsmodell genutzt werden dürfen. Anthropozentrische Argumente, die den Nutzen für den Menschen allen anderen möglichen Gütern überordnen,

---

[1] Siehe hierzu auch Runtenberg 1997, 179-193.

[2] *Folgen einer Handlung* beurteilende Argumente.

[3] Solche Argumente, die eine Handlung *an sich,* unabhängig von ihren Folgen, bewerten.

bejahen diese Optionen und hegen keine grundsätzlichen Bedenken gegen die Herstellung z. B. einer Maus mit dem menschlichen Krebsgen, die als Krankheitsmodell zur Aufklärung der Krankheit beitragen und so der menschlichen Gesundheit nutzen kann. Pathozentrische oder auch biozentrische Argumente, die das Leid der Tiere gegenüber dem des Menschen als gleichrangig bewerten, votieren demgegenüber gegen die Herstellung transgener Tiere, wenn diese Verfahren große Schmerzen und großes Leid bei diesen Tieren hervorrufen. Ein weiterer wichtiger Streitpunkt ist die Sicherheit der Gentechnik. Es geht in diesem ethischen Streit nicht grundsätzlich um das Recht auf einen Eingriff in die Natur, sondern um das adäquate Konzept der Risikoabschätzung und -bewertung und den richtigen Umgang mit der Unsicherheit.

3. Die medizinethische Argumentationsperspektive stellt den Nutzen der Gentechnik für die individuellen Patienten, ihr Leiden und ihr Wohlergehen in den Mittelpunkt der Betrachtung. Sowohl die gentechnische Herstellung von Arzneimitteln als auch die genetische Diagnostik oder die Möglichkeiten der Gentherapie werden aus der Perspektive der Verminderung oder Verhinderung individuellen Leidens bewertet. Alle Handlungen gelten als legitim, die das Leiden des Menschen zu vermindern oder zu beseitigen versprechen. Die Legitimität gentechnologischer Heilverfahren wird aber an Bedingungen wie die Sicherheit des Verfahrens, das Überwiegen positiver gegenüber möglichen negati-ven Folgen und an die Zustimmung des Patienten geknüpft. Ein Beispiel für ein typisches medizinethisches Argument ist die Behauptung, dass die Gentechnologie die Herstellung neuer, wichtiger Medikamente oder Verfahren zur frühzeitigen Diagnose und Therapie schwerer und bisher unbehandelbarer Krankheiten ermögliche.

4. Die sozialethische Argumentationsperspektive umfasst Argumente, die die Folgen für das soziale und kulturelle Klima, für die Autonomie des Individuums und für eine humane und sozial gerechte Gesellschaft in den Mittelpunkt der Betrachtung stellen. Besonderes Augenmerk liegt hierbei auf den nicht-intendierten sozialen Folgen der Gentechnologie. Sehen die Befürworter in der Gentechnologie die Erweiterung sozialer Handlungsspielräume für die Individuen, impliziert die Anwendung gentechnischer Verfahren für die Skeptiker dagegen eine Reihe sozialer Gefahren. Es sind vor allem zwei Argumente, die immer wieder angeführt werden: erstens das Argument der falschen Prioritätensetzung. Dieses Argument warnt vor der einseitigen, die freie Zwecksetzung des Menschen präformierenden Orientierung am technisch Machbaren als Maßstab des menschlichen Handelns, in deren Folge politische und soziale Probleme mit Hilfe technischer Mittel „gelöst" werden sollen. Das zweite Argument warnt davor, durch die Gentechnologie schleichend und unbemerkt auf eine schiefe Bahn („slippery slope") unverantwortlichen Handelns zu geraten, auf der anzuhalten nicht mehr möglich sei. Auf die Gefahren einer schleichenden Eugenik, Selektion und Diskriminierung menschlichen Lebens aufgrund „normabweichender" genetischer Daten wird hingewiesen.

5. Die biozentrisch-kategorische Argumentationsperspektive richtet ihre Aufmerksamkeit auf Eingriffe in nicht-menschliche Lebewesen und in die übrige Natur. Aus einer bio-

zentrisch-kategorischen Argumentationsperspektive stellt zum Beispiel die Herstellung transgener Tiere einen qualitativ neuen Schritt gegenüber bereits jetzt praktizierten Reproduktionsverfahren dar, da sie gegen die Einzigartigkeit und Individualität von Lebewesen verstoße bzw. den „Eigenwert" und die „Kreaturwürde" von Tieren verletze, die Möglichkeit einer artgerechten Haltung und den Schutz der Gedeihensbedingungen tierlichen Lebens vereitele oder eine – als positiv bewertete – zufallsabhängige Fortpflanzung und die Möglichkeit einer ungeplanten natürlichen Ausstattung von Lebewesen tendenziell ersetze. Die Herstellung transgener Tiere ist dieser Auffassung nach also auch dann moralisch äußerst problematisch, wenn sie nicht mit Schmerzen, Leiden oder Schäden für die betroffenen Tiere verbunden ist. Gentechnische Eingriffe sind dieser Position zufolge grundsätzlich rechtfertigungsbedürftig; sie sind nur nach bestimmten Dringlichkeitskriterien legitim. Medizinische Tierversuche und die gentechnische Nutzung von Lebewesen gelten nur dann als akzeptabel, solange deren Integrität, ihre Selbstzwecklichkeit bzw. ihr arttypisches Genom erhalten bleiben und als unbedingte Kategorien der Güterabwägung vorangestellt werden.

6. Die substantialistische Argumentationsperspektive richtet ihr Augenmerk auf den gentechnischen Eingriff in bezug auf die Integrität des Menschen. Diese gilt als unbedingt achtenswert. Die naturale Basis als wesentlicher Bestandteil der Integrität des Menschen gilt als unantastbar. Aus der Unantastbarkeit der menschlichen Natur werden dann ethische Normen abgeleitet, die kategorischen Charakter haben. Ein Beispiel ist ein Argument, das eine grundsätzliche Ablehnung der Keimbahnmodifikation begründen will mit dem Hinweis, dass der Mensch unter keinen Umständen zum „Produkt der Technik" werden dürfe. Die Keimbahnmodifikation gilt als grundsätzlich moralisch inakzeptabel, weil der Eingriff in das Genom eine unzulässige Manipulation und eine Verletzung der Integrität eines Menschen darstelle, die auch durch an sich wertvolle Ziele wie die Behandlung schwerer Krankheiten nicht gerechtfertigt werden könne.

Zur Bewertung der Gentechnik im Schulunterricht ist es notwendig, diese verschiedenen Strategien der Argumentation mit ihren normativen Prämissen zu differenzieren, um sich über die Stärken und Schwächen der einzelnen Argumente verständigen zu können[4] und zu einem eigenen, bewussten und begründeten Urteil zu kommen.

---

[4] Siehe hierzu die folgenden weiterführenden Literaturangaben: Johann S. Ach, „Natürlichkeit" als Wert? Zur Revalidierung naturethischer Überzeugungen im Kontext der Diskussion um die Gentechnik. In: J. Lege (Hrsg,): Gentechnik im nicht-menschlichen Bereich – was kann und was sollte das Recht regeln? Berlin Verlag 2001, S. 89-99; K. Bayertz – C. Runtenberg, Gen und Ethik. Zur Struktur des moralischen Diskurses über die Gentechnologie. In: Elstner, Marcus (Hrsg.): Gentechnik, Ethik und Gesellschaft. Springer-Verlag Berlin – Heidelberg – New York 1997. S. 107-121; Kurt Schmidt, Systematische Übersicht zu den in der Debatte um den somatischen Gentransfer verwendeten Argumenten und Problemanzeigen. In: Somatische Gentherapie: medizinische, ethische und juristische Aspekte des Gentransfers in menschliche Körperzellen / hrsg. von Kurt Bayertz ... – Stuttgart; Jena; New York: G. Fischer, 1995 (Medizin-Ethik; 5); H. A. Veraart, Ethik – Ein Schul- und Studienfach auf der Suche nach seiner Identität. In: Zeitschrift für Didaktik der Philosophie und Ethik Heft 2 (1995), S. 136-144; A. G. Wildfeuer, Chancen und Risiken der Anwendung humange-

3. Zum Vorgehen in Bildungsprozessen

Für den Schulunterricht ist es entscheidend, von Problemen auszugehen, die Schüler und Schülerinnen in irgendeiner Weise betreffen, z. B. der Analyse genetischer Krankheitsdispositionen oder der Diskussion um die Herstellung transgener Tiere (mittels einer Fallstudie, eines Zeitungsartikels etc.). Die Erarbeitung des biologischen Grundlagenwissens sollte an diesen Problemaufwurf anschließen und das mit der spezifischen Anwendung verknüpfte ethische Problem herausgestellt werden. Die Fragen der Schüler und Schülerinnen, ihre Aussagen, Bewertungen und Argumente sollten aufgenommen und erörtert werden. Diese werden durch die Verarbeitung philosophischer oder anderer Texte (z. B. Argumente von Gentechnikkritikern, der Pharmaindustrie etc.) unterstützt oder ergänzt. Dabei müssen die unterschiedlichen Aussagen und Begründungen überprüft werden: Wie kommen sie zustande? Welche Prämissen enthalten sie? Ist die Argumentation stichhaltig? Welcher Wert liegt ihnen jeweils zugrunde? Welche Konsequenzen ergeben sich aus der vorgeschlagenen Aussage?

Verschiedene Verfahren und Medien sind so miteinander zu vermitteln, dass ein Unterricht entsteht, der Schülerbehauptungen hervorlockt, diese mit anderen Behauptungen konfrontiert und sie selbst zum Gegenstand der Reflexion macht. Unhintergehbares Moment eines Unterrichts, der dem Ziel ethischer Orientierung verpflichtet ist, ist die Akzentuierung der Schüler und Schülerinnen als *Subjekte* der Lernprozesse. Sie dürfen weder reine „Objekte" der Stoffvermittlung noch der inhaltlichen Wertvermittlung werden.

Bei alldem müssen aber auch die Grenzen ethischer Erziehung in der Schule im Auge behalten werden. Bereits Kant hat darauf verwiesen, dass Moralität letztlich weder beobachtbar noch operationalisierbar ist.[5] Kein Unterricht kann garantieren, dass er zu moralisch reflektiertem Handeln führt. Er kann aber dazu beitragen, die Schüler und Schülerinnen zum Staunen, zum Weiterfragen und zur Nachdenklichkeit zu motivieren und dadurch die individuelle Orientierungssuche unterstützen.

---

netischer Methoden in der pränatalen Diagnostik: ein Überblick über die öffentliche Diskussion in Deutschland. In: Zeitschrift für medizinische Ethik 42. 1997, S. 131-145.
[5] Vgl. auch Veraart 1995, 140.

19. Johannes Rohbeck

Johannes Rohbeck (geb. 1947), Studium der Philosophie, Germanistik, Politologie und Soziologie an der Universität Bonn und an der Freien Universität Berlin. Magister 1971; Wissenschaftlicher Assistent am Institut für Philosophie der Freien Universität Berlin von 1972 bis 1976; Promotion und Erstes Staatsexamen 1976; Studienreferendar und Zweites Staatsexamen 1979; Studienrat an einem Berliner Gymnasium von 1979 bis 1990; Habilitation in Philosophie 1985; Leiter der Lehrerfort- und Weiterbildung in Berlin 1982-1990; Gastprofessuren in Italien und den USA; Lehrauftrag und Lehrstuhlvertretung an der Ernst-Moritz-Arndt-Universität in Greifswald 1991 und 1992.

Seit 1993 Professor für Praktische Philosophie und Didaktik der Philosophie an der Technischen Universität Dresden. Arbeitsschwerpunkte u. a.: Praktische Philosophie, Politische Philosophie, Rechts- und Sozialphilosophie, Technikphilosophie, Geschichtsphilosophie. 1999 Gründung des „Forum für Didaktik der Philosophie und Ethik" in Dresden. Mitherausgeber der „Zeitschrift für Didaktik der Philosophie und Ethik".

Veröffentlichungen u. a. *Technologische Urteilskraft*, (Suhrkamp) Frankfurt/M. 1993; *Technik – Kultur – Geschichte*, (Suhrkamp) Frankfurt/M. 2000.

Rohbeck weist in seiner Technikphilosophie darauf hin, dass man den vielzitierten „großen Kränkungen der Menschheit" (verbannt aus der Mitte des Alls durch *Kopernikus*, hineinversetzt in eine tierische Ahnenreihe durch *Darwin*, als „Ich" nicht einmal unbeschränkter Herr seiner selbst seit *Freud*) eine *vierte*, eine „technologische Kränkung" hinzufügen sollte: „In ihr erfahren die Menschen, dass sie nicht mehr Herr ihrer eigenen Schöpfungen sind, sondern von den selbstgeschaffenen Machwerken beherrscht werden. Wie der Zauberlehrling haben sie etwas hergestellt, das nun eine eigene Dynamik entwickelt".

Rohbeck unterscheidet in der Technikdiskussion die These einer Eigendynamik der Technik, einer Technokratie und eines technologischen Determinismus, der zufolge „unsere Mittel sich verselbständigen und am Ende über die Zwecke triumphieren" von einer Technikphilosophie menschlicher Autonomie im Sinne der Idee, „alle historischen Erscheinungen aus Bewusstseinsakten abzuleiten und dann noch zu erklären, wie es zu den Irrtümern gekommen ist". Gegenüber einem technologischen Determinismus, der keinerlei Entscheidungsspielräume mehr zuließe, einerseits, aber auch in Kritik eines „Normativismus, der glauben macht, dass man moralisch gerechtfertigte Zielvorstellungen völlig unabhängig von den Bedingungen menschlichen Handelns festlegen könne", zielt *Rohbeck* auf eine vermittelnde Position „technologischer Urteilskraft", „die sich durch Reflexion auf das Verhältnis von Technik und Moral auszeichnet und dieses Verhältnis selbst als eine Wechselbeziehung zwischen technischen Handlungsbedingungen und moralischen Problemlösungen begreift [...] Rationales Handeln setzt sich durch Reflexion auf wirklich vorhandene Alternativen erst frei". Die Logik technischen Handelns und die

> Maßstäbe seiner Beurteilung, technische Rationalität und praktische Vernunft sind nicht zu trennen.[1]
> In seinen aktuellen Veröffentlichungen hat *Rohbeck* Technik und Kultur in einen fulminanten geschichtsphilosophischen Kontext gestellt.[2] Nach dem lange von einem vielzitierten „Ende der Geschichtsphilosophie" die Rede war, scheint der, wie man sagen könnte, „*apokalyptische Sog*" des wissenschaftlich-technisch befeuerten Zivilisationsprozesses selbst, so seine These, eine Wiederkehr materialer Kategorien in der Geschichtsbetrachtung zu erzwingen.[3] Die Bedeutung der technischen Innovation führt *Rohbeck* am Ende zu der Überlegung: „Eliminiert man die Technik aus der Geschichtsbetrachtung, erscheint die Historie geradezu zwangsläufig als ein ewiges Auf und Ab der Kulturen".[4]

Literatur:
Peggy Breitenstein – Volker Steenblock – Joachim Siebert (Hrsg.), *Geschichte – Kultur – Bildung. Philosophische Denkrichtungen.* Johannes Rohbeck zum 60. Geburtstag, Hannover (Siebert) 2007

Ein Blick auf Technik und Kultur in praktischer Hinsicht

Die folgenden Überlegungen stehen im Zusammenhang mit einem Ansatz, materiale Aspekte der Geschichtsphilosophie mit Hilfe technikphilosophischer Argumente zu rehabilitieren. Um der spezifisch geschichtlichen Dimension des Zivilisationsprozesses gerecht zu werden, beabsichtige ich, Technikphilosophie kulturtheoretisch zu interpretieren und insbesondere die normativen und reflexiven Potenzen technischen Handelns zu explizieren.

Seit der Neuzeit war der Mythos eines schöpferischen Menschen verbreitet, der als Ingenieur, Staatslenker oder Wissenschaftler seine Zwecke setzt und sie zu verwirklichen weiß. Aber gleichzeitig existierte seit den Anfängen der Moderne die gegenläufige Einsicht, dass die technischen Mittel nicht selten Wirkungen erzeugen, die gerade nicht bezweckt und nicht einmal vorhergesehen wurden. Bereits einige Aufklärer hatten eine Ahnung davon, dass sich weder einzelne Handlungen noch ganze Handlungszusammenhänge in bloßen Zweckrealisierungen erschöpfen. Besonders in der Geschichtsphilosophie kamen die modernen Kontingenzerfahrungen zum Ausdruck. Seit den zwanziger Jahren dieses Jahrhunderts ist die Eigendynamik der Technik und die Kontingenz [Zufälligkeit] der Geschichte zu einem Topos geworden. Die neuen technischen Systeme und die globale Vernetzung haben das *Bewusstsein der Kontingenz* weiter verstärkt. Auf diese Weise hat sich

---
[1] J. Rohbeck, Technologische Urteilskraft, Frankfurt/M. 1993, 10, 12 f., 286.
[2] J. Rohbeck, Technik – Kultur – Geschichte, a. a. O.
[3] J. Rohbeck, Rehabilitierung der Geschichtsphilosophie. In: Deutsche Zeitschrift für Philosophie 48 (2000), 79-95, 82.
[4] J. Rohbeck, Rehabilitierung der Geschichtsphilosophie, 95. Hieraus folgt für die Geschichtsphilosophie die Forderung nach einer „Synthese von Technik und Kultur" (ebd.).

auch die Selbsteinschätzung und wohl auch Überschätzung gewandelt. An die Stelle des lange Zeit dominanten Schöpfermythos ist die nüchterne Beurteilung verbliebener Handlungsspielräume getreten. Eine derartige Reflexion bedeutet keineswegs Fatalismus; sie kann umgekehrt dazu betragen, die jeweils gegebenen Alternativen klüger auszuschöpfen. Auch das instrumentelle Handeln enthält *reflexive Potenzen,* welche bestimmte kulturelle Erfahrungen eröffnen. Es ist ein Irrtum, allein der kommunikativen Vernunft die Fähigkeit zur Reflexion zugestehen zu wollen. Genauer muss es jetzt heißen: Sogar die Aufspaltung der Vernunft in eine instrumentelle und in eine kommunikative Rationalität ist nicht zuletzt durch den Umgang mit den modernen Techniken obsolet geworden. Denn wenn die menschliche Arbeit informationstechnisch bedingt immer kommunikativer wird, wie umgekehrt die Kommunikation zu einem großen Teil durch Industrieprodukte technisch vermittelt ist, hat sich dieser hartnäckige Gegensatz längst überlebt. Das gilt auch für die Dichotomie [Zweiteilung] von Zivilisation und Kultur. Wenn an der Beziehung zwischen den Kulturen immer mehr Technik beteiligt ist, dann entsteht eine technisch induzierte Vermittlungskultur, welche die alten Trennungen übergreift.

Aus diesen Gründen verbieten sich einseitige Überbietungen: Weder die Kommunikation hat das angeblich veraltete „Produktionsparadigma" überwunden, noch hat eine rein instrumentalistische Technik die Zwecksetzungskompetenz und Sinnstiftung an sich gerissen. Anzuerkennen ist hingegen, dass sich im technischen Handeln sowohl instrumentelle als auch kommunikative und reflexive Aspekte verbinden. Zugespitzt formuliert, lässt sich auch von einer *Selbstreflexion der poietischen* [bildenden] *Vernunft* sprechen.

Es dürfte klar sein, dass sich darin weder „die" Aufklärung noch „die" Moderne im ganzen reflektiert; die hier gemeinte Reflexion bezieht sich lediglich auf bestimmte Phänomene und Aspekte der modernen Zivilisation, die im einzelnen genannt wurden. Ebenso wenig ist *diese* Art Selbstreflexion mit einem blinden Instrumentalismus oder mit einer Apologie der Technik zu verwechseln, weil der Überschusscharakter technischen Handelns ja nicht die bewusste Aneignung oder auch Ablehnung neuer Gebrauchsmöglichkeiten ausschließt. Mit der relativen Fremdheit vorhandener Artefakte [Kunsterzeugnisse] rational umzugehen, sollte nicht mit „Entfremdung" gleichgesetzt werden. Im Grunde geht es um die reflexive Anbindung oder Rückbindung dieser Ermöglichungsbedingungen an die menschlichen Lebensverhältnisse. Wie es einerseits den *Eigensinn* technischer Mittel wohl oder übel anzuerkennen gilt, so ist andererseits ein neuer *Möglichkeitssinn* gegenüber diesen Techniken zu entfalten. Das läuft auf einen listigen Umgang mit den sich erweiternden Handlungsmöglichkeiten hinaus. Es bleibt ja gar nichts anderes übrig, als die neuen Aktionsspielräume auszuloten und kreativ zu nutzen. Ich schlage daher vor, das Thema Technik und Geschichte *jenseits von Technikeuphorie und Entfremdungsangst* zu behandeln und dabei gleichzeitig den *Emanzipationsgedanken* wach zu halten.

Münsteraner Einführungen: Münsteraner Philosophische Arbeitsbücher

Volker Steenblock
Philosophische Bildung
Einführung in die Philosophiedidaktik und Handbuch: Praktische Philosophie
Gegenwärtig sind die Philosophie und ihre Didaktik zur Orientierung mehr denn je gefragt und gefordert. Dieser Band bietet darum eine Einführung in die Philosophie- und Ethikdidaktik: – er skizziert kurz die Entwicklung der philosophiedidaktischen Theorie bis heute – und plädiert für die *Notwendigkeit forschreitender Philosophischer Bildung* in unserer Zeit vielzitierter zivilisatorischer Beschleunigungen und Veränderungen. Als kleines Handbuch: *Praktische* Philosophie möchte dieses Buch zugleich Informationen über all das vermitteln, was sich im bewegungsträchtigen und faszinierenden Feld der Philosophie und ihrer Didaktik in den letzten Jahren getan hat. Hierzu kommen wichtige ihrer Vertreter wie *Ekkehard Martens, Gareth B. Matthews* und andere zu Wort. Angeboten werden ferner: – ein Blick auf die verschiedenen *Bildungsorte* vom 'Philosophieren mit Kindern' bis zur Universität – eine Übersicht über die *Methoden* des Philosophierens und des Philosophieunterrichts – eine Einführung in die vielfältige neue (Schul-)Buchliteratur und die *neuen Medien* im Fach Philosophie – schließliche Skizzen einiger sofort einsetzbarer *Unterrichtsprojekte*.
Bd. 1, 3. Aufl. 2007, 248 S., 17,90 €, br.,
ISBN 978-3-8258-4805-7

L̲IT Verlag Berlin – Hamburg – London – Münster – Wien – Zürich
Fresnostr. 2 48159 Münster
Tel.: 0251 – 62 032 22 – Fax: 0251 – 23 19 72
e-Mail: vertrieb@lit-verlag.de – http://www.lit-verlag.de

Münsteraner Einführungen: Münsteraner Philosophische Arbeitsbücher

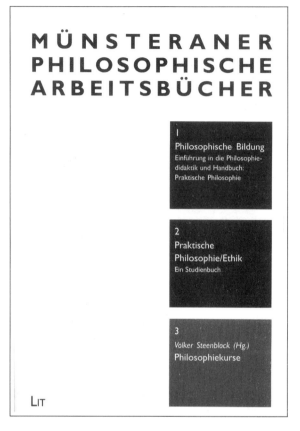

Volker Steenblock (Hg.)
Philosophiekurse
So sehr in einer von Geld und Pop, Medien und Kulturindustrie – aber auch gesellschaftlichen Problemen – geprägten Gegenwart die Notwendigkeit philosophischer Orientierung sozusagen Tag für Tag vor unseren Augen steigt, so ortlos bleiben für unsere Kultur die zumeist akademisch verwalteten Gehalte der Philosophie ohne ihre beständige Umsetzung und Vermittlung an den verschiedenen Bildungsorten. In dieser Situation äußern sich Schülerinnen und Schüler eines Leistungskurses Philosophie am Münsteraner Immanuel Kant-Gymnasium zu einem ganzen Spektrum einschlägiger Themen. Beraten werden sie von Didaktikern aus Schule, Hochschule und Schulministerium. Diese stellen inhaltliche Aspekte und Kurskonzepte zur Diskussion und skizzieren exemplarisch drei Kernpunkte der aktuellen philosophiedidaktischen Debatte: den Essay, das Sokratische Gespräch und das integrative Methodenparadigma der Unterrichtsgestaltung. Der Band bietet Textgrundlagen für eine intensivierte fachdidaktische Arbeit an Universitäten, entsprechende Überblicke für die Referendarsausbildung sowie Anregungen für Unterrichtsvorhaben der Sekundarstufen I und II.
Bd. 3, 2004, 168 S., 15,90 €, br., ISBN 3-8258-7083-9

LIT Verlag Berlin – Hamburg – London – Münster – Wien – Zürich
Fresnostr. 2 48159 Münster
Tel.: 0251 – 62 032 22 – Fax: 0251 – 23 19 72
e-Mail: vertrieb@lit-verlag.de – http://www.lit-verlag.de